Lumian Yanghu Yu Weixiu Shiyong Jishu

# 路面养护与维修实用技术

杨锡武　编著

人民交通出版社
China Communications Press

## 内 容 提 要

本书较系统、全面地介绍了沥青路面、水泥混凝土路面养护维修的技术和方法，包括沥青路面和水泥混凝土路面的技术状况调查、变形破损病害类型与原因分析、不同技术状况路面和不同类型病害的处治对策方案，各种病害的处治结构设计、施工工艺，以及旧沥青路面和旧水泥混凝土路面材料的各种再生利用方法。在各种养护维修方法中，既有传统有效的工艺、材料，又有目前较新的养护维修新技术、新材料和新工艺。书中配有一定数量的图片，以便于初步从事路面养护维修的工程技术人员和在校学生阅读。

本书可作为公路与城市道路工程专业的本科生、研究生教材或教学参考书，也可作为从事路面养护维修设计、施工的工程技术人员的培训教材和参考资料。

**图书在版编目(CIP)数据**

路面养护与维修实用技术 / 杨锡武编著. - - 北京：
人民交通出版社，2012.11
ISBN 978-7-114-09729-4

Ⅰ. ①路… Ⅱ. ①杨… Ⅲ. ①路面-公路养护②路面
-维修 Ⅳ. ①U418.6

中国版本图书馆 CIP 数据核字(2012)第 057363 号

书　　名：路面养护与维修实用技术
著 作 者：杨锡武
责任编辑：赵瑞琴
出版发行：人民交通出版社
地　　址：(100011)北京市朝阳区安定门外外馆斜街 3 号
网　　址：http://www.ccpress.com.cn
销售电话：(010)59757969,59757973
总 经 销：人民交通出版社发行部
经　　销：各地新华书店
印　　刷：北京市密东印刷有限公司
开　　本：787×980　1/16
印　　张：14
字　　数：261 千
版　　次：2012 年 11 月　第 1 版
印　　次：2012 年 11 月　第 1 次印刷
书　　号：ISBN 978-7-114-09729-4
定　　价：28.00 元

# 前言

PREFACE

随着我国经济的快速发展，公路建设取得了前所未有的成就，据统计，截至2011年底，中国内地公路总里程405.54万km，其中高速公路8.5万km，居世界第二位，仅次于美国，创造了世界高速公路发展的奇迹。在公路里程快速增长的同时，各等级公路呈现交通量增加快、车辆大型化、重车多、超载严重等特点，导致路面提前破坏现象严重，使用寿命缩短，影响车辆的安全运行，增加了路面养护维修费用，加大了路面养护维修工作量；此外，我国疆土幅员辽阔，自然环境气候条件差异较大，路面病害受地区环境条件影响表现出区域差异性，其养护维修方法各不相同，一些特定气候和自然环境条件下的路面病害维修处治方法在路面养护维修技术规范中难以得到全面反映与普适推广。快速增长的公路里程、复杂的交通组成和各地自然气候环境条件差异，使我国路面养护维修呈现异常的复杂性和难度。面对目前快速增长的公路里程和复杂的交通条件及路面破损病害，我们的路面养护维修技术储备明显不足，拥有自主知识产权的养护维修技术较少，过去积累的沥青路面和水泥混凝土路面的养护维修技术知识已明显不能适应目前公路路面养护维修的巨大需求，因此，从事新建公路设计、施工和管理的技术人员及在校的路桥专业学生学习和掌握路面养护维修技术知识就显得十分必要。首先这将有助于我国公路从以建设为主向以养护维修为主的工作方向转移过程中的人才、技术的合理配置，有助于提高路面养护维修管理水平；其次，与新建路面设计施工相比，路面养护维修是一项看似简单实则复杂精细的工作，对旧路面采取的任何一项养护维修方案都必须考虑旧路面的存在，以现有的旧路面技术状况为条件背景，以旧路面病害调查测试、路况评价、原因分析为依据，才能确定合理有效的养护维修技术方案，要求设计人员必须具有一定的路面设计、施工基本知识和路面养护维修设计、施工经验；最后，在施工方面，路面养护维修施工具有施工作业面狭窄、交通干扰大、工程量零碎的特点，要求施工人员对各种类型病害有正确的判断、按设计对各病害逐个认真处治，以确保养护维修的工程质量，工作繁琐、量大，对于保证路面养护维修质量具有十分重要的作用。因此，从事养护维修设计和施工的技术人员需要不断扩大知识视野，学习国外先进的养护维修技术，研发适合我国道路养护维修条件的新技术、新工艺，按照科学程序对路面实施养护维修，做到精心设计、精心施工、严格管理，从设计、施工和管理方面提高路面养护维修质量。

基于我国庞大的运营公路里程及其对养护维修技术、人才的需求与目前路面养护维修设计、施工技术人员相对较少，施工技术相对薄弱的现状，以及路面养护维修设计、施工人员对养护维修技术知识的需求，本书较全面、系统地介绍了水泥混凝土路面和沥青路面的技术状况调查评价方法，各种路面病害原因与处治方案、施工工艺、材料要求、质量控制方法，以及旧沥青路面和水泥混凝土路面材料的再利用技术等，供从事路面养护维修设计、施工和管理的技术人员应用参考。在编写过程中，考虑到目前养护技术的发展和交通条件对养护维修的要求，略去了一些不适应目前路面养护维修需要或过去养护中应用但现在已不常用的技术方法，尽量较多地写入应用较成熟的路面养护维修新技术、新工艺，对各种技术的介绍力求全面、系统，注重实用和可操作性。但由于国内外的路面养护维修技术发展日新月异及作者水平的局限，书中不足之处在所难免，敬请读者批评指正。在编写过程中参阅了大量文献，在此谨向这些文献的作者一并表示谢意。

杨锡武

2012年3月重庆

# 目　录

# 第一章　绪　　论

## 第一节　路面养护维修的重要意义

公路在通车运营以后，路面在车辆荷载和自然因素的反复作用下，其使用功能将逐渐下降，路表面逐渐被磨得光滑而安全性降低；由于车辆的压密和路面变形的积累，路表将产生不同程度的车辙变形使路面平整度变差，影响行车的舒适；路面将产生不同程度的裂缝和破损缺陷，使路面水下渗增加，路面的水损害破坏加快，路面强度降低，使用寿命缩短。为适应行驶车辆对路面安全、舒适、快速的服务质量要求，确保路面使用寿命周期，必须在路面使用过程中，根据路面使用技术状况变化对其进行养护、维修和改善。因此，公路养护维修的目的和任务是采取与路面状况相适应的技术措施，及时修复破损、变形病害，保持路面完好状态，保证行车的安全、舒适和畅通，延长路面使用寿命，提高公路使用质量和服务水平。

随着我国经济和社会发展，公路建设取得了前所未有的成绩，尤其是2000年以后，高速公路和一般公路建设突飞猛进。据统计，2004年，全国公路总里程达到187.07万km，其中国道129 815km、省道227 871km、县道479 372km、乡道945 180km、专用公路88 424km；2005年，全国公路总里程达到193.05万km；2006年底全国公路通车总里程达到348万km（包括从2006年纳入统计的155万km村道），高速公路达4.54万km；截至2011年底，中国内地公路总里程405.54万km，其中高速公路8.5万km，居世界第二位，仅次于美国，创造了世界高速公路发展的奇迹。在公路里程快速增加和经济快速增长的同时，道路交通量日益增大，车辆大型化，重车多，超载严重，使公路路面设计和养护面临严峻考验。许多高等级公路路面建成通车不久，由于交通的快速增长早期破损现象严重，不但影响车辆的行驶速度，增加机械磨损和燃油消耗，影响行车舒适性和交通安全，而且使路面渗水严重、破损加速，影响路面承受荷载能力和使用寿命。因此，对公路路面进行良好的养护维修管理，对路面进行经常性的、预防性的和周期性的保养维修，使路面保持平整完好、横坡适度、排水畅通，对于延长路面使用寿命，确保公路的服务质量和使用寿命，增加行车的安全性和舒适性，充分发挥公路投资的经济和社会效益具有重要的意义。

## 第二节 我国路面养护维修存在的问题及有待进一步研究的课题

### 一、现存的问题

目前我国各级公路养护部门结合国内多年来的路面养护维修经验，积极引进吸收国外先进的养护技术、设备和理念，使我国的公路养护维修技术得到了快速发展，积累了大量的经验，取得了丰富的成果。但由于我国疆土辽阔，不同地区气候、环境、筑路材料差别较大，东西部地区的公路发展水平和养护维修技术很不平衡，经济发达的东部地区公路建设、养护技术水平较高，而经济欠发达、自然气候环境条件较恶劣的中西部地区养护技术水平较低。目前取得的这些技术和经验对于满足包括高速公路和一般公路的405.54万km路面的养护维修要求明显不足，公路养护管理技术水平提升发展尚有很大空间，并存在以下主要问题：

(1)路面养护维修技术与公路建设发展水平不适应。就路面养护维修技术而言，无论是沥青路面还是水泥混凝土路面，我国都有一定的养护维修经验。但是，这些技术和经验主要是针对等级低，交通量小，对路面的舒适、快速等要求不太高的一般公路的沥青路面和水泥混凝土路面养护维修。而高速公路在我国的建设历史较短，高速公路路面养护维修管理技术起步较晚，在早期还存在"重建设，轻养护"的思想，使得我国高速公路路面养护维修技术发展水平和管理水平严重滞后于建设。现行的沥青路面和水泥混凝土路面养护维修技术规范主要针对一般道路沥青路面和水泥混凝土路面的养护维修，部分技术方法已不能适应高速公路的路面养护维修要求。我们过去积累的这些路面养护维修经验和技术已显然不能适应我国高等级公路的快速增长和发展要求，通过学习国外沥青路面和水泥混凝土路面的先进养护维修技术、理念和管理经验，引进国外路面养护维修材料、结构设计理论、施工机械，结合我国路面与交通情况进行消化吸收，建立适合我国道路交通条件和自然环境条件的经验和技术，为我国庞大的公路路面养护维修管理提供强有力的技术支撑。

(2)养护维修中的旧路面材料再生利用有待进一步加强。随着养护维修路面里程增多及人们环保意识的增强，沥青路面和水泥混凝土路面废料增加产生的环保问题已引起了路面养护管理部门的重视。但在实际工程中尚缺乏较为实用的废料再生与利用技术，对旧路面养护维修中产生的废旧路面材料再利用的意识不强，利用水平不高，虽然各地区已从国外引进了一些沥青路面和水泥混凝土路面再生利用技术，但要实现这些技术在各等级路面的养护管理中得以普及推广与应用尚需时日。旧路面材料的再生利用是涉及路面结构应用本身和环境保护的重要课题，各地区对旧路面材料的再生利用水平参差不齐，要使大量的旧路面材料在养护维修中得到充分的利用,无论从技术上或管理上仍需作大量的创新。

(3)我国幅员辽阔,自然环境条件差异较大,路面受各地区气候条件、土壤地质条件、筑路材料、交通条件影响,变形破损病害原因复杂,有些病害体现出较明显的区域特征,现有的路面养护维修技术规范不能也不可能穷尽对全国不同地区路面病害的养护维修技术方法。这种复杂的自然条件增加了养护维修的难度,对于养护维修管理技术人员是一个挑战,各地应以现行的全国沥青路面和水泥混凝土路面养护技术规范及多年的养护维修经验为基础制定适合于本地区的路面养护维修技术规程,为本地路面养护维修提供技术支持,增强养护维修措施的针对性和有效性。

(4)养护维修的科技含量不高,自主创新的技术更少。虽然在高速公路路面养护维修中,我们采用了先进的机械设备、新的材料和工艺,提高了养护维修的效率和水平,但基本上都是引进,自主研发的机械、材料、工艺、技术较少,这将影响养护维修中所采用技术方法的针对性,限制了路面养护维修管理技术水平和效率的实质性提高。

(5)养护维修经费投入不足,采用的养护维修技术方案降格,使养护维修方案不合理,不是方案服从技术需要,而是服从投入的经费。养护维修方案从材料选用到处治工艺都服从经费投入甚至行政意志,使路面养护质量低,使用年限短,为路面反复维修埋下隐患,从长远看,既不节约,也不环保,甚至是浪费。部分养护维修工程施工质量差,结构设计不合理,管理不善,导致路面提前破坏病害严重,有的路面维修后的使用年限不长,反复修补,反复破坏,对交通干扰大,增加了养护维修的难度和成本,还造成不良的社会影响。

## 二、有待进一步研究的课题

从某种角度上讲,路面的养护维修比新建路面复杂,施工和管理也比新建路面难度大。首先,旧路面的修补施工和材料受旧路面的破损病害形式、原因控制,而且各种病害严重程度显露的不一样,需要在施工过程中进行仔细判断,逐个处理,要求施工单位有足够的责任心;其次,路面的养护维修施工面积大小不同,施工条件受限,机械不能充分发挥作用;此外,水泥路面或沥青路面的修补或罩面始终都存在反射裂缝的问题和隐患,增加了养护维修的难度和效果。由于路面养护维修的这些难点,使得路面养护维修技术中,一些看似成熟的技术方法在新的交通条件下尚需要作不断研究和完善。

水泥混凝土路面和沥青路面材料不同、结构性能不同,养护维修设计和施工技术都不相同,并且各有特点。针对目前我国沥青路面和水泥混凝土路面结构及养护维修技术现状,需要对以下课题作进一步深入研究。

### (一)水泥混凝土路面

水泥混凝土路面结构刚度大,使用寿命长,施工设备简便,养护维修费用小,在一般公路,特别是在农村公路中得到较为广泛的应用。但是,随着经济的发展,交通量的快速增长,特别是重车的增加,传统的水泥路面的结构设计方法、设计使用寿命和养护维修技术正在受到挑战。预期20~30年设计使用寿命的水泥路面在使用3~5年后即产生各种变形破损病害的例子屡见不鲜,使水泥混凝土路面的性能和应用受到怀疑。过去是造价影响混凝土路面的应用,而目前养护维修难度大已成为影响水泥混凝土路面应用的重要因素。因此,为解决水泥混凝土路面养护维修难度大的问题,需要对以下几方面作进一步研究:

1. 旧混凝土路面局部破损病害修复新技术研究

局部破损病害修复是混凝土路面日常养护和加铺层设计施工的重要内容,也是现行水泥混凝土路面养护技术规范的重要内容。旧路面病害处治对局部修补养护或保证沥青加铺改善结构层的设计使用寿命具有十分重要的意义。但是现行养护技术规范中的部分病害处治维修方法仅适用于少量破坏、简单的日常养护维修,对于大面积的破损病害维修,部分病害修复处治方法在应用过程中将产生进度慢、效率低、难以实施等问题。因此,应研究快速通车交通要求条件下的旧混凝土路面修复新技术,以适应大面积修复和快速通车的交通条件对混凝土路面病害的要求,并确保修复质量和施工进度。

2. 混凝土路面上加铺沥青层的结构设计理论和方法研究

现行公路水泥混凝土路面设计规范已有关于混凝土路面上加铺沥青层或水泥混凝土面层结构设计理论和方法。但是,现有设计方法的旧路面技术参数的调查测试取得较复杂,工作量大,实际设计施工中的操作性较差。因此,有必要理论与实践相结合,总结混凝土路面加铺层的设计和应用经验,结合水泥混凝土路面结构强度特点,完善旧混凝土路面技术状况及设计参数调查测试的操作性,研究调查简易而可靠,操作简单的旧混凝土路面加铺层的设计理论和方法,指导旧混凝土路面加铺层的结构设计。

3. 混凝土路面加铺层开裂机理及防裂材料研究

关于水泥混凝土路面的防裂已有一些材料和结构得到应用,在防裂方面也有一定效果。但是,由于水泥混凝土路面沥青加铺层裂缝产生机理的复杂性,这些防裂材料效果有限,特别在重载交通条件下,效果更差。因此有必要研究既能防止混凝土路面收缩裂缝又能防止荷载剪切裂缝的防裂材料与防裂结构,特别是重载交通条件下,水泥混凝土路面的沥青加铺层防裂材料和结构的研究,对提高水泥混凝土路面沥青加铺层设计使用寿命具有重要意义。

4. 旧混凝土路面破碎集料再利用成套技术研究

再生利用是旧混凝土路面养护维修面临的重要课题,目前的利用方法主要是就地机械破碎压稳作基层或底基层再利用。这种方法操作简便,但是施工质量控制难度较大,且对混凝土的利用有限,在加铺高程受限条件下,这些旧混凝土将不能就地利用。研究混凝土路面破碎后作路面结构层集料的设备和施工质量控制技术,将有利于旧混凝土路面的可持续环保再利用。

5. 旧混凝土路面机械就地破碎利用施工技术的推广应用

机械就地破碎再利用是目前旧混凝土路面再利用的主要方法,在全国各地取得了一定的经验,但目前尚没有对这些技术应用与质量控制的权威技术规范。总结这些技术的应用经验,在路面养护维修技术规范和混凝土路面设计规范中纳入相关内容,指导这些技术的推广应用,对保证旧混凝土路面养护维修和改建将具有重要意义。

6. 旧混凝土路面脱空检测与处治技术研究

脱空板是引起旧混凝土路面破损和加铺层开裂的隐蔽性较强的病害,现行的弯沉调查法测试速度慢,判定范围有限,应结合混凝土路面结构脱空特点,把其他行业的缺陷损伤检测技术引入混凝土路面脱空板检测;或研制专门的混凝土路面脱空检测设备,以提高检测效率和精度,做到随时检测、随时处理,便于施工质量控制,解决检测与施工脱节、质量控制难度大的问题。

**(二)沥青路面**

沥青路面行车舒适,养护维修简便,但存在使用年限较短、养护维修费用较高的不足。由于交通量增长快和重载车多的缘故,沥青路面提前破坏的事例也屡见不鲜。其常见的早期破坏形式有车辙、水损害引起的坑洞、路基不均匀沉降引起的裂缝等。基于目前沥青路面的病害特点及破损原因,沥青路面养护维修需要对以下课题进行研究。

1. 增强沥青路面抗滑性能与耐久性的预防性养护技术研究

高速公路沥青路面使用一定时间后将产生抗滑性能下降和微裂缝增多的问题,研究路面防滑的表面预防性方法,以保证行车的安全和路面耐久性。

2. 沥青路面早期水损害破坏坑洞的快速修复与防治技术研究

水损害破坏坑洞是多雨潮湿地区常见的沥青路面早期破坏形式,若不及时修补将影响行车安全,且坑洞快速扩大后将影响路面的使用寿命。为避免水损害的发生,一方面需要通过混合料设计、施工控制管理,另一方面研究快速养护维修对减少这种破坏技术方法以交通安全和路面寿命的影响。一般情况下这种坑洞虽然可以采用圆洞方补的常规方法进行修补,但是由于其产生的特殊性,有必要针对这种坑洞病害产生机理进行其快速修复技术研究。

3. 沥青路面的再生利用技术研究

再生利用是高速公路沥青路面养护维修的重要内容。我国沥青路面再生研究应用现状是无论厂拌再生还是现场再生各地区都有一定的经验,但尚未形成完善规范的成套技术。随着大量高速公路沥青路面进入大修期,在这过程中将产生大量的旧沥青路面废渣,若不对其再利用将会产生严重的环境问题和资源浪费。因此,研究适合我国交通特点的沥青路面再生利用技术是十分必要的,一方面节约养护维修成本,同时保护环境、节约资源。

## 第三节　路面养护维修的程序和方法

路面养护维修是为满足行车服务要求和延长路面使用寿命而对不同技术状况旧路面采取的处治措施。采取的措施必然受现有路面技术条件限制,因此,路面养护维修方案的决策和结构设计都必须以旧路技术状况为基础,并按一定的程序实施,以确保方案的有效性。沥青路面和水泥混凝土路面的养护维修,内容和工作程序如下:

(1)旧路面技术状况调查与评价。通过一定的技术手段对现有路面的变形、破损病害、路面强度、路表面功能进行测试和调查,根据调查和测试结果对路面技术状况进行评价,总体上掌握路面技术状况。

(2)路面变形、破损、功能下降的原因分析:在对路面技术状况评价基础上,根据现场调查成果,分析路面产生变形、破损和功能下降的原因及对行车和路面使用寿命的影响。这些原因包括路面结构、路面材料、交通量和交通组成、施工质量、气候环境因素和排水设施的效果发挥等。

(3)养护维修处治方案的决策:根据路面技术状况评价和路面病害原因分析,提出相应的养护维修方案。对沥青路面,其方案主要有简单的日常养护、预防性养护、局部坑洞修补、破损的修复、罩面、加铺改建;对水泥混凝土路面,其方案主要有简单的日常养护、局部修补、加铺沥青混凝土罩面(白改黑)、加铺改建(加铺沥青路面结构或水泥混凝土板)。

(4)施工图设计。根据处治决策方案,在对旧路面病害调查和强度测试基础上细化方案内容,进行施工图设计,包括各种病害处治方案的结构计算、设计、材料要求、施工机械、施工工艺与质量控制方法,以及影响路面强度和使用的排水设施修复、安全设施的恢复、标线标志、交通组织、废旧路面材料的处理与再利用等内容。对于旧路面破损严重的情况应提出旧路面废料再利用的技术方案,节约资源,保护环境。

(5)路面养护维修施工。路面养护维修施工应由具有养护维修经验和资质的施工企业承担。可根据工程量大小、养护维修技术的难度和特殊要求通过招投标选择施工企业。由于养护维修工程的特殊性,部分病害的处治需要通过现场确定,因此,还应有监理企业对路面的养护维修施工进行现场监督检测,以确保处理彻底,不留隐患。

# 第二章　水泥混凝土路面技术状况调查与评价

旧混凝土路面技术状况调查和评价的目的是通过对路面技术状况的调查和评价，掌握路面病害的类型、路面结构强度和物理力学状况、引起混凝土路面破坏病害的交通与水温环境条件，判定它对当前和今后车辆安全舒适的行驶要求的适应程度，为养护维修措施方案及设计提供依据和技术参数。因此，旧混凝土路面技术状况调查和评价是养护维修方案决策和加铺补强设计的前期基础工作，是制定合理的养护维修对策和结构设计的基本依据。为使混凝土路面养护维修方案合理可行，处治结构设计方案安全可靠，经济合理，必须做好混凝土路面技术状况调查和评价。

## 第一节　水泥混凝土路面技术状况调查的内容

### 一、调查单元划分

调查单元划分的目的是把调查路段划分为一定的单元长度，分别进行病害状况调查、记录和统计，以便于对路面病害的统计分析和路况评价。调查检测单元长度划分可根据《公路技术状况评定标准》(JTJ H20—2007)确定，混凝土路面技术状况检测一般以1000m路段为基本检测或调查单元；技术状况按上行方向(桩号递增方向)和下行方向(桩号递减方向)分别检测记录，二、三、四级公路可不分上下行。当调查路段较长时，可能会出现调查路段病害情况分布不均的情况，部分路段病害特别严重，而部分路段则路况较好，病害很少，在这种情况下，为准确地反映路面的实际状况，避免等长单元划分掩盖路面调查评价的真实性，单元长度划分可以相等，也可以不相等，可根据调查路段破坏病害分布的初步调查确定不同路段调查单元长度。

### 二、调查内容

为了对混凝土路面技术状况作出科学的评价和判断，并最终提出合理的养护维修决策，调查应包括以下6个方面的内容。

1. 路面破损病害调查

路面破损病害调查是对路面板出现的各种裂缝、破碎板、拱起、沉陷、错台、边角剥落、唧泥、接缝损坏、表面裂纹及剥落等各类破损(病害)数量及严重程度进行仔细调查和统计,以确定路面损坏的类型、轻重程度和范围。调查数据资料用于路面技术状况评价,以后设计工程量计算。

2. 路面结构及承载能力调查

路面结构调查可以通过查阅设计文件和现场挖坑、钻芯取样的方法进行。主要内容有:各结构层厚度,板块划分,拉杆、传力杆设置情况,材料配合比,回弹模量及面板抗弯拉强度,以确定现有路面基本结构与强度状况。

结构承载力调查主要是测定路表面弯沉,以反算路面各结构层的模量参数,评定路面结构的承载能力(剩余寿命)、接缝传荷能力、混凝土板底脱空情况,为破损病害分析、处治对策与设计提供依据。

3. 路面行驶质量调查

路面行驶质量主要指路面行车的安全性和舒适性,评价路面行驶质量的指标有路面平整度和抗滑能力。通过平整度测试结果评价路面的行车舒适性,用路表面的抗滑性能测试结果评价路面行车安全性。

4. 交通状况调查

交通调查结果是评价现有路面状况、分析路面破损病害、确定养护维修方案及结构设计参数的重要依据。调查内容包括路面原设计交通量、交通组成及其增长率,实际运营过程中的交通量、交通组成和增长率、超载车辆数量(比例)及超载车辆组成和轴载调查,以了解路面已承受的标准轴载累计作用次数,分析路面病害状况与交通的关系,预估路面的使用寿命。

5. 路基和路面排水状况调查

混凝土路面排水状况调查包括:路面接缝防水状况;路面、路肩横坡及表面水滞留与排出状况;渗入路面板下积水排除状况;路基边沟、中央分隔带及有关排水设施设置、完善情况,是否有地下水影响;环境温度、湿度状况及对路面结构使用性能的影响等。

6. 路面修建和养护历史调查

调查现有路面结构在修建施工过程中执行的施工规范和设计文件情况,路面结构和材料组成,材料性质试验资料,施工中对主要材料技术性能、材料级配、压实度等施工技术质量指标的控制情况;竣工通车后所采取的养护措施、路面使用状况的变化及养护过程中发现的路面病害类型及其发生、发展、变化情况等养护历史记录。

在实际调查中,可以根据调查的目的和路面状况,对上述内容进行全面调查,也可以有侧重地选择上述调查内容和调查深度,采用不同的评定指标和标准,使调查和评定结果更有针对性,满足调查目的和要求。

## 第二节　水泥混凝土路面破损病害调查

破损病害调查是混凝土路面技术状况调查的主要内容,其调查结果对路面破损病害原因分析、路面技术状况评价、养护维修决策以及工程量计算具有重要的影响。

### 一、水泥混凝土路面破损病害形式及轻重程度的鉴别方法

水泥混凝土路面在运营一段时间后,在车辆荷载、水、气温等因素的反复作用下将产生各种形式的变形破坏病害,路面使用寿命缩短,行车的安全性舒适性下降。根据变形破损病害产生的部位和形式,混凝土路面病害可以归纳为断裂类病害、竖向位移类病害、接缝类病害、表面类病害和修补损坏类病害 5 大类。根据各类破损病害形式、特点及原因,又可以分为:裂缝(纵向、横向、斜向裂缝)、破碎板(破碎板或交叉裂缝)、板角断裂、错台、沉陷、唧泥与脱空、边角剥落、接缝材料破损、坑洞、拱起、磨损和露骨、活性集料反应、网裂和起皮、修补损坏等 14 类破损病害。各种破损病害的轻重程度不同,在整个路段中所占比例不同,对路面使用寿命、行车的安全性和舒适性影响也不同,采取的养护维修对策也不一样。为了准确反应不同严重程度的各种病害对路面使用性能状况的影响,按一定的标准将各种破损病害划分为轻微、中等和重 3 个等级,在现场调查中予以区分记录,在评价中以相应的系数体现其对路况影响的差别。

#### (一)水泥混凝土面板断裂类病害

断裂是混凝土路面常见的破坏病害形式,贯穿水泥混凝土面板的裂缝,使地表水下渗,引起路面基层、土基湿软、沉降和唧泥,导致混凝土板进一步断裂破坏。按裂缝出现的部位和板断裂的块数,可以将断裂类破坏病害分为以下 4 种。

1. 纵向裂缝

平行或近于平行路中线,由基础沉降、荷载和温度共同作用引起的单条裂缝。

2. 横向或斜向裂缝

垂直或倾斜于路中线,由基础沉降、荷载和(或)温度共同作用引起的单条裂缝,如图2-1所示。

图 2-1　路基沉降引起的斜向裂缝

3. 角隅断裂

从板角隅到斜向裂缝两端的距离小于板边长 1/2 的单条裂缝(否则按斜裂缝计),如图2-2所示。

按裂缝缝隙边缘碎裂程度和缝隙宽度、轻重程度的不同,这三种断裂病害可分为以下 3 个

等级：

图 2-2　板角断裂

(1)轻微——缝隙边缘无碎裂或错台的细裂缝，缝隙宽度小于 3mm。

(2)中等——缝隙边缘中等碎裂或错台小于 10mm，且缝隙宽度小于 15mm。

(3)严重——缝隙边缘严重碎裂或错台大于 10mm，且缝隙宽度大于 15mm。

纵向、横向或斜向裂缝及角隅断裂损坏按长度计算，检测结果用影响宽度(1.0m)换算成面积。

4. 交叉裂缝和破碎板

板中有两条以上裂缝交叉，使板断裂成 4 块以上的裂逢，如图 2-3 所示。按裂缝等级和板断裂的块数，交叉裂缝和破碎板可分为以下 3 个等级：

图 2-3　破碎板

(1)轻微——板被轻微裂缝分割成 4 块以上。

(2)中等——板被中等裂缝分割成 4 块以上，或被轻微裂缝分割成 5 块以上。

(3)严重——板被严重裂缝分割成 4 块以上，或被中等裂缝分割成 5 块以上。

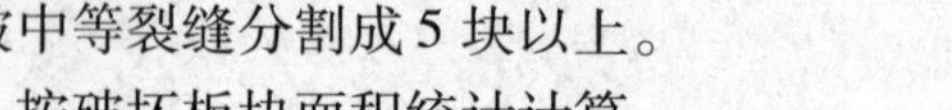

按破坏板块面积统计计算。

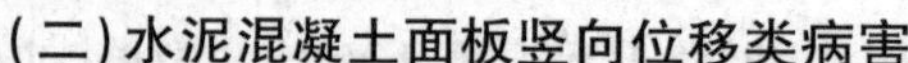

**(二)水泥混凝土面板竖向位移类病害**

1. 沉陷

由路基不均匀沉降引起的路表面局部下沉的变形破坏病害形式。

2. 拱胀

因冻胀或膨胀土路基不均匀膨胀或混凝土板热膨胀受阻等原因而引起的混凝土路面板隆起的病害形式。

沉陷和拱胀病害按其对行车的影响，分为 3 个等级：

(1)轻微——车辆以限速驶过时仅引起无不舒适感的轻微跳动。

(2)中等——车辆驶过时有产生不舒适感的较大跳动。

(3)严重——车辆驶过时产生过大的跳动，引起严重不舒适或不安全感。

拱胀或沉陷损坏按所涉及的板块面积计算。

**(三)接缝类病害**

水泥混凝土路面板接缝的损坏病害，按损坏的形态和影响范围可分为以下 6 种。

1. 接缝填料损坏

接缝填料损坏是指接缝内填缝料老化、挤出、缺损、未与混凝土黏结的病害形式。根据填缝料老化、挤出、缺损的轻重程度,分为3个等级:

(1)轻微——填缝料老化、挤出、缺损。

(2)中等——填缝料老化、挤出、缺损,水和硬质材料易渗入或挤入接缝。

(3)严重——填缝料老化、挤出、缺损,水和硬质材料能自由渗入或挤入,填缝料需立即更换。

接缝填料损坏按长度计算,检测结果用影响宽度(1.0m)换算成面积。

2. 接缝碎裂

邻近接缝60cm范围内板边缘混凝土开裂、碎裂或成碎屑的接缝破损病害形式,如图2-4所示。按碎裂范围和程度可分为3个等级:

(1)轻微——碎裂仅出现在接缝或裂缝两侧8cm范围内,尚未采取临时修补措施。

(2)中等——碎裂范围大于8cm,部分碎块松动或散失,但不影响安全或危害轮胎。

(3)严重——碎裂范围大于8cm,碎块松动散失,影响行车安全或危害轮胎。

接缝碎裂损坏按长度计算,检测结果用影响宽度(1.0m)换算成面积。

3. 纵向接缝张开

由于纵缝未设拉杆或路肩位移所导致的接缝缝隙变宽,使水或硬物进入纵向接缝的病害形式。根据纵向接缝张开量,可分为2个等级:

(1)轻微——接缝张开10mm以下。

(2)严重——接缝张开10mm以上。

损坏按长度计算,检测结果用影响宽度(1.0m)换算成面积。

4. 唧泥和板底脱空

水和基层材料在车辆荷载作用下从接缝中泵吸出,使板底失去支撑的病害形式,如图2-5所示。根据唧出物的数量,可分为2个等级:

(1)轻微——车辆驶过时,有水从板缝或边缘外唧出,在板接(裂)缝或边缘的邻近表面可以观察到唧出材料。

图2-4　接缝碎裂损坏病害

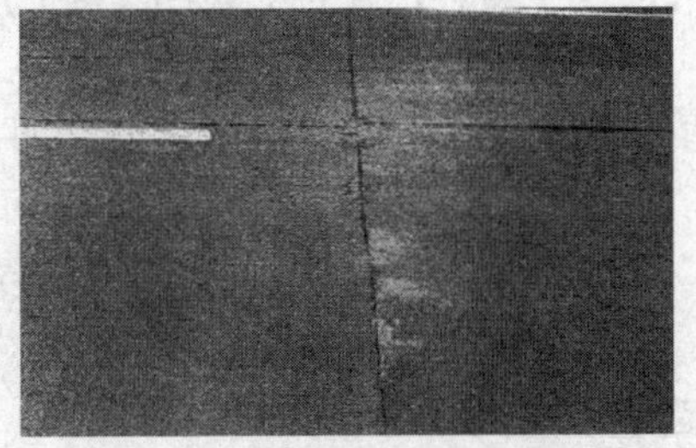

图2-5　板角接缝处的唧泥

(2)严重——在板接(裂)缝或边缘的表面残留有大量唧出材料，车辆驶过时，板有明显的颤动和脱空感。

损坏按长度计算，检测结果用影响宽度(1.0m)换算成面积。

5. 错台

接缝或裂缝两侧出现高差的病害形式，如图2-6所示。按相邻板边缘的高差大小可分为3个等级：

图2-6　混凝土路面的错台病害

(1)轻微——错台量小于5mm。

(2)中等——错台量5～10mm。

(3)严重——错台量大于10mm。

损坏按长度计算，检测结果用影响宽度(1.0m)换算成面积。

**(四)水泥混凝土板表面类病害**

水泥混凝土面板的表层损坏病害可分为以下5种。

1. 磨损和露骨

表层水泥砂浆被磨耗，粗集料外露并磨光的混凝土路面病害形式。按磨损或露骨的深度分为2个轻重程度等级：

(1)轻微——磨损、露骨，深度小于等于3mm。

(2)严重——磨损、露骨，深度大于3mm。

损坏按面积计算。

2. 纹裂或网裂和起皮纹裂

纹裂或网裂是混凝土板表层出现细微裂纹的病害形式，起皮是表层3～13mm深度范围内混凝土脱落的混凝土板表面病害形式。按出现裂纹和起皮病害的面积，可分为3个等级：

(1)轻微——板的大部分面积出现纹裂或网裂，但表面状况良好，无起皮。

(2)中等——板出现起皮，面积小于或等于混凝土板面积的10%。

(3)严重——板出现起皮，面积大于混凝土板面积的10%。

损坏按影响宽度(1.0m)换算成面积计算。

3. 活性集料反应(碱集料反应)引起的网裂

活性集料反应网裂是活性集料在水泥水化物的碱性环境下与其产生反应而膨胀的病害形式。活性集料反应病害可分为3个等级：

(1)轻微——板出现网裂，面层可能变色，但未出现起皮和接缝碎裂。

(2)中等——出现起皮和(或)接缝碎裂，沿裂缝和接缝有白色细屑。

(3)严重——出现起皮和(或)接缝碎裂的范围发展到影响行车安全或危害轮胎，路表面有大量白色细屑。

损坏按网裂面积计算。

4. 坑洞

坑洞是板的局部材料被磨损、散失后在混凝土路面上留下的破损病害。坑洞病害不分轻重程度等级，损坏按坑洞或坑洞群所涉及的面积计算。

5. 粗集料冻融裂纹

集料冻融裂纹病害可分为3个等级：

(1)轻微——裂纹出现在缝或自由边附近0.3m范围内，缝未发生碎裂。

(2)中等——裂纹出现在缝或自由边附近，范围大于0.3m，受影响区内缝出现轻微或中等碎裂。

(3)严重——裂纹影响区内裂缝出现严重碎裂，不少材料散失。

损坏按长度计算，检测结果用影响宽度(1.0m)换算成面积。

**(五)修补损坏类病害**

混凝土路面经修补后在修补的部位上再次出现变形破坏的病害形式。按修补处再次出现的损坏情况，分为3个轻重程度等级：

(1)轻微——轻微破损，或边缘处有轻微碎裂，接缝错台小于6mm。

(2)中等——轻微开裂或有中等碎裂，错台6~10mm。

(3)严重——出现严重裂缝或错台，需重新进行修补。

按修补损坏的数量计算。

根据各种病害的定义和轻重程度分级，路面破损状况以病害类型、轻重程度和出现的范围或密度三项属性表征。现场调查时，常存在同一块板内有不同轻重程度的多种病害的情况，为避免重复统计，以板中最显著或对行车、路面使用寿命影响最大的病害类型或严重程度最大的类型计入。

**二、水泥混凝土路面破损病害调查方法**

为了解和评定路面病害现状、类型及对路面使用技术性能的影响，调查工作一般采用目测与仪具量测相结合的方法进行。调查前，先对调查路段进行调查单元划分，然后人工徒步沿调查路段实地对板块出现的所有破损病害进行逐个调查测量、记录。调查时，按每百米统计记录一次各类破损病害的数量，每公里(一个调查单元)汇总一次各类破损病害的数量，得出每公里各类破损病害数量。徒步现场调查可以使设计人员全面、直观、细致地了解各类路面病害和路面技术状况，因而有利于对路面病害破损原因的分析和对路面状况的判断，使作出的养护维修对策和技术方案更合理和具有针对性。因此，对于大、中修路面工程设计的前期病害调查，要求设计人员亲自参与，并采用现场徒步调查方法进行。

在对各种病害进行具体调查时，应针对病害的特点和工作量的大小，采用人工与不同仪具相结合的方法进行。例如，混凝土路面板的唧泥和脱空板调查可以用人工根据接缝两侧的唧泥残留物直观判定，或用人工对板边、板角部位进行敲击，根据敲击的声音进行判定。但是,对于大面积的路面状况调查,人工判定方法不但慢,而且可靠性较差,一些脱空不太大的脱空板将难以发现,这种情况下,板底脱空位置和状况应采用仪器测试调查,其方法如下:

1. 弯沉测试法

这种方法是通过测试接缝两侧混凝土板的弯沉差来判定板底脱空情况,凡两侧的弯沉差超过0.2mm的应确定为脱空板。弯沉测试可以采用落锤式弯沉仪或贝克曼梁弯沉仪。当采用贝克曼梁弯沉仪测试时,应采用5.4m的长杆式弯沉仪。弯沉仪的测点与支座应放在相邻的两块板上,测试轴载为标准轴载BZZ-100的半轴。测试时,待弯沉测试车驶离测试板块后方可读取百分表值。采用弯沉测试法虽然可以作定量判断,但仍然存在测试速度较慢的不足,测试时应尽量采用落锤式弯沉仪(FWD)测试,如图2-7所示。

2. 测空仪测试法

水泥路面测空仪是采用声效法判定水泥混凝土路面脱空的检测设备。这种设备能以20km/h的速度进行检测,检测中通过特制的激励装置连续敲打混凝土路面产生机械振动,然后通过专门的硬件和软件系统采集和处理信号,应用分析软件对信号进行分析处理。根据混凝土路面脱空和不脱空处各自的特征频率分析,得出检测路段的脱空声效特征曲线,根据输出的特征声效曲线判定混凝土板的脱空部位。

3. 探地雷达测试法

探地雷达(Ground Penetrating Radar)是探测地表下结构和埋设物的新型无损伤探测仪器。它利用电磁波对地表的穿透力,从地表向地下发射某种形式的电磁波。电磁波在地下介质特性变化的接口上发生反射,通过接收反射回波信号,根据其延时、形状及频谱特性等参数,解译出目标深度、介质结构及形状。由于路面材料的介电常数大于空气的介电常数,当雷达检测到混凝土路面板下有充气的脱空时,雷达波将表现为一个较强的负反射,峰值高,且伴随有多次强的反射。如果脱空区充水或高含水,雷达波表现为一个较强的正反射,但多次反射较弱。根据地质雷达检测的原理及脱空区不同填充物的反射波形即可对混凝土板的脱空状况进行检测和判定,如图2-8所示。

图2-7　落锤式弯沉仪(FWD)检测路面弯沉

图2-8　探地雷达检测脱空板

对量大、易于直观判断、测量的裂缝类、表面破损类病害一般采用人工逐块调查、测量和统计，按设计的表格记录各种不同严重程度病害的方法调查。若这些路面损坏病害采用快速检测设备检测，则所用仪器应能进行纵向连续检测，横向检测宽度不得小于车道宽度的70%，应能够分辨1mm以上的路面裂缝。检测结果宜采用计算机自动识别，识别准确率应达到90%以上。

## 第三节　水泥混凝土路面行驶性能调查

水泥混凝土路面使用一定年限以后，各种沉降、断板等破损病害相继出现，表面被磨光，路面的行驶安全性和舒适性下降，服务水平降低。影响水泥混凝土路面行驶性能的技术指标有路面平整度和抗滑能力。平整度影响行车的舒适性，抗滑能力影响行车的安全性。特别是对于纵坡较大的山区公路，要求路面有足够的抗滑能力，以保证行车的安全。水泥混凝土路面行驶性能调查的目的是通过对路面平整度和抗滑性指标调查结果的评价分析，确定路面现有的行车服务水平，为混凝土路面养护维修方法和决策提供依据。

### 一、平整度的调查测试

路面平整度的调查测试可采用以下方法进行。

1. 纵断面测量法

应用水准仪或水准尺沿轮迹量测路表高程，由此得到精确的路表纵断面。这种方法的特点是简单易行，所得结果比较稳定，不会因人因地因时而有较大变异。但存在费工、测量速度慢的不足，适用于测定路段较少的情况，或标定路段的平整度。

2. 3m直尺法

3m直尺法是我国检测路面平整度的基本仪器和方法。这种方法是根据3m直尺下缘与路表面间最大垂直距离(间隙)作为评价测点的平整度评价指标，单位为毫米。检测点可随机取样或每100m连续测量10次，即1 000m测100次，然后按下式计算所测路段的平整度：

$$d = d_1 + Z_a\delta$$

式中：$d$——评定路段的路面平整度，mm；

$d_1$——用3m直尺每次测定的路面最大间隙$d_i$的平均值，mm：

$$d_1 = \sum d_i/n$$

$n$——检测点数；

$Z_a$——与保证率有关的系数；

$\delta$——3m直尺测定的标准差，mm。

3m 直尺法测试的特点是操作简单，但存在测量速度慢，受人为因素影响较大的不足。

3. 八轮平整度仪法

八轮平整度仪是以 3m 长桁架铰接对分小梁为基准，中间机架可伸缩或折叠，前后各有 4 个行车轮，前后两组轮的轴间距为 3m。在机架中间有一个能起落的测定轮，测定轮上装有位移传感器和距离传感器。测定时以仪器着地的 8 个轮为相对基准面，沿路面某一纵向位置以一定间隔量（如桁架每移动 10cm）采集测试轮的单向垂直位移，再用统计方法计算 100m 中所有数据的标准差，并以标准差（$\sigma$）作为平整度评价指标的测定方法。

4. 颠簸累积仪法

车载式颠簸累积仪由测试车、数据处理器、蓄电池、后桥、挂钩、底板钢丝绳和颠簸累积仪传感器等部件组成。当测试车以一定速度在路面上行驶时，由于路面凸凹不平引起汽车激振，通过机械传感器可以测量出后轴与车厢之间的单向位移累积值（*VIB*），以 cm/km 表示，并作为路面平整度评价指标。*VIB* 越大，路面平整度越差，舒适性也越差。

颠簸累积仪测定平整度的优点是设备价格低廉和操作简便、测试速度快。其主要缺点是时间稳定性差，同一台仪器在不同时期测定的结果不一致；并且转换性差，不同部门采用同一类仪器进行测定的结果难以进行比较。因此，在使用这类仪器时需定期进行标定和校正。这种方法一般宜用于路网平整度全面调查。

5. 激光路面平整度仪

测试车以一定速度在路面上行驶，利用装在车上的发生器向路表投射激光，通过激光接收器量测其反射，由此确定路表的竖向起伏，如图 2-9 所示。这种调查测量方法的特点是测定精度较高、速度快，但设备昂贵、操作复杂。

a)

b)

图 2-9　路面激光测试系统

a）激光快速检测路面平整度；b）快速检测路面摩擦系数

6. 主观评分法

这种调查方法是组织评分小组，根据小组成员的个人乘车体验和目测检查，对路面的行驶舒适性给予评分。依据小组平均评分的高低，评估路面的平整度。检测精度要求不高时可以采用这种方法。表 2-1 是路面平整度的技术等级与 3m 直尺和主观评分间的关系。

路面平整度人工评定标准　　表 2-1

| 技术等级 | 优 | 良 | 中 | 次 | 差 |
|---|---|---|---|---|---|
| 3m 直尺(mm) | ≤10 | >10,≤12 | >12,≤15 | >15,≤18 | >18 |
| 行车颠簸程度 | 无颠簸,行车平稳 | 有轻微颠簸,行车尚平稳 | 有明显颠簸,行车不平稳 | 严重颠簸,行车很不平稳 | 非常颠簸,行车非常不平稳 |

## 二、路面抗滑性能调查测试

抗滑性能调查包括路表面摩阻系数和构造深度两项指标,测定方法如下。

### (一)路表面摩阻系数测试

1. 摆式仪法

摆式仪是一种可携式室内和野外路面表面摩阻系数测试仪器,如图 2-10 所示。这种仪器构造及测试摩擦的原理是:仪器的摆锤底面装有一橡胶滑块,当摆锤从一定高度自由下摆时,滑块与路表面接触,由于滑块与路面间的摩擦而耗费部分能量使摆锤只能回摆到一定高度。路表面摩擦阻力越大,回摆高度越小,摆值($BPN$)越大。影响摆值的因素有路面温度、路面潮湿情况、路面洁净程度、摩擦片与标定长度的准确性等。这种测试方法简单、方便、价廉,是我国测定路面抗滑性能的标准方法。

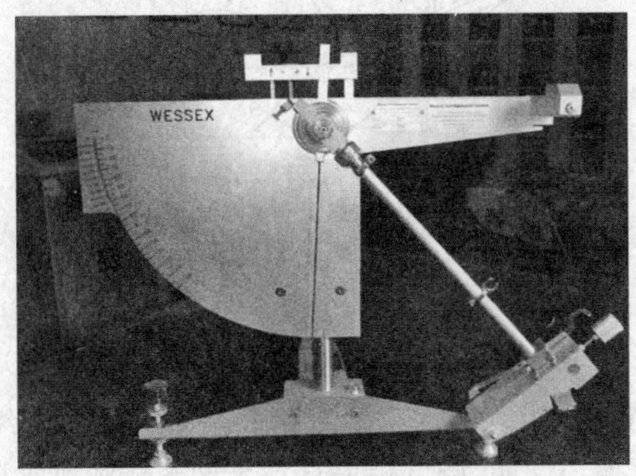


图 2-10　摆式仪的构造示意图

2. 锁轮拖车法

使装备有标准试验轮胎(ASTM 标准)的拖车,以标准速度(通常为 64.4km/h)在洒水润湿并形成均匀水膜的路表面上行驶,通过量测测试车轮被完全锁定(100% 滑移率)时拉动拖车所需的力 $F_b$,此力除以垂直作用于路表面的荷载 $W$,即可得到摩阻系数,也称为滑移数 $SN$。

$$SN = \frac{F_b}{W} \times 100 \tag{2-1}$$

3. 偏转轮拖车法

目前世界上使用最广泛的横向力系数测试仪是由英国 TRRL 于 20 世纪 60 年代研制的 SCRIM 系统。这种测试方法是在测试车上安装有两只可以自由转动的标准试验轮胎,如图 2-11 所示,它们相对于汽车行驶方向偏转一定的角度(7.5°～20°)。当测试拖车以一定速度在潮湿路面上行驶时,试验轮胎受到侧向摩阻力的作用,此摩阻力 $F_S$除以试验轮上的载重 $W$,即为横向力系数 $SFC$。

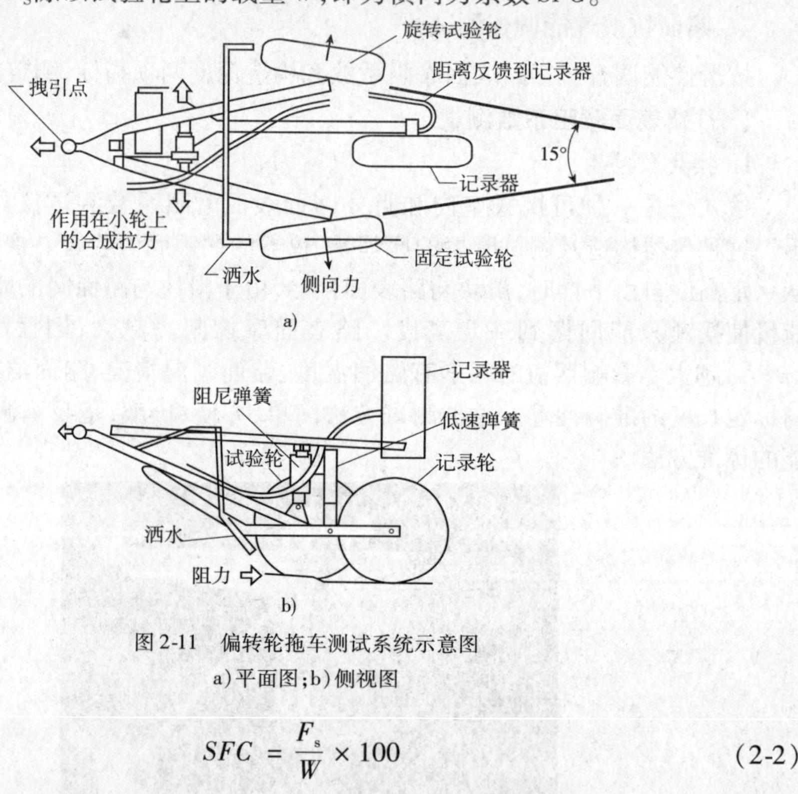


图 2-11 偏转轮拖车测试系统示意图

a)平面图;b)侧视图

$$SFC = \frac{F_s}{W} \times 100 \tag{2-2}$$

SCRIM 系统的特点是能以任意速度对路面进行长距离连续测试,可以反映路面纵横两个方向的摩擦力性能,测试结果符合车辆实际制动或滑溜时的情况,测试时不影响交通。

采用 SCRIM 系统测定时应注意以下问题:

(1)测试速度越高摩擦系数值越小。因此,我国规范规定 SCRIM 系统测试 $SFC$ 的标准速度为 50km/h,测试过程中速度尽量保持在 46～54km/h 的范围内。

(2)应选择轴载分布频率最高的车道进行测试。

(3)测试季节宜选择最不利季节,如南方选择在多雨季节,北方宜选择夏季。

4. 路面测试系统

采用如图2-9b)所示激光路面测试系统上配置的路面摩擦系数测试装置，快速测试路面摩擦系数。

**(二)构造深度测试**

路表面粗构造深度测定的通用方法是砂容量法。即将已知容量的标准砂摊铺在干燥、洁净的路表面构造孔隙内，量测其覆盖的面积，便可计算得到平均构造深度 $MTD$：

$$MTD = 1\ 000V/(\pi D^2/4)$$

式中：$V$——标准砂的体积，25cm$^3$；

$D$——摊平砂的平均直径，cm。

此外，还可采用动态激光断面仪，以2mm间距扫描路表面不规则断面，得出路面的平均构造深度 $MTD$。

## 第四节　水泥混凝土路面结构强度调查

混凝土路面结构强度调查的目的是通过结构强度调查，掌握路面结构强度现状，分析产生变形破损病害原因和对交通的适应情况，为混凝土路面技术状况评价和确定养护维修方案提供依据。

**一、水泥混凝土路面整体结构强度调查**

混凝土路面结构整体强度调查测试常用的测试仪器有贝克曼梁弯沉仪和落锤式弯沉仪(FWD)两种。当采用贝克曼梁检测时，检测数量不小于20点/(km·车道)，抽样检测时，检测范围可控制在养护维修里程的20%以内；对用于大中修设计前的调查应适当加密测点布置，且检测范围应覆盖设计路段的全部里程。用落锤式弯沉仪进行检测时，检测结果应换算成我国相关技术规范规定的回弹弯沉值。自动检测设备必须定期标定，标定的相关系数不得小于0.95。根据落锤式弯沉仪测试的路表面最大弯沉和弯沉曲线，分析和判断路面结构的承载能力。

**二、路面各结构层的强度调查**

为深入了解路面各结构层的强度和厚度状况，路面结构强度调查还必须在表面弯沉(整体强度)测试的基础上，对各结构层进行钻芯取样检测，以结合路表弯沉测试结果，分析路面各结构层强度与整体强度的关系，分析产生破损病害的原因及对各结构层的影响。调查测试内容包括各结构层的厚度、面板抗折强度、基层强度、路基强度及含水率等，由上至下用取芯机钻取混凝土板、上基层、底基层、垫层、路基的芯块，将其修整为标准试件，测试各结构层强度。对于不能取芯成型的结构层，调查时应通过挖坑量取该层厚度，记录芯样情况。具体方法如下：

(1)确定取样位置。芯取样位置和数量可以根据调查的需要,选择使用状况好、有少量破损和严重破损的板块和部位进行钻芯。

(2)钻芯取样。用取芯机钻孔取芯,测量圆柱体芯样的高度,确定面板厚度。然后按有关规范要求截取芯样,制作圆柱体芯样试件进行劈裂试验,测定混凝土路面板的劈裂强度,按式(2-3)把劈裂强度换算成弯拉强度。

$$f_r = 1.87 f_{sp}^{0.87} \tag{2-3}$$

式中:$f_r$——旧混凝土路面板的弯拉强度,MPa;

$f_{sp}$——旧混凝土路面板的劈裂强度,MPa,$f_{sp} = f_{sp} - 1.04S_{sp}$。

并根据弯拉强度与回弹模量的关系式(2-4),求出旧混凝土弯拉弹性模量 $E_c$(MPa)。

$$E_s = \frac{1 \times 10^4}{0.09 + \dfrac{0.96}{f_r}} \tag{2-4}$$

(3)旧混凝土路面基层顶面当量回弹模量的调查测试:旧混凝土路面基层顶面当量回弹模量宜采用板中落锤式弯沉仪(FWD)荷载作用下测得的弯沉曲线,由式(2-5)确定。

$$\left.\begin{aligned} E_t &= 100e^{3.60+24.03D_0^{-0.057}-15.63SI^{0.222}} \\ SI &= \frac{D_0 + D_{300} + D_{600} + D_{900}}{D_0} \end{aligned}\right\} \tag{2-5}$$

式中: $E_t$——基层顶面当量回弹模量标准值,MPa;

$D_0$——板中荷载作用下(标准荷载 100kN,承载板半径 15cm),荷载中心处的弯沉值,μm;

$SI$——路面结构荷载扩散系数;

$D_{300}$、$D_{600}$、$D_{900}$——分别为距离荷载中心 300mm、600mm 和 900mm 处测得的弯沉值,μm。

## 三、接缝传荷能力调查

旧混凝土路面板的接缝传荷能力用接缝传荷系数评定,用弯沉测试法调查。采用贝克曼梁弯沉仪或落锤式弯沉仪测定,用贝克曼梁弯沉仪测定时,弯沉仪的支点不得落在弯沉盆内。

测定传荷能力的荷载采用标准轴载的一侧轮载(50kN)。测试时,将荷载施加在接缝的一侧的路面板表面,测出接缝两侧板边缘的弯沉值。根据接缝两侧的弯沉之比得出接缝传荷系数 $k_j$。

$$k_j = \frac{w_u}{w_l} \times 100\% \tag{2-6}$$

式中:$k_j$——接缝传荷系数;

$w_u$——未受荷板边缘的弯沉值；

$w_l$——受荷板边缘的弯沉值。

混凝土路面的接缝传荷能力分为4个等级，分级标准见表2-2。

混凝土路面接缝传荷能力分级标准　　表2-2

| 等级 | 优良 | 中 | 次 | 差 |
|---|---|---|---|---|
| 接缝传荷系数 $k_j$ | >80 | 60~80 | 40~60 | <40 |

除结构强度调查外，还应收集路面设计原始资料，全面了解施工和应用过程中的交通条件、结构等与设计要求的符合性。调查内容包括：查阅路面的设计及变更文件，调查路面结构厚度、结构组合、板尺寸划分、拉杆、传力杆设置情况，材料配合比、各结构层设计参数（各结构层模量及面板抗折强度）及路基回弹模量等。

## 第五节　交通状况、排水及养护历史调查

### 一、交通状况调查

交通状况调查包括路面设计交通量和实际运营期间的交通量调查两大内容。

设计交通量调查可以通过查阅路面设计文件资料，了解调查路面的设计使用年限、使用初期的交通组成和日平均标准轴载作用次数、交通量增长率 $\gamma$(%)、设计标准轴载累计当量作用次数等交通设计参数。

为了解目前路面的实际交通状况，还应在查阅设计交通资料的基础上，组织人员上路进行交通量调查，统计各种车型、轴型、超载车数量及占总数量的百分率。对于设有收费站或交通量观测站的道路，可以到收费站或交通量观测站收集交通量资料。

通过交通量调查，掌握目前道路上的日交通量、交通组成、轴载分布，分析交通对路面使用中产生的病害影响，预测设计使用初期及以后各年轴载组成、作用次数增长情况，为日常养护维修和大中修路面结构设计提供交通计算参数。

### 二、排水状况调查

道路使用一定年限后，路基排水设施、路面接缝防水材料等可能出现破损、失效，使路面排水不畅，引起路基湿软、唧泥，导致路面破坏。因此在对路面破损和使用技术状况调查的同时，还必须对路面排水状况进行实地调查。了解路面、路肩横坡度及道路平均纵坡技术指标，调查路肩类型及路肩内是否设有盲沟、暗沟等排水设施，下雨后路面接缝、路肩的渗水情况，边沟是否积水、渗水，积水深度和时间，路面板下是否有积水，路基地下水位、地表长期积水水位及其对路基稳定性的影响等。对调查路段的排水状况进行定量和定性的记录描述，分析水对路面结构和使

用状况的影响。通过养护维修工程设计和实施，完善路基路面排水系统。

三、养护历史调查

通过查阅历年养护资料，了解每年路面病害发生数量、程度、时间、处治措施及处理过程中发现的新病害及其原因，为路面病害分析和下一步的养护维修对策提供参考。

## 第六节　水泥混凝土路面技术状况评价指标和方法

水泥混凝土路面在行车荷载和自然因素的反复作用下将产生各种形式的变形破损病害。由于路面产生变形破损的原因各不相同，采取的养护维修对策也不相同。为使对混凝土路面的养护维修达到预期的效果，在进行路面养护维修决策之前，必须对现有路面破损病害和行车服务技术状况进行调查测试。根据调查结果，评价路面技术状况，分析目前路面产生各种破损状况的原因，综合路面技术状况评价结果和破损病害的原因分析，作出科学合理的养护维修对策。因此，路面技术状况评价是路面养护维修决策的重要依据。

水泥混凝土路面使用技术状况的评价包括路面破损状况评价、路面结构承载能力评价、路面行驶质量评价和路表抗滑能力评价四项。其中，路面破损状况评价指标为路面状况指数（*PCI*）和断板率（*DBL*）；路面行驶质量评价指标为行驶质量指数（*RQI*）；路表抗滑能力评价指标为侧向力系数（*SFC*）或抗滑值（*SRV*）及构造深度；结构承载力采用路面整体强度和接缝传荷能力评定。各项技术状况的评价指标计算方法如下。

### 一、路面破损状况评价

1. 路面状况指数（*PCI*）

路面状况指数 *PCI* 以对该路段破损状况调查得到的病害类型、轻重程度和密度为依据，用公式(2-7)计算，并以100分制表示：

$$PCI = 100 - \sum_{i=1}^{n}\sum_{j=1}^{m_i} DP_{ij}W_{ij} \tag{2-7}$$

$$DP_{ij} = A_{ij}D_{ij}B_{ij}$$

$$W_{ij} = \begin{cases} 2.5R_{ij} & R_{ij} > 0.2 \\ 0.5 + 0.686(R_{ij} - 0.2) & 0.2 \leqslant R_{ij} < 0.55 \\ 0.74 + 0.28(R_{ij} - 0.55) & 0.55 \leqslant R_{ij} < 0.8 \\ 0.81 + 0.95(R_{ij} - 0.8) & R_{ij} \geqslant 0.8 \end{cases}$$

$$R_{ij}=\frac{DP_{ij}}{\sum_{i=1}^{n}\sum_{j=1}^{m_i}DP_{ij}}$$

式中：$i$、$j$——路面病害的种类和轻重程度；

$n$——病害种类的总数；

$m_i$——$i$ 种病害的轻重程度等级数；

$DP_{ij}$——$i$ 种病害和 $j$ 种轻重程度的单项扣分值，它是破损密度 $D_{ij}$ 的函数；

$D_{ij}$——$i$ 种病害 $j$ 种轻重程度的板块数占调查路段板块总数的比率；

$A_{ij}$、$B_{ij}$——系数，可参考表 2-3 确定；

$W_{ij}$——同时出现多种破损时，$i$ 种病害和 $j$ 种轻重程度扣分值的修正系数；

$R_{ij}$——各单项扣分值占总扣分值的比值。

**计算单项扣分值的系数 $A_{ij}$ 和 $B_{ij}$**　　表 2-3

| 轻重程度 / 病害类型 | $A_{ij}$ | | | $B_{ij}$ | | |
|---|---|---|---|---|---|---|
| | 轻 | 中 | 重 | 轻 | 中 | 重 |
| 纵、横、斜向裂缝 | 30 | 65 | 93 | 0.55 | 0.52 | 0.54 |
| 角隅断裂 | 49 | 73 | 95 | 0.76 | 0.64 | 0.61 |
| 交叉裂缝、断裂板 | 70 | 88 | 103 | 0.6 | 0.5 | 0.42 |
| 沉陷、胀起 | 49 | 65 | 92 | 0.76 | 0.64 | 0.52 |
| 唧泥 | 25 | — | 65 | 0.9 | — | 0.8 |
| 错台 | 30 | 60 | 92 | 0.7 | 0.61 | 0.53 |
| 接缝碎裂 | 23 | 30 | 51 | 0.81 | 0.61 | 0.53 |
| 拱起 | 49 | 65 | 92 | 0.76 | 0.64 | 0.52 |
| 纵缝张开 | 30 | — | 70 | 0.9 | — | 0.7 |
| 填缝料损坏 | 10 | 35 | 60 | 0.95 | 0.9 | 0.8 |
| 纹裂或网裂和起皮 | 22 | 60 | 90 | 0.7 | 0.6 | 0.5 |
| 磨损和露骨 | 20 | — | 60 | 0.7 | — | 0.5 |
| 坑洞 | — | 30 | — | — | 0.6 | — |
| 活性集料反应 | 25 | 47 | 70 | 0.9 | 0.8 | 0.7 |
| 修补损坏 | 10 | 60 | 90 | 0.95 | 0.6 | 0.54 |

2. 断板率($DBL$)

断板率($DBL$)根据调查得到的断裂类病害的板块数,按断裂缝种类和严重程度的不同,采用不同权重系数修正后,用式(2-8)计算,以百分率表示:

$$DBL = (\sum_{i=1}^{n}\sum_{j=1}^{m_i} DB_{ij}W'_{ij})/BS \tag{2-8}$$

式中:$DB_{ij}$——$i$ 种裂缝病害 $j$ 种轻重程度的板块数;

$W'_{ij}$——$i$ 种裂缝病害 $j$ 种轻重程度的修正权系数,按表 2-4 确定;

$BS$——评定路段内的板块总数。

**计算断板率的权重系数 $W'_{ij}$** 表 2-4

| 裂缝类型 | 交叉裂缝 | | | 角隅断裂 | | | 纵、横、斜向裂缝 | | |
|---|---|---|---|---|---|---|---|---|---|
| 轻重程度 | 轻 | 中 | 重 | 轻 | 中 | 重 | 轻 | 中 | 重 |
| 权重系数 $W'_{ij}$ | 0.6 | 1.0 | 1.5 | 0.2 | 0.7 | 1.0 | 0.2 | 0.6 | 1.0 |

3. 路面破损状况等级评定标准

根据路面状况指数和断板率指标评定的路面状况等级标准见表 2-5。

**路面破损状况等级评定标准** 表 2-5

| 评定等级 | | 优 | 良 | 中 | 次 | 差 |
|---|---|---|---|---|---|---|
| 评价指标 | 路面状况指数 $PCI$ | ≥85 | 84~70 | 69~55 | 54~40 | <40 |
| | 断板率 $DBL$(%) | ≤1 | 2~5 | 5~10 | 10~20 | >20 |

## 二、路面行驶质量评价

1. 行驶质量指数($RQI$)

国际平整度指数 $IRI$ 是目前国际上公认的衡量路面舒适性指数($RCI$)或路面行驶质量指数($RQI$)的指标。由精密水准仪测定路段上每隔 0.25m 测点的高程后通过计算确定,单位为 m/km。当采用其它设备和方法测定平整度时,可以通过标定进行回归分析,建立与国际平整度指数间的相关关系,换算成国际平整度指数。

路面行驶质量采用行驶质量指数($RQI$)作为评价指标,以 10 分制表示。行驶质量指数与路面平整度指数 $IRI$ 间的关系可以参考公式(2-9)计算:

$$RQI = 10.5 - 0.75IRI \tag{2-9}$$

式中,$IRI$ 为国际平整度指数,m/km。可由反应类设备测定,测定结果需经试验标定。$IRI$ 与其它设备的标定关系式一般为

$$IRI = a + b \times BI$$

式中,$BI$ 为平整度测试设备的测试结果;$a$、$b$ 为标定系数,在使用中,可根据当地实际的标定结果确定其取值。

2. 行使质量等级评定标准

以行驶质量指数为指标的路面行使质量评定分为 5 个等级，各行驶质量评定等级见表 2-6。

**行驶质量等级评定标准**　　表 2-6

| 评定等级 | 优 | 良 | 中 | 次 | 差 |
|---|---|---|---|---|---|
| 行驶质量指数 *RQI* | ≥8.5 | 8.4~7.0 | 6.9~4.5 | 4.4~2.0 | <2.0 |

## 三、路面抗滑性能评价

路面抗滑性能采用侧向力系数 *SFC*（或抗滑值 *SRV*）以及构造深度两项指标评定，并把路面抗滑能力分为 5 个等级，各等级评定标准见表 2-7。

**混凝土路面抗滑能力评定标准**　　表 2-7

| 评价等级 | | 优 | 良 | 中 | 次 | 差 |
|---|---|---|---|---|---|---|
| 评价指标 | 横向力系数 *SFC* | ≥0.55 | 0.54~0.45 | 0.44~0.38 | 0.37~0.3 | <0.3 |
| | 抗滑值 *SRV* | ≥65 | 64~55 | 54~45 | 44~35 | <35 |
| | 构造深度（mm） | ≥0.8 | 0.7~0.6 | 0.5~0.4 | 0.3~0.2 | <0.2 |

## 四、路面结构承载力评价

路面结构承载力评价的目的是确定路面剩余寿命，也即在路面达到预定损坏状态之前还能使用的年数或承受的标准轴载累计当量作用次数，并依据剩余寿命长短，判定路面结构的完好程度及损坏的发展速率，从而确定采取养护维修还是大中修或改建措施。路面结构承载能力与路面破损状况间存在一定的内在联系，承载能力足够的路面裂缝和变形类病害较少，而承载力较差的路面常伴有严重的裂缝和变形。因此，路面的承载能力可以通过 *PCI* 和 *DBL* 及路面弯沉、结构层钻芯取样强度测试结果综合地进行评价。

# 第七节　水泥混凝土路面养护维修对策

对混凝土路面技术状况进行调查和评定的目的是了解路面技术现状，根据技术现状选择相应的养护维修措施，制定养护对策。不同技术状况的混凝土路面养护维修处治对策如下：

（1）当高速公路及一级公路路面的破损状况评价等级为优或良，或二级和二级以下公路的路面破损状况评价等级为中和中以上时，可以采取以日常养护为主，同时对局部破损板块进行修补的措施。各种病害的养护和修补措施见表 2-8。

各种病害的日常养护维修对策 表2-8

| 病害＼措施 | 可暂不修补 | 填封裂缝 | 填封接缝 | 部分深度修补 | 全深度修补 | 换板 | 沥青混合料修补 | 板底封堵 | 板顶研磨 | 刻槽 | 边缘排水 |
|---|---|---|---|---|---|---|---|---|---|---|---|
| 纵、横、斜向裂缝和角隅断裂 | 轻 | 轻、中、重 | — | — | 重 | — | — | — | — | — | — |
| 交叉裂缝和断裂板 | — | 轻、中 | — | — | — | 中、重 | — | — | — | — | — |
| 沉陷、胀起 | 轻、中 | — | — | — | — | — | 中、重 | 重 | 中、重 | — | — |
| 唧泥、错台 | 轻 | — | 轻、中 | — | — | — | — | 重 | 重 | — | 中、重 |
| 接缝碎裂 | 轻 | — | — | 中、重 | 重 | — | 中、重 | — | — | — | — |
| 拱起 | 轻 | — | — | — | 中、重 | 重 | — | — | — | — | — |
| 纵缝张开 | — | — | 轻、重 | — | — | — | — | — | — | — | — |
| 填缝料损坏 | 轻 | — | 中、重 | — | — | — | — | — | — | — | — |
| 纹裂或网裂和起皮 | 轻、中 | — | — | 中、重 | — | — | 中、重 | — | — | — | — |
| 磨损和露骨 | 磨损 | — | — | — | — | — | 露骨 | — | — | 磨光 | — |
| 活性集料反应 | 轻 | — | — | — | — | 重 | 中 | — | — | — | — |
| 集料冻融裂纹 | 轻 | — | — | 中、重 | 重 | — | — | — | — | — | — |

(2)当高速公路及一级公路路面的行驶质量评价等级为中及中以下，或二级和二级以下公路的路面行驶质量评价等级为次和次以下时，应采取刻槽、罩面或加铺层等措施改善路面平整度。

(3)当高速公路及一级公路路面的抗滑能力等级评价为中及中以下，或二级和二级以下公路的路面抗滑能力等级评价为次和次以下时，应采取刻槽、罩面等措施改善路面抗滑能力。

(4)路面结构承载能力不能满足交通要求时，应以现有路面剩余寿命为基础，采取铺筑沥青混凝土或水泥混凝土加铺层，提高其结构承载能力，满足一定使用年限内的交通量增长要求。

(5)当高速公路及一级公路路面的破损状况评价等级为中及中以下,或二级和二级以下公路的路面破损状况评价等级为次和次以下时,应对全线路面进行大修,采取全路段修复或改善措施,包括采用沥青混合料修补、把旧混凝土路面板块破碎和碾压稳定后铺筑沥青混凝土或水泥混凝土路面结构等。

为了使决策科学合理,充分发挥养护维修资金的经济和社会效益,在决策时,除考虑路面技术状况评价结果外,还应考虑以下 3 方面的因素:

①路面技术现状,各项使用性能满足使用要求的程度,要依据不适应的方面和程度选择相应的技术。

②今后需要改善的程度,对于交通量增长快的道路,为满足发展的要求,应采取较为超前的措施而不能拘泥于改善某项性能或指标要求。

③效益和经济性,在决策时不能仅考虑某项指标或措施,特别是各项评价指标参差不齐的条件下,应对满足预期要求的各种方案进行经济分析对比,选择经济效益和技术性能最佳的方案。

只有以路面技术状况调查、评价结果为依据,同时结合道路的经济、交通与未来发展的实际,才能作出科学合理的养护维修决策。

# 第三章　水泥混凝土路面破损病害原因分析与处治方法

## 第一节　概　述

混凝土路面破损病害的修复和处治是混凝土路面日常养护维修及大、中修或加铺改建[加铺沥青面层(白改黑)或加铺沥青路面结构]的重要工作内容,对养护维修、加铺改建工程的成败有重要影响,设计、施工必须予以高度重视。

混凝土路面病害维修的工作量大,涉及面广,要求前期的调查测试、病害分析、处治方案设计、施工组织和施工质量管理等一系列工作必须遵循规范要求,结合实际,认真细致。目前,混凝土路面修补处治效果差,边修补边破坏,修补项目完成不久,又发生了破坏的情况屡见不鲜。产生这种现象的原因有以下几方面:

(1)病害调查和检测工作不细。特别是混凝土板的脱空部位检测、接缝传荷能力检测工作做得不仔细,潜在的病害隐患和部位未得到彻底调查和处治,成为维修后快速出现破坏病害的部位,路面加铺改建工程完工后不久即在这些未处治部位发生反射裂缝或其它病害。

(2)路面破损原因分析不准,处治方案针对性不强。引起混凝土路面破坏的原因较多,包括过大的交通量,重载、超载车辆多,路面结构设计不合理,施工质量差(混凝土板和基层强度低),防水、排水设施不完善,日常养护维修不到位等;有些路面的破坏是多个因素的联合作用所致。若旧路破损病害原因分析不准,未能找到真正引起路面产生破损病害的原因,养护维修措施针对性不强,其结果是路面大中修改建后不久又产生新的破坏,或边补边坏。因此在确定养护维修方法和进行设计时,必须认真分析,找准原因。

(3)处治施工不仔细,重视混凝土板的修复,忽视对基层、土基(特别是湿软土基)的处治。导致板的断裂、破损病害的原因可能是施工质量不合格引起,也可能是路面通车后车辆作用、养护不及时等后期使用运营过程中所产生。例如,由于接缝防水较差,在混凝土板的板角部位将使地表水下渗,使基层、路基湿软,强度降低,并产生不均匀沉降而导致板角断裂,处治时就必须从基层、路基的换填开始。若不对这些湿软的基础部分进行处治,或处治不彻底,仅加铺新面层,新加铺的混凝土板不久也将会破坏。此外,处治施工过程中,挖除破损的板块或部位以后,若对基层顶面清理不干净，表面不平整，则开挖留下的碎屑和不平整的基层顶面直接成为新铺板块底部应力集中或强度较低的缺陷部位，容易导致新换板块的破坏。

(4)对接缝防水措施的施工质量重视不够。混凝土路面的土基、基层、混凝土板都有相应的施工质量指标要求，质量的好坏通过测试数据评价，但是对于接缝的施工质量没有直接的检测数据，对工程质量的影响没有混凝土强度、土基压实度、基层强度压实度那么直接。因此承包商一般都比较重视各结构层的施工质量，不重视接缝防水填料的施工。实际上，混凝土路面的破损板角断裂、唧泥、破碎板等，都与地表水从接缝下渗有关，接缝渗水大多是接缝施工质量差所致。在修补施工中，若不重视接缝的防水、填缝料的更换，虽然换上了强度较高的混凝土板，但未进行防水处理，地表水继续下渗，也容易导致养护维修边坏边补、边补边坏的恶性循环。

(5)养护时间短，混凝土未达到强度即通过也是导致修补板块提前破坏的重要原因。

因此，为了使混凝土路面病害修复达到预期的效果，保证工程的质量，必须重视现场病害调查，做到对所有病害逐个调查统计；在现场调查基础上，对病害形式进行分类，认真分析病害原因，针对病害类型、原因，提出处治方案设计；在施工中加强施工质量管理，逐个认真处治，通过科学合理的处治方案设计和施工，提高混凝土路面养护维修工程的质量。

## 第二节 混凝土路面日常养护维修内容与要求

水泥混凝土路面材料来源简便，施工工艺较简单，使用年限长，养护维修费用少，因而在各种等级公路中得到较广泛的应用。然而，为使混凝土路面达到预期的使用年限目标，除保证设计、施工质量外，还必须有良好的日常养护维修作保障，特别是接缝的防水、其它排水设施的养护维修和少量缺陷的及时处理修复是保障混凝土路面使用耐久，以及服务水平优良的必要条件。水泥混凝土路面日常养护维修的内容和要求如下。

### 一、日常养护维修的内容

(1)清扫路面泥土和杂物。对行车道与硬路肩上的泥土和杂物，应经常予以清扫。当设有中间带、变速车道、爬坡车道、应急停车带时，其上的泥土和杂物亦应清扫干净。清扫方法可以用人工，也可以用机械。

(2)接缝的养护维修。接缝是混凝土路面的薄弱部位，在行车、阳光、气温和水等环境因素作用下，接缝的填缝料会出现老化、缺损或溢出，使接缝防水性降低，板下渗水增多，从而引起混凝土板唧泥、脱空、断裂破坏。因此，对于老化、填缝料散失的接缝应及时填补或清除，并防止泥土、砂石及其它杂物挤压进入接缝内，影响混凝土路面板的正常伸缩和防水性。整个路段路面接缝填缝料失效的,应予以全面更换。

(3)排水设施的检修、保养。应经常检查和疏通路基路面(包括路肩、中央分隔带)排水设施,防止积水,以保护路面不受地面水和地下水的损害。

(4)及时修复局部变形破损病害。对路面出现的局部开裂、断板或错台等少量病害,应查明原因,采取相对措施及时修补,避免在水作用下引起破损面积的进一步扩大。

(5)路面交通标识标线的维护。路面各种标线、导向箭头及文字标记,应及时清洗和恢复,经常保持各种标线、标记完整无缺,清晰醒目。辅助和加强标线作用的突起路标,应无损坏、松动或缺失,并保持其反射性能,确保路面行车安全和良好的服务水平。

(6)绿化植物的管养。路肩外和中央分隔带内种植的乔木、绿篱和花草,应及时浇灌、剪修,以保持路容整齐、美观;如有空缺或老化,应适时补植或更新。对病虫害,应及时防治。对影响视距和路面稳定的绿化栽植,应予以处理。

(7)对路面、路肩和路缘石等的局部损坏,应查清原因,采取合适的材料和相应的措施进行修复,以保持路面所要求的使用状态和服务水平。

(8)对路面的较大面积损坏,应对路面状况进行调查评定,根据结果确定养护对策,包括采取大、中修或专项工程,进行维修和整治。局部路段路面损坏严重的,应予以翻修,以达到设计标准;整个路段路面平整度、抗滑能力不足的,可采取罩面,铺筑加铺层,以恢复路面的表面功能。

## 二、养护质量标准

为保证混凝土路面的正常使用功能和服务水平,水泥混凝土路面的养护质量标准应符合表3-1的规定。在水泥混凝土路面的使用过程中,应对其使用质量进行检查。凡不符合养护质量标准的,应及时维修,或有计划地安排大、中修或专项工程,予以改善和提高。

水泥混凝土路面养护质量标准　　表3-1

| 项目 | | 高速公路、一级公路 | 其它等级公路 |
|---|---|---|---|
| 平整度(mm) | 平整度仪 $\sigma$ | 2.5 | 3.5 |
| | 3m直尺(mm) | 5 | 8 |
| | 国际平整度指数 *IRI*(m/km) | 4.2 | 5.8 |
| 抗　滑 | 构造深度 *TD*(m) | 0.4 | 0.3 |
| | 抗滑值 *BPN* | 45 | 35 |
| | 横向力系数 *SFC* | 0.38 | 0.30 |
| 相邻板高差(mm) | | 3 | 5 |
| 接缝填缝料凹凸(mm) | | 3 | 5 |
| 路面状况指数 *PCI* | | ≥70 | ≥55 |

## 第三节　板角断裂的维修

### 一、板角断裂的原因分析

引起板角断裂破坏的原因较复杂,包括板角应力集中、接缝渗水、板底唧泥脱空使板角混凝土受拉、接缝传荷能力低、重载的反复作用、施工时角隅振捣不密实等一种或多种因素综合作用。施工时必须针对板角断裂破坏的原因,遵循一定程序,对破损板角逐个认真修复处治。

板角断裂破坏是混凝土路面最常见、最多的破坏形式,是路面养护维修的重点和主要破损病害。板角断裂破坏一般发生在纵横缝交叉处的4块板角中(如图2-2所示)。首先接缝渗水,4块板角中的一块或两块产生唧泥、脱空而首先断裂,一块板角断裂以后,增大了板角处的渗水,使未破坏板角的基础强度进一步降低,在车辆荷载作用下进一步导致相邻板角的相继脱空断裂破坏,最终在接缝交叉处的4个板角全部断裂破坏。若不对断裂的板角及时修补,不对接缝进行及时防水处理,板角处的渗水进一步增大,使板角呈网裂形式破坏,并最终导致板块的整板断裂破坏。

板角部位容易产生断裂原因有以下几方面:

(1)板角是混凝土板中的应力集中部位,同时也是车辆荷载作用频率最高的部位。在车辆荷载作用下,板角应力集中。

(2)在纵横缝交叉处的板角两个方向渗水,交点处渗水空隙最多。若接缝防水材料失效,板角处的渗水量最大。下渗的水使板角下的基层湿软,车辆荷载作用下在板角处产生的泵吸作用使板角下的基层产生冲刷和唧泥。板下被淘空,使板角失去支撑悬空,受反复弯拉作用后最终断裂。

(3)板角处混凝土施工振捣不密实、接缝传荷能力低,路基或基层强度低使板角产生较大的拉应力等。

表3-2是用ANSYS软件计算的标准轴载作用在临界荷位和板角处的板中应力与位移。

**不同荷载作用于临界荷位和板角时板底最大应力及基层顶面最大应力和位移**　　表3-2

| 轴重(kN) | 轮压(MPa) | 荷载作用位置 | 混凝土板底面最大拉应力 $\sigma_L$ (MPa) | 混凝土板顶面最大弯沉(1/100mm) $A$(边) | 基层顶面最大压应力 $\sigma_P$(kPa) | 基层顶面最大弯沉(1/100mm) |
|---|---|---|---|---|---|---|
| 100 | 0.7 | 板角 | 0.885 91 | 51.89 | −22.035 | 58.77 |
| | | 临界荷位[纵缝板边中部($L/2$)] | 1.1231 | 29.11 | −9.219 | 31.5 |

从表3-2中计算结果可以看出:在同样荷载作用下,荷载作用于板角时板角的挠度较大。虽然板角混凝土板中的应力小于荷载作用于临界荷位,但基层顶面弯沉和压应力明显大于荷载作用于板边 $L/2$ 处的弯沉和压应力,说明荷载作用于板角时,基层起着重要的承载作用。由于荷载作用于板角时传递到基层顶面的荷载较大,在同等荷载作用下,板角下的基层将产生较大的塑性压缩变形积累。若接缝渗水,在板角下产生的高压水冲刷和泵吸现象,使混凝土路面在板角处产生由于板底基础压缩与冲刷的脱空,板角失去支撑后成悬臂状态承受大挠度的反复弯拉疲劳作用,最终导致板角断裂破坏。这就是混凝土路面最容易在板角处首先断裂的力学机理。

为了避免混凝土路面的板角断裂破坏,加强接缝防水是关键,消除板角的渗水将减小板角下基层的冲刷和路基压缩导致的板角脱空,同时增大板厚,增大板的刚度,从而减少板角的断裂破坏病害。

## 二、板角和其它局部破坏的修补材料及技术性能

### (一)修补材料的技术性能要求

修补材料的性能对于保证板局部破坏修补效果具有重要意义,用于水泥混凝土路面板角断裂破坏修复的材料应满足以下技术性能要求。

1. 快硬早强

与新铺普通混凝土路面施工不同,需要进行修补的水泥混凝土路面一般都是正在使用的道路,不允许长时间封闭交通。因此,修补材料必须具有迅速硬化的性能,使修补路面在短时间内达到通车的强度要求。

2. 收缩小

新旧混凝土的结合部位是修补水泥混凝土路面的薄弱环节,新旧混凝土的非整体性连接成为板块的固有缺陷,同时,新拌水泥混凝土的收缩产生收缩应力,使新旧混凝土拉开,更加深了这种缺陷,使修补的结合部位成为强度低,易渗水的薄弱部位。因此,应尽可能选用无收缩或收缩率很低的修补材料。

3. 具有一定的黏性

为提高新旧混凝土在结合部位的强度,要求修补材料本身具有一定的黏性。

4. 后期性能稳定,强度发展与旧混凝土基本一致

后期强度不能低于旧混凝土,使新旧混凝土力学性能差异太大,影响路面的整体性能。

5. 耐磨性高,耐久性好

修补材料的耐磨性不应低于旧混凝土的耐磨性能,同时应具有抗冻、耐腐蚀、抗渗等耐久性能。

6. 施工和易性好

修补混凝土的凝结时间应满足施工要求，对于需水量大、硬化过快的修补材料，应通过试验，掺入一定量的缓凝型减水剂，以保证新修补混凝土的施工和易性。

7. 其它

修补材料的颜色与旧混凝土基本一致，无明显差异。

**(二)常用修补材料及性能**

1. 普通水泥混凝土

采用普通水泥混凝土修补损坏的混凝土路面具有材料来源简便、施工工艺简单、价格低廉的特点，但是存在以下不足：

(1)收缩大，易导致新旧混凝土拉开。

普通水泥混凝土的致命弱点是水泥硬化过程中产生体积收缩。这种收缩来自水泥混凝土水化产生的体积收缩、水分挥发产生的干缩以及温度降低引起的温缩。而在水泥混凝土硬化早期其强度较低，在这三种收缩应力作用下新旧混凝土间易于拉开使结合部成为强度最低的位置。

(2)普通水泥混凝土本身黏度低，与旧混凝土结合差。

(3)新旧混凝土间的界面缺陷，易使混凝土开裂。

被损坏的混凝土除掉后，旧混凝土表面会留下由许多裸石和水泥石组成的凹凸不平的接触面。新混凝土浇筑后，新的水泥砂浆与旧混凝土中的裸石或水泥石相接触。在新旧混凝土接合部，旧混凝土表面的裸石或水泥石无法像新拌混凝土那样通过搅拌由水泥砂浆将骨料包裹好。振动成型后，旧混凝土表面的裸石或水泥石周边将会产生比新拌混凝土中骨料周边更厚的水膜层，容易造成新旧混凝土界面缺陷，使新旧混凝土在结合部开裂。

(4)养生期长，影响交通。

普通水泥混凝土的强度增长慢，路面修补后，需要较长的养生期。即使是半幅通车、半幅修补，路面也需要 10 ~ 15d 的半封闭时间，对正常的交通将会带来许多不便。

为改善普通水泥混凝土修补材料的性能，克服上述缺点，可以在水泥混凝土中掺加早强剂、高效减水剂、膨胀剂等添加剂，以减小修补混凝土的收缩，缩短养生期，以保证水泥混凝土路面的修补质量，避免坏了修补，补了不久又坏的情况。

2. 快硬硅酸盐水泥混凝土

采用快硬硅酸盐水泥的目的是可以缩短修补路面的养生期，减小路面修补对交通的影响。早在 20 世纪 60 年代，英国、德国、日本等就开始了这方面的研究，并在市场上进行销售。目前，国内已有许多水泥厂可以生产快硬硅酸盐水泥。

(1)快硬硅酸盐水泥的化学成分及矿物组分。

为了使水泥熟料能够生成较多水化速度快、早期强度高的矿物，在快硬硅酸盐水泥的生料配料中掺入了一定量的 $CaF_2$、$CaSO_4$、$TiO_2$、BaO、$P_2O_5$、MnO 和 $Cr_2O_3$ 等，因此快硬硅酸盐水泥的化学组成和矿物组分与普通水泥有着较大差异。

(2)主要性能：几种快硬水泥的物理性能见表 3-3。

快硬水泥的物理性能　　表 3-3

| 项　目 | | 国产 375 号快硬水泥 | 英国 Swiftcrete | 德国 Dreifach |
|---|---|---|---|---|
| 相对密度 | | 3.10 | 3.11 | 3.05 |
| 比表面积($cm^2/g$) | | 3,000 | 7,170 | 5,370 |
| 凝结时间 | 初凝 | 4h　30min | — | 2h　40min |
| | 终凝 | 6h　50min | — | 3h　25min |
| 抗折强度(MPa) | 1d | 4.3 | 3.2 | 4.9 |
| | 3d | 7.6 | 6.0 | 6.2 |
| | 7d | — | 6.6 | 6.4 |
| | 28d | 9.7 | 7.2 | 7.3 |
| 抗压强度(MPa) | 1d | 19.9 | 16.5 | 22.1 |
| | 3d | 46.3 | 33.7 | 30.0 |
| | 7d | — | 42.8 | 35.8 |
| | 28d | 73.4 | 54.2 | 42.1 |

(3)快硬硅酸盐水泥配制的修补混凝土性能特点。

①用快硬硅酸盐水泥配制修补混凝土时，混凝土的用水量要比普通混凝土增加 2% ~5% 才能达到相同的坍落度。

②快硬水泥混凝土的泌水性一般要比普通水泥小，初凝时间要比普通混凝土快 30min 至 1h 30min，终凝时间快 2 ~3h，并且初凝到终凝的间隔时间比较短。由于快硬水泥的凝结时间较快，且初凝与终凝间隔很短，坍落度损失快，所以修补施工时必须十分注意掌握好混凝土表面的养护和抹光时间。

③快硬水泥混凝土的强度发展对环境温度较为敏感。5℃时，混凝土 14h 前基本没有强度，24h 的抗压强度也只有 5.8MPa，抗折强度约在 1.0 ~1.5MPa 间；但在 20℃时，混凝土 8h 就可获得 5.4MPa 的抗压强度，24h 的抗压强度可达 20.2MPa，抗折强度可以达 3.0 ~4.0MPa。在 20 ~30℃条件下，采用快硬水泥混凝土修补的路面养生 1 ~2d 即可以投入使用。

快硬水泥混凝土的抗折强度一般是抗压强度的 1/5 ~1/6，其弹性模量比普通混凝土略低。

④在干缩性方面，快硬水泥混凝土的早期干缩率比普通混凝土稍大，但后期反

而变小，所以在一般情况下，可以认为快硬硅酸盐水泥混凝土的干缩率与普通水泥混凝土基本相同。为减小混凝土的收缩，修补时应注意及时养护。

⑤快硬水泥混凝土的抗渗性、吸水性等各种特性均与普通硅酸盐水泥相同，颜色与普通水泥相似，呈灰色。

⑥快硬水泥混凝土的配合比设计时，水灰比应控制在合适的范围内(0.45～0.55)；含砂率不必太高，即使比普通混凝土减少2%～4%，也同样能配制出和易性良好的混凝土。

3. 高铝水泥混凝土

高铝水泥是以矾土和石灰石为主要原料，按适当比例配合后经高温烧结或熔融，并粉磨而成的一种快硬早强型的水硬性胶凝材料。

高铝水泥的特点是硬化速度快、早期强度高，最快一天的抗折强度可达3～5MPa，抗压强度日达25～45MPa，相当于最终强度的80%。因此，它的强度发展主要集中在早期，后期强度无大的增长。

用高铝水泥进行混凝土快速修补应注意以下几点：

(1)水灰比不能过大。

水灰比一般控制在0.5以下，大的水灰比容易使高铝水泥晶形转变，对强度不利。高铝水泥用作混凝土路面的快速修补材料时，水灰比宜选用0.35～0.40。

(2)外加剂对高铝水泥的适应性。

一般情况下，高铝水泥混凝土中不掺加引气剂和减水剂。但是当水灰比很小时，为改善混凝土的和易性，掺入适宜的高效减水剂，亦能获得较好的效果；但切忌加入石灰、氯化钙类的外加剂，这些物质将干扰混凝土的凝结且严重影响混凝土强度。

(3)与其它品种水泥的混用。

高铝水泥与普通硅酸盐水泥混合使用时，凝结时间变得非常短，而且可能出现瞬凝现象。这是由于普通水泥中的石膏和所析出的$Ca(OH)_2$能加速高铝水泥的凝结。因此，使用高铝水泥进行混凝土路面快速修补施工时要特别谨慎。

(4)地区因素。

高铝水泥在较高温度时强度下降显著。我国南方夏天时间长、气温高，易使混凝土强度下降，甚至发生破坏，所以不宜采用这种材料进行混凝土快速修补。对于北方寒冷地区，高铝水泥混凝土在硬化过程中放出的大量水化热，甚至会对低温下的混凝土起自养护作用。

4. 聚合物水泥砂浆和混凝土

聚合物水泥砂浆和混凝土主要是指直接在水泥砂浆和混凝土搅拌时掺入聚合物配制成的混凝土和聚合物浸渍水泥砂浆，以及环氧改性水泥砂浆等。适用于水泥混凝土路面修补的主要是掺聚合物水泥砂浆和混凝土及环氧改性水泥砂浆。

(1)掺聚合物乳液的水泥砂浆和混凝土的性能。

掺聚合物乳液的水泥砂浆和混凝土是把聚合物乳液与水泥砂浆或混凝土按一定比例拌和而成的混凝土拌和物。

所用的聚合物乳液是用表面活性剂把聚合物固体(天然橡胶、合成橡胶、热塑性树脂、热固性树脂、沥青与石蜡等)分散成为微细的球形颗粒(粒径为0.05~1pm),悬浮于水中形成的稳定乳液。乳液的浓度通常按质量计为40%~60%。常用的聚合物乳液有天然橡胶乳液(由橡胶树汁浓缩加入稳定剂、消泡剂与防老化剂等制成)、合成橡胶乳液(由某些单体聚合制成)和热塑性聚合物乳液等。

掺聚合物后,水泥砂浆和混凝土的物理力学性能显著提高,主要有以下优点:

①掺聚合物的砂浆和混凝土流动性好,用水量较普通水泥砂浆和混凝土低。

②当聚合物掺量为10%~20%时,与普通水泥砂浆和混凝土相比,抗拉与抗折强度可提高150%~1000%,抗压强度与延伸能力也有所提高。

③与旧混凝土黏结力强,如掺聚醋酸乙烯酯乳液的水泥砂浆与旧混凝土的黏结强度是普通水泥砂浆和混凝土的9~10倍。

④由于聚合物填塞了硬化体中的孔隙并加强了水泥石与集料的黏结,其抗渗、抗冻、耐腐蚀性能显著的提高。

⑤耐磨性提高。与普通水泥砂浆和混凝土相比,聚合物水泥砂浆和混凝土的抗冲击性可提高数倍至十几倍,耐磨性也可提高十几倍至几十倍。

⑥干缩率随聚合物掺量增大而减小。

(2)掺水溶性聚合物的水泥砂浆和混凝土的性能。

以水溶液形式可加入水泥砂浆和混凝土中的水溶性聚合物有酚醛、脲醛、环氧、聚乙烯醇、密胺甲醛(三聚氰胺与甲醛的缩合物)、聚乙烯基呋喃树脂等。用得较多的是水溶性环氧。水溶性聚合物的常用掺量为1%~2%(占水泥质量的百分率)。

水泥砂浆和混凝土中掺入水溶性聚合物后,水溶性聚合物能对水泥浆起塑化作用,当保持和易性不变时,可使砂浆的水灰比由0.42降至0.29;抗压强度可提高15%~30%,抗拉强度提高1.5~2倍;水泥石的孔隙率可下降10%~20%,使砂浆和混凝土的抗冻性和抗渗性、黏结性能及抗冲击、耐疲劳和耐化学腐蚀性能等得到明显改善。

掺水溶性聚合物的水泥砂浆和混凝土既可在空气中硬化,也可在潮湿条件下和水中硬化,这一特性很适合于水泥混凝土路面的修补,即采用该材料修补后无需再进行保湿养护。

5. 纤维增强水泥混凝土

水泥混凝土具有抗折强度低、抗裂性差、脆性大的缺点。为克服混凝土的缺点，可在水泥混凝土中掺入一定数量的纤维，通过纤维的作用提高其抗拉、抗冲击强度，降低脆性。由于纤维增强水泥混凝土具有较好的抗拉抗折强度，因此也是水泥混凝土路面板块修补常用的材料之一。常用的增强纤维有钢纤维、玻璃纤维以及其它化学纤维。采用纤维混凝土施工的关键是纤维的添加工艺，可以用人工添加，也可以用机械添加，关键是拌和时应使纤维均匀分散，避免成团。

**三、板角断裂的修复**

断裂板角的修复程序和方法如下：

(1)按断裂面积大小确定修复切割范围。切割范围根据断裂板角的边长确定，以断裂板角边长为基础，最小切割边长0.5m、最大1.0m，视断裂板角尺寸确定，两边长度相等，并应适当大于断裂板角裂缝，切缝距断缝20cm左右。为避免应力集中，两条切边不能垂直相交，两条平行于板边的切缝间应加一斜边，使切割成折线，3条折线切缝间的夹角120°(图3-1)。若原板角设有角隅钢筋，断裂边长小于角隅钢筋长度时，可沿裂缝切割成折线形。

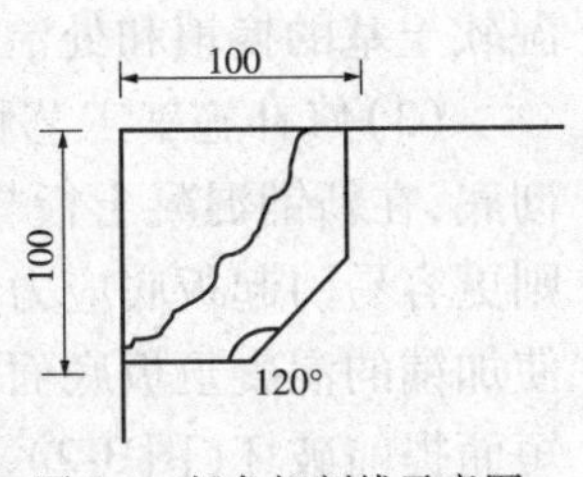

图3-1　板角切割线示意图
(尺寸单位:cm)

(2)用油漆笔画出切割线，沿切割线切割混凝土板，切面应垂直。

(3)切缝完成后，凿除破损混凝土板，若切缝不垂直，应凿成规则的垂直面。对设有角隅钢筋的板角不应切断原有钢筋，如果钢筋难以全部保留，至少要保留20~30cm长的钢筋头，且应长短交错。

(4)清除断裂板角的混凝土。

(5)板角混凝土挖除后，如下部基层、土基有湿软、渗水、唧泥浆等情况，说明基层或土基已受到破坏，应视湿软深度范围挖出湿软的基层、土基，然后采用C15号混凝土换填至原基层顶面高程。

(6)对浇筑板角与相邻原有路面板的接缝面上涂刷沥青。如为胀缝，应设置接缝板。

(7)现浇板角修补混凝土，所用修补混凝土可以根据修复要求和破损情况选择普通混凝土或聚合物改性混凝土或快硬混凝土等板块修复混凝土，浇筑的板角应保持原板角的接缝形式和构造。

(8)待混凝土达到强度后，方可开放交通。为避免养生影响交通，应尽量采用早强混凝土。

若修补的断裂板角为2个、3个或4个，新浇筑的板角应保持原混凝土路面的接缝布置和构造，同时还必须对修复板角的接缝用填缝料灌缝，以防水。

**四、板角修复应注意的问题**

在混凝土路面局部破坏病害的修补中，常发生有后面破损路段还未修补完成而前面新补板块又已产生破坏,或修复完成后不久新修复部位又产生破坏的情况。不但影响交通,造成经济损失,而且产生不良社会影响。产生修补块再破坏的原因主要有以下几方面:

(1)混凝土强度未达到通车强度而提前通车。为尽量减小维修对交通的影响而提前通车,使修补部位的混凝土路面产生提前破坏,若超载车辆较多,这种破坏现象更为严重。

(2)对破损部位的病害处治不彻底,重视更换混凝土面板,忽视对破损基层、湿软土基的换填和处治,包括换填深度不够、换填材料使用不当、压实不足等。

(3)修补施工工艺粗糙,对混凝土面板开挖后的基层表面松散材料的清理不彻底,在新铺混凝土板与基层间形成松散软弱夹层,若底部有大的碎屑未清理干净则更容易引起板底应力集中,增大了混凝土板的应力;此外,忽视基层表面的找平,使加铺的混凝土板底面凸凹不平,厚度不均,产生应力集中,导致板的使用寿命缩短而提前破坏(图3-2)。

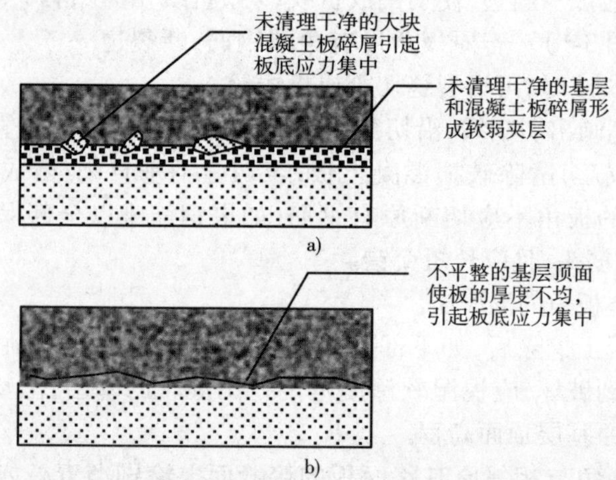


图3-2 基层顶面处理对修补块受力和使用寿命影响的机理

为避免修补路面在短期内的再次破坏,应加强养护,避免提前通车,若交通需要,可以采取加早强剂等措施提高修补板块的早期强度,同时加强修补混凝土板底的旧基层顶面的清理和整平,尽量使混凝土板底面平整强度均匀,避免修补板块底面的应力集中。

## 第四节 混凝土路面裂缝的维修

### 一、混凝土路面裂缝类型与原因

混凝土路面的裂缝(两条及以下的裂缝)类型有纵向、横向、斜向裂缝(不包括板角断裂),其特点是贯穿板的面积达1/3以上。这些裂缝的形式和方位不同,产生的原因也不同。

1. 横向裂缝

横向或斜向裂缝通常是混凝土板在重载的反复作用、温度梯度作用下产生的翘曲应力或干缩应力等因素单独或综合作用所引起。这种单条裂缝沿板横向或斜向贯穿,一般发生在横向缩缝或施工缝附近。产生这种裂缝的原因主要有以下几方面:

(1)板太薄,混凝土强度不足,在荷载和温度应力作用下,混凝土板产生断裂破坏。

(2)在缩缝附近的横向裂缝,则可能是由于切缝深度过浅,锯缝失效,使板不能沿锯缝断裂;或切缝时间掌握不合适,切缝时间太迟,混凝土板在切缝前已断裂。

(3)混凝土板的平面尺寸不合理,缝距过大,板块长宽比例不合理,未按板宽与板长之比1:1.3的要求划分板块尺寸。

(4)左右两幅板的缩缝未对齐,导致相邻板块在其缩缝附近沿缩缝位置断裂,形成缩缝附近的横向裂缝(图3-3)。

(5)路基不均匀沉降引起的横向裂缝,主要是在山区公路中。由于路堤和路堑结合部位的不均匀沉降引起路面在路堑和路堤结合部断裂形成横向裂缝(图3-4),也可以出现在板的任一横向位置。这种裂缝的成因应结合路基条件进行分析。

图3-3　缩缝附近的横向裂缝

图3-4　纵向填挖结合部的横向裂缝

横向裂缝若不及时养护或修复,阻止地表水进一步下渗,将会导致板的进一步破坏,形成破碎板。

2. 纵向裂缝

纵向裂缝是沿行车方向发生在板中的任一位置的单条裂缝。产生纵向裂缝的主要原因是路基的不均匀沉降,主要发生在半填半挖路基的填挖结合部或改建公路加宽路基的新旧路基结合部,或距挡墙后面一定距离的纵向位置。

在半填半挖路基或旧路加宽地段,由于填挖部分路基或新旧两部分路基的不均匀沉降,引起路面板沿纵向断裂破坏。断裂位于发生不均匀沉降的填挖结合处或新旧路基结合处，裂缝两端弯曲延伸到横向接缝，严重的将产生错台。此外，在填方地段，由于路基纵向压实不均匀，也可以发生沿纵向的不均匀沉降裂缝。由于填方部分土基压实不均匀而导致的路面纵向开裂破坏。有明显的下凹或错台，断开的板进一步破坏后，裂缝呈网状，甚至产生积水、坑凼等，影响行车安全和舒适，是纵向开裂破坏中最严重的破坏形式。

山区公路的半填半挖挡墙路基地段，由于墙背后路基压实度不均匀也容易引起混凝土路面板沿挡墙背方向的纵向不均匀沉降裂缝。

与单条横向裂缝一样，纵向单条裂缝若不及时修补，地表水沿裂缝下渗，在车辆荷载作用下，板下产生唧泥，将导致板的进一步破坏，形成破碎板。

3. 混凝土板沿纵向施工缝产生的纵向裂缝

这种破坏与混凝土路面沿纵向的破坏不同，由路基不均匀沉降引起的纵向裂缝是沿纵向发生在板中纵向的任一位置，而这种破坏裂缝发生在纵向施工缝两侧，严重者裂缝呈网状。现场调查表明，产生这种破坏的原因有以下几个方面：

(1)路面板的纵向施工缝未设拉杆，接缝防水较差，在车辆荷载和板的自重作用下，板往两侧滑移，纵缝宽度增加，增大了地表水下渗，沿纵缝下渗的水直接渗入板下，沿横坡往两侧流动，使板下基层大面积渗水，反复冲刷，在纵缝板边产生唧泥，脱空；同时，在板的纵向边缘中部也是板中应力最大的部位，脱空和大应力最不利条件的组合，导致板沿纵向施工缝的破坏。

(2)由于路面分两幅施工，不能中断正常交通。在作第一幅路面施工时，施工车辆及其它车辆在靠近板边行驶，行车、水、泥土等使后半幅施工的路面基础强度降低，使两幅路面板基础强度不均，导致基础强度较低的板沿纵缝首先破坏；当缝的一侧板破坏后，下渗地表水增加，使相邻板块基础强度下降，引起相邻板块亦沿纵缝破坏。

4. 路基压实不足引起的裂缝

在填方地段，特别是山区公路的高填方地段，由于路基压实不足，通车一定时间后，路基在自重及车辆荷载作用下固结沉降完成，导致混凝土路面产生不均匀沉降破坏。这种裂缝可以是单条的纵向或横向裂缝，严重的可能形成破碎板。此外，在路堑地段，在铺筑路面基层前对湿软的部位处理不彻底，对行车造成的淤泥等未作彻底清除和压实，也容易导致路堑地段混凝土路面板由于压实度不均引起断裂破坏。

## 二、混凝土路面裂缝修补材料

直接用于混凝土路面裂缝封闭用的修补材料，根据其功能可分为高模量补强材料和低模量密封材料。补强材料固化后具有较高的强度和刚度，密封材料则具有较大的柔性。当水泥混凝土路面由于裂缝而造成强度不足时，宜选用高模量补强材料。因为修补材料模量太低，将降低应力传递的效果，起不到补强作用。当水泥混凝土路面仅出现贯穿裂缝，但板面强度仍能满足通车要求时，可选用密封修补材料对裂缝封闭，防止雨水侵蚀基层和路基，使裂缝扩大，面板进一步破坏。

混凝土路面裂缝修补材料可以分补强材料和封闭材料两类。最常用的补强材料有环氧树脂类、酚醛和改性酚醛树脂类胶黏剂。纯环氧树脂材料脆性大，耐疲劳性差，因此，用于水泥混凝土路面裂缝修补的环氧树脂类材料一般应经过改性或经乳化反应过的环氧树脂类材料。这些材料的强度高，具有较好的抗冲击韧性和耐疲劳性能，乳化环氧树脂还有在潮湿状态下也可施工的优点。裂缝封闭材料有聚氨酯类、烯类、橡胶类、沥青类胶黏剂，其中聚氨酯类材料有柔性的分子链，具有耐振动性及抗疲劳性能好，与水泥混凝土的黏结力强的特点。

1. 环氧树脂类修补材料

环氧树脂类修补材料的主要组分是环氧树脂，是含有两个以上环氧化基团的高分子化合物。常见的环氧树脂可分为两类：一类是缩水甘油基型环氧树脂；一类是环氧化烯烃。水泥混凝土路面修补中使用的环氧树脂类材料大多属缩水甘油基型。常用的有由多元酚和多元醇制备的双酚 A 环氧树脂，其性能见表 3-4。

**国产双酚 A 环氧树脂性能**　　表 3-4

| 牌　号 | 25℃黏度（$10^{-9}$Pa·s）［或软化点（℃）］ | 环氧值（环氧当量数/100g 树脂） |
|---|---|---|
| 616（E－55） | 6 000～8 000 | 0.55～0.56 |
| 618（E－51） | 10 000～16 000 | 0.48～0.54 |
| 6101（E－44） | 2 000～4 000（12～20） | 0.41～0.47 |
| 634（E－42） | >90 000（21～27） | 0.38～0.42 |
| 637（E－33） | （20～35） | 0.28～0.38 |
| 601（E－20） | （64～76） | 0.18～0.22 |

双酚 A 环氧树脂本身性能稳定，加热到 200℃也不变化，但它的活性很大，所以要在改性或碱性固化剂作用下固化。在双酚 A 环氧树脂分子结构中有羟基和醚键，在固化过程中，伴随与固化剂的化学作用，还能进一步生成羟基和醚键，不仅有较高的内聚力，而且与被黏物表面可以产生很强的黏附力。同时环氧树脂的收缩率比其它树脂低，因此可用它作水泥混凝土路面的裂缝灌浆材料。

由于环氧树脂本体延伸率低，脆性大，当与旧混凝土胶接时，接头承受外应力很快会造成缺陷区扩展，裂缝蔓延，从而导致胶层开裂，使胶接接头不耐疲劳。因此，必须对环氧树脂进行改性，既要充分利用环氧树脂本身强度高、黏附力强的优点，又要通过改性，降低其脆性，提高延伸率。环氧树脂改性的方法是加一些改性剂，如低分子液体改性剂、增柔剂、增韧剂等。改性的环氧树脂灌缝料有聚硫改性环氧灌缝修补料、914 双组分快速固化裂缝修补料等。

2. 聚氨酯类灌浆材料

聚氨酯胶液的主体材料是多异氰酸酯和聚氨基甲酸酯。聚氨酯胶液的化学结构式因聚合反应中所用的材料不同而异。可用于水泥混凝土路面裂缝修补的聚氨酯灌浆材料,是用异氰酸酯和聚氨基甲酸酯与多元醇或多元胺及其它含活泼氢的化合物进行加工聚合而成的。由于在它们的分子链中含有异氰酸酯基(—NCO)和氨基甲酸酯基(—NH—COD—),因而具有高度的极性和活泼性,对水泥混凝土具有极高的黏附性能。聚氨酯固化时几乎没有任何副产物产生,因此不会产生胶接层缺陷。聚氨酯材料的弹性模量较低,约为 5 ~ 7MPa,适用于封闭裂缝,对结构补强作用较小。

3. 烯类裂缝修补材料

烯类裂缝修补材料主要采用烯类聚合物配制而成,通常有两大类:一类是以烯类单体或预聚体作胶黏剂,在固化过程中发生聚合反应;另一类是以高分子聚合物本身作胶黏剂,如热熔胶、乳液胶粘剂和溶液型胶黏剂。可用于水泥混凝土路面裂缝修补的烯类高分子胶黏剂有氰基丙烯酸酯胶黏剂、(甲基)丙烯酸酯树脂胶黏剂、聚酯酸乙烯乳液胶黏剂等。

## 三、裂缝的修复方法

### (一)横向裂缝维修

1. 扩缝灌浆法

对宽度小于 3mm 尚未贯穿板厚的轻微裂缝,可采取扩缝灌浆。其方法是:

(1)扩缝,顺着裂缝扩一宽度为 1.5 ~ 2.0cm 的沟槽,以便于灌缝料的下渗,同时在缝的上部形成一个密实的防水结构。槽深可根据裂缝深度确定,最大深度不得超过板厚的 2/3,一般 5cm。

(2)扩缝完成后,清除缝内的混凝土碎屑,用高压吹风机吹净缝壁两侧的灰尘,然后填入粒径 0.3 ~ 0.6cm 的清洁石屑。

(3)根据选用的灌缝材料(一般采用聚氨酯类的灌封料),按设计的配比配制、混合均匀后,灌入扩缝内。

(4)待灌缝材料固化,达到通车强度后,即可开放交通。

2. 条带罩面法

对贯穿混凝土板全厚大于 3mm 小于 15mm 的中等裂缝,可采取条带罩面法进行补缝,如图 3-5 所示。其方法是:

(1)确定切缝的范围。一般要求修补条带平行于缩缝。

(2)切缝。根据确定的切缝范围进行切缝,在裂缝两侧切缝时,切割位置距裂缝距离不小于 15cm,条带宽度≥30cm,深度以 7cm 为宜。

(3)凿缝。凿出条带内的混凝土,同时对切割的缝壁应凿毛,清除松动的混凝土碎块及表面尘土、裸石。

(4)打钯钉孔,凿钯钉槽。每间隔 50cm 打一对钯钉孔,钯钉孔的大小应略大于钯钉直径 2～4mm。在两钯钉孔之间打一对与钯钉孔直径相一致的钯钉槽。

钯钉宜采用 $\phi16$ 螺纹钢筋,使用前应予以除锈。钯钉长度不小于 20cm,弯钩长度为 7cm。

(5)安装钯钉。在钯钉孔中填满砂浆后,将钯钉插入孔内。

(6)钯钉安装完成后应及时浇筑混凝土,振捣密实、抹平,并喷洒养护剂。

显然,条带罩面法效率低,施工进度慢,主要适用于少量的裂缝修补,对于大量的裂缝病害维修,是否采用这种方法应从技术和施工角度进行比较后确定。

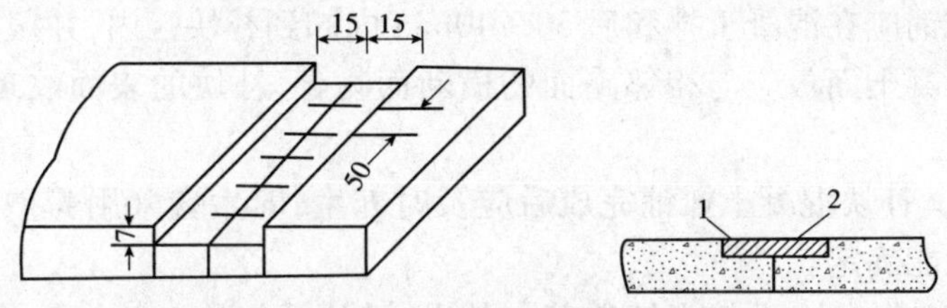


图 3-5　条带罩面法修补裂缝(尺寸单位:cm)

1-钯钉;2-新浇混凝土

3. 全深度补块法

对宽度大于 15mm 的严重横向裂缝可采用全深度补块法处治(图 3-6)。方法如下:

(1)在需要进行裂缝修补的混凝土路面位置上,以裂缝为中心平行于缩缝划线,确定切割范围。

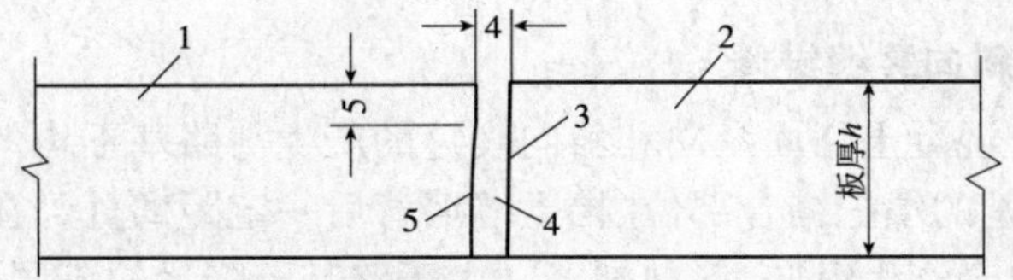


图 3-6　全深度补块法(尺寸单位:cm)

1-保留板;2-全深度补块;3-全深度锯缝;4-凿除混凝土;5-缩缝交错接面

(2)沿划线位置进行全深度切割。在保留板块边部,沿内侧 4cm 位置,锯 5cm 深的缝。

(3)破碎和清除切割下的混凝土。破碎、清除旧混凝土过程中不得伤及基层、相邻面板和路肩。若破除的旧混凝土面积当天完不成混凝土浇筑时,其补块位置应作临时补块。

(4)全深锯口和半深锯口之间的 4cm 宽条带混凝土垂直面应凿成毛面。

(5)对板下基层和土基的强度进行判定，并采取相应措施：在浇筑补块混凝土前，若基层湿软，强度低于规范要求时，应挖除湿软基层甚至土基，然后采用C15混凝土或强度较高的基层材料进行换填补强，并严格整平；同时考虑换填材料压实困难的问题，在采用冲击式打夯机压实时，应适当提高换填基层、垫层的材料强度。

(6)浇筑补块混凝土。若板下基层和土基强度合格或经补强处治合格后，即可浇筑补块混凝土。补强面板混凝土的配合比应根据设计弯拉强度、耐久性、耐磨性、和易性等要求进行配比设计，各种材料的物理性能及化学成分应符合现行公路水泥混凝土路面设计规范规定。用水量应控制在混合料运到工地最佳和易性所需的最小值，最大水灰比为0.4。如采用混凝土快速修补材料，水灰比以0.30～0.40为宜，坍落度宜控制在2cm内，混凝土24h弯拉强度应不低于3.0MPa。

混凝土摊铺应在混凝土拌和后30～40min内卸到补块区内，并振捣密实。

浇筑的混凝土面板应与相邻路面的横断面吻合，补块的表面纹理应与原路面吻合。

(7)养生。补块混凝土摊铺完成后应及时养生，养生宜采用养护剂，其用量根据养护材料性能确定。

此外，还有挖刨法、设传力杆法等。其中，设传力杆法在施工操作上和质量保证上有一定难度，可视工程量大小和施工进度要求选择采用(如图3-7所示)。

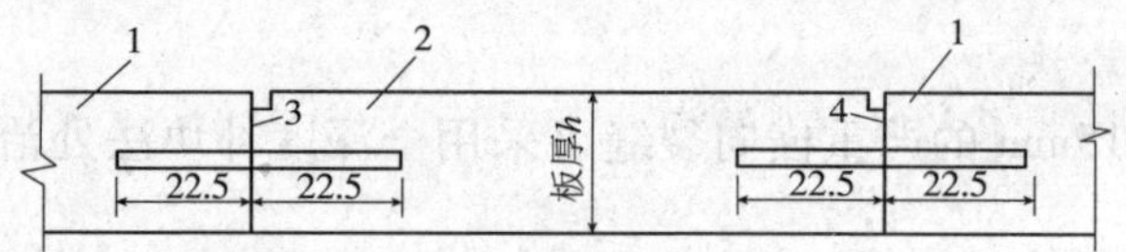


图3-7　设传力杆法(尺寸单位:cm)

1-保留板;2-全深度补块;3-缩缝;4-施工缝

**(二)纵向和斜向裂缝维修**

一般情况下，混凝土路面纵向和斜向裂缝的产生与路基不均匀沉降有关，多发生在半填半挖路基的填挖结合部位、挡土墙墙背后一定距离处。在全填方地段，由于压实不均匀，也会产生纵向、斜向裂缝。由于路基沉降量的不同。纵向和斜向裂缝的发展形式也不同。较大沉降产生的纵向、斜向裂缝宽度大，而且有错台；沉降较小产生的纵向、斜向裂缝宽度较小，没有明显错台。对于严重程度不同的纵向和斜向裂缝，采取的维修措施也不同。

(1)对于宽度小于5mm，已贯穿板厚，但没有明显错台并已稳定的纵向裂缝，可以采用聚氨酯类的灌封料灌缝处治，阻止地表水的下渗。

灌缝前，先用高压吹风机对裂缝进行清理，把两侧缝壁的泥土和缝中的砂石清理干净，然后用灌缝设备把灌封料灌入。灌缝应饱满、连续，并适当高出混凝土表面一定高度。

(2)对于宽度大于5mm,已贯穿板厚,并有明显错台的裂缝,视其错台的大小和沉降情况采用以下方法处治:当下沉部分小于1/2板面积时,沿平行于纵缝方向把裂缝切直,挖除下沉部分的混凝土板、基层。然后视土基情况和发生沉降的原因、沉降时间、沉降量的大小等,遵循以下原则方法对土基进行加固处理:

①当沉降发生时间较长已基本稳定时,可以不对土基处理。若土基有渗水湿软,则应把湿软土基挖除,换填到原路基高程,采用强度较高的基层材料压实回填至原基层设计相同高度,压实、养生,然后用原设计标号的混凝土修补部分的板块。

②当沉降时间较短,错台高度较大(>10mm),甚至路基湿软有渗水时,在开挖到基层后应对土基进行处理。处治方法根据沉降部位和路基的湿软情况确定。若沉降发生的路段是半填半挖路段,则应全部挖除湿软的路基土体,再用强度较高的路基填料分层压实回填到原路基高程,然后回填路面基层、混凝土面板,并与旧混凝土面板齐平;若不便于换填处理,可以采用灌浆加固方法对下沉部分的路基进行加固处理,回填到原路基顶面高程后恢复原混凝土路面结构;若沉降发生在挡墙背后,由于墙背回填压实不足导致的混凝土路面纵向开裂,则可以挖除沉降部分路面板及基层,对墙背后一定深度范围内的填料作换填、分层压实处理。采用换填材料应强度较高,通过压实后不易沉降。若换填不方便,可以采用灌浆加固方法对墙背填土进行加固。

在土基加固完成后,恢复切除的混凝土路面结构基层和混凝土板。

(3)对于裂缝宽度大于5mm、已贯穿板厚、有明显错台(>10mm)、沉降部分大于板面积1/2的,其处治方法是换板,即:全部挖除开裂破坏的混凝土板和基层,再对路基进行换填或灌浆加固,然后恢复原路面结构。若破坏板较多,恢复的路面板应按新建路面设置接缝,缩缝与旧路面的缩缝对齐,不得错缝。

## 第五节　接缝破损病害的维修处治

混凝土路面接缝的常见病害是接缝填料的脱落老化,灌封不密实、防水性差以及接缝处混凝土板碎裂缺损等导致接缝渗水严重,使混凝土板产生脱空、唧泥或断板。其维修的主要任务是恢复填缝料和接缝构造,避免接缝渗水使混凝土板断裂破坏。

### 一、接缝破损病害原因分析

水泥混凝土路面的接缝包括纵向施工缝、纵向缩缝、横向施工缝、横向缩缝、横向胀缝等。接缝是水泥混凝土路面的薄弱环节,最易引起破坏,特别是胀缝,损坏率最高。引起水泥混凝土路面接缝破损病害的原因有填缝料的性能差、施工工艺和质量差、日常养护维修不到位等;接缝破损病害类型归纳起来主要有接缝填料损坏和接缝碎裂两大类。

接缝填料损坏主要是填料老化，在车轮作用下逐步剥落，防水作用逐步失效的接缝病害。产生接缝填料老化的原因是填缝料在阳光、气温、水分、荷载等因素作用下逐渐老化脱落引起缺损。然而，施工质量差对填缝料的缺损破坏也不可忽视，填缝不饱满或甚至部分缝没有填缝料，会增加填缝料与水、空气的接触面，加快填缝料缺损破坏的速度。

接缝碎裂主要是接缝两侧混凝土板边缘碎裂破坏或缺损，使接缝边缘混凝土参差不齐的病害形式。主要原因是混凝土板强度低，混凝土浇筑不均匀。此外，接缝中嵌入大的石料等使板的膨胀受到约束，在膨胀力作用下也会导致接缝两侧混凝土板的局部破碎。

为避免填缝料老化失效或接缝防水性差使接缝渗水增加，引起板底脱空和唧泥，导致断板破坏，必须重视接缝填缝料的选择，加强施工管理，确保接缝填料饱满、密封性好。在日常养护维修中对填缝料缺损的接缝及时进行修复，对嵌入接缝中的石料等硬物及时清除，使接缝功能正常发挥，减少接缝渗水。

## 二、接缝修补材料与性能

在我国的水泥混凝土路面建设中，长期以来对接缝材料不够重视，所用的接缝板和填缝料大多是沥青混合物。传统的沥青混合物作为接缝填料有以下缺点：

(1)与水泥混凝土板缝壁黏结力差，使用不久即会与混凝土缝壁脱开。

(2)热稳定性差，夏季气温高时被挤出路面接缝，黏附到过往的车辆车轮上，再由车轮黏带到混凝土路面上，影响路面美观，降低平整度。

(3)低温性能较差，冬季易被拉断裂开。

(4)耐久性差，老化快，夏季高温时被挤出路面接缝的材料，到了冬季自然硬化，无法再回到原接缝中去，从而失去作用。

由于上述缺点，尽管成本低廉，但使用寿命太短，大部分沥青混合物填缝料的实际密封时间仅有半年至一年。接缝材料失去密封作用后，粉尘、砂石等杂物在行车的作用下进入接缝，导致接缝损坏。雨水从缝中渗入基层，加快水泥混凝土路面的破坏。随着对路面使用性能要求和使用寿命的提高，采用性能大大优于普通沥青混合物填缝料的新型填缝料已成为目前混凝土路面填缝料的应用趋势。

水泥混凝土路面的接缝修补材料分为接缝板和填缝料两大类，其性能要求如下。

### (一)填缝料

用于水泥混凝土路面修补的填缝料应具备如下技术性能：

①与水泥混凝土板缝壁具有较好的黏结力。当混凝土板伸缩时，能与混凝土板缝壁黏接牢固，而不致从混凝土缝壁上拉脱。

②具有较高的拉伸率，能随混凝土板伸缩，而不致被拉断。

③耐热及耐嵌入性好，在夏季高温时，不发生流淌，能抵抗砂石杂物嵌入，保证混凝土板伸胀不受阻。

④具有较好的低温塑性。在冬季低温时，不发生脆裂，仍具有一定的延伸性。

⑤耐久性好，在野外恶劣的气候条件下能在较长时间保持良好的使用性能，耐磨、耐晒及耐水，不易老化。

⑥施工方便，价格适中。

填缝料可分为加热施工式填缝料和常温施工式填缝料两类。

1. 加热施工式填缝料

(1)聚氯乙烯胶泥。聚氯乙烯胶泥是以煤焦油为基料，加入聚氯乙烯树脂、增塑剂、填充料和稳定剂等由工厂配制好的单组分材料，外观呈黑色固溶体状。施工时加热至灌入温度(130～140℃)。为防止焦化变质，应采用间接加热法，即预热工作应在双层锅中进行，两层锅之间用石蜡或高温机油等作传导温度介质，达到灌入温度后滤出杂物。采用填缝机进行灌缝，冷却后即可成型。聚氯乙烯胶泥的性能见表3-5、灌入温度见表3-6。

**加热式施工填缝料的性能**　　表3-5

| 性能 | | 针入度(锥针法)(mm) | 弹性复原率(球针法)(%) | | | 流动度(mm) | 拉伸量(mm) | | |
|---|---|---|---|---|---|---|---|---|---|
| | | | -10℃ | 25℃ | 90℃ 168h | | -20℃ | -10℃ | 25℃ |
| 填缝料种类 | 聚氯乙烯胶泥(软) | 13 | 51 | 30 | 5 | 1 | — | 19.9 | >20 |
| | 聚氯乙烯胶泥(硬) | 8.4 | 53 | 29 | 23 | 0 | — | 14.6 | >20 |
| | ZJ 型填缝料 | >18 | 44 | 57.5 | 86 | 1 | >15 | >15 | >20 |
| | 橡胶沥青 | 5.3 | 25 | 38 | 54 | 5 | 3.5 | 5 | >20 |

(2)ZJ 型填缝料。ZJ 型填缝料是以煤焦油为基料，与橡胶组成橡胶沥青，再加入聚氯乙烯树脂、增塑剂、稳定剂、表面活性剂、沉降抑制剂、硫磺及填充料等混配而成的填缝料。

ZJ 型填缝料成品可储存较长时间，施工时加热至130℃，在此温度下至少保持15min并不断搅拌此时流动性较好，可借助漏斗类工具填入接缝，冷却后便可成型。最高加热温度不得超过160℃，否则材料呈蜂窝状(树脂碳化)而失效。ZJ 型填缝料的性能参见表3-5、灌入温度见表3-6。

(3)SBS改性沥青。SBS(丁苯橡胶)具有耐磨、耐油、耐老化及弹性较好等优点,改性后沥青的延度可达150cm以上。橡胶的粒子约为0.05btm,有利于它在沥青中溶解,使改性后的沥青形成稳定的胶体状态。

丁苯橡胶沥青系由工厂采用预混式方法生产的单组分材料,外观呈黑色固体状。当加热温度偏低时,丁苯橡胶沥青黏度较大,造成施工困难;而加热温度过高,黏度虽下降,但易引起沥青老化,因此加热温度至关重要,以170~180℃为宜。

加热施工式填缝料灌入温度　表3-6

| 加热温度(℃) / 流淌时间 | 100 | 110 | 120 | 130 | 140 | 150 | 施工加热温度(℃) |
|---|---|---|---|---|---|---|---|
| 聚氯乙烯胶泥(软) | 6′29″ | 3′26″ | 2′17″ | 52″ | 19″ | — | 130~140 |
| 聚氯乙烯胶泥(硬) | 21′ | 5′8″ | 4′15″ | 3′12″ | 1′26″ | 59″ | 130~140 |
| ZJ填料 | 13″ | 8″ | 9″ | 13″ | 19″ | — | 130~140,并保温搅拌15min |
| 橡胶沥青 | — | — | — | — | — | — | 170~180 |

2. 常温施工式填缝料

常温施工式填缝料可分为聚氨酯焦油类和聚氨酯类两种类型。聚氨酯类填缝料主要由甲组分(多异氰酸酯)和乙组分(多羟基化合物)组成,不含煤焦油成分。其主要性能见表3-7。

聚氨酯类填缝料主要技术性能　表3-7

| 性能 | | 灌入稠度 | | | 失黏时间(h) | 流动度(mm) | 弹性复原率(%) | | | | | 拉伸量(mm) |
|---|---|---|---|---|---|---|---|---|---|---|---|---|
| | | 10℃ | 120℃ | 30℃ | | | -10℃ | 25℃ | 90℃ 168h | -20℃ | -10℃ | 25℃ |
| LPC—89接缝密封胶 | | 流淌很困难 | | | 20 | 0 | 92 | 93 | 85 | 3 | 3 | 3 |
| 聚氨酯整皮微孔泡沫填料 | | — | — | 40″ | 0.25 | 0 | 96 | 96 | 96 | 4 | 4 | 3 |
| 聚氨酯密封胶 | 1:2.7 | — | — | 25″ | 3 | 0 | 94 | 94 | 82 | 3.5 | 3.5 | 3 |
| | 1:3.2 | — | — | 45″ | 3 | 0 | 94 | 97 | 42 | 4.5 | 4.5 | 3 |
| | 1:3.2(掺10%废橡胶粉) | — | — | 1 | 3 | 0 | 88 | 98 | 90 | 4 | 4.5 | 3 |

**(二)接缝板**

用于水泥混凝土路面接缝修补的接缝板应具备如下技术性能:(1)具有一定的压缩性及弹性,当混凝土板高温膨胀时不被挤出;当混凝土板低温收缩时,能与混凝土板缝壁联接,不被拖断,不产生缝隙。(2)耐久性好,在混凝土路面施工时不变形且具有较高的耐腐蚀性。目前常用的接缝板有软木板、聚氨酯硬泡沫板、松木板。

1. 软木板

软木板是由栓皮栎树的外皮经破碎分选后获得的纯净软木粒,用高级弹性树脂胶合制得的预制型产品,用作接缝软木板需进行防腐处理。它具有富有弹性、传热低、透水性小、透气性低和耐磨、耐腐蚀等特点。

2. 聚氨酯硬泡沫板

它由特制的聚醚树脂与多次甲基多苯基多异氰酸酯在催化剂、稳定剂、发泡剂等的作用下,经发泡反应而制得,具有吸水性小、耐磨、耐油、耐腐蚀及耐热等优点。

3. 松木板

松木板是公路部门多年来使用的传统接缝材料。由于木板复原率低,树节较多,容易吸湿,易腐蚀,耐久性差,所以使用效果较差。

## 三、接缝病害的处治

### (一)接缝缝料损坏的修复

1. 修补材料的性能和要求

混凝土路面接缝修补的填缝料可以分为加热施工式填缝料和常温施工式填缝料两大类。加热施工式填缝料的品种主要有聚氯乙烯胶泥、沥青橡胶类和沥青马蹄脂等;常温施工式填缝料主要有聚氨酯焦油类、氯丁橡胶类、乳化沥青橡胶类等。这两大类填缝料的技术性能要求见表3-8、表3-9。

加热施工式填缝料的技术要求　表3-8

| 试验项目 | 低弹性型 | 高弹性型 |
|---|---|---|
| 针入度(0.1mm) | <50 | <90 |
| 弹性复原率(%) | >30 | >60 |
| 流动度(mm) | <5 | <2 |
| 拉伸量(mm) | >5 | >15 |

常温施工式填缝料的技术要求　表3-9

| 试验项目 | 技术要求 | 试验项目 | 技术要求 |
|---|---|---|---|
| 灌入稠度(s) | <20 | 失黏时间(h) | 6~24 |
| 弹性复原率(%) | >75 | 流动度(mm) | 0 |
| 拉伸量(mm) | >15 | | |

2. 接缝填缝料损坏的修复方法

混凝土路面的接缝构造不同,产生的破损形式和原因也不同,修复方法也不一样。不同构造和破损原因的混凝土路面接缝填缝料的损坏维修方法如下。

(1)普通缩缝的维修。

①清除接缝中的旧填缝料和杂物,并将缝内灰尘吹净。

②用加热施工式填缝料修补时,先将填缝料加热至灌入温度,然后用嵌缝机填灌,填缝料应与缝壁黏结良好和填灌饱满。在气温较低季节施工时,应先用喷灯将接缝预热。若用常温施工式填缝料修补,则无须加热。

(2)胀缝的维修。

先将热沥青涂刷缝壁,再将接缝板压入缝内。对接缝板接头及接缝板与传力杆之间的间隙,必须用沥青或其它填缝料填实抹平,若上部用嵌缝条的应及时嵌入嵌缝条。

(3)纵缝的维修。

纵向接缝的修理可视接缝张开的宽度采取不同维修措施。

当相邻车道面板横向位移,使纵向接缝张开宽度在10mm以下时,宜采取聚氯乙烯胶泥、焦油类填缝料或橡胶沥青等加热施工式填缝料灌缝修复,施工方法与普通缩缝的维修施工方法相同。

当相邻车道面板横向位移,纵向接缝张口宽度在10mm以上时,宜采取聚氨酯类常温填缝料进行维修。维修程序和方法是:

①清除缝内杂物和灰尘。

②按材料配比配制填缝料。

③采用挤压枪注入填缝料。

④填缝料固化后,开放交通。

当纵向接缝张口宽度在15mm以上时,采用沥青砂填缝。

**(二)接缝混凝土板碎裂的修复**

当接缝处混凝土板出现碎裂或缺损时,可采取以下的方法修复:

(1)把混凝土板接缝的破碎部位外缘切割成规则图形,切割面应垂直于板面,底面宜为平面。

(2)清除混凝土碎块,吹净灰尘杂物,并保持干燥状态。

(3)用经过改性的环氧树脂类材料或经过乳化反应的环氧树脂乳液等高模量补强材料进行填充维修,材料技术性能满足表3-10的要求。

**接缝补强材料的技术性能要求** 表3-10

| 性能 | 技术要求 | 性能 | 技术要求 |
|---|---|---|---|
| 灌入稠度(s) | <20 | 黏结强度(MPa) | ≥3 |
| 拉伸强度(MPa) | ≥5 | 断裂伸长率(%) | 2~5 |

(4)修补材料达到通车强度后,可开放交通。

若接缝破碎面积较大,并伴有其它病害时,可以根据情况,用局部修补的方法,切割和挖出破碎的混凝土板后重新浇灌混凝土,然后再进行接缝处理。

## 第六节　唧泥和板底脱空处治

### 一、唧泥和板底脱空的原因分析

脱空是混凝土板与基层顶面部分分离的病害现象,一般发生在板角部位及相邻的横缝处。产生脱空的主要原因是混凝土板下的基础(基层和路基)在荷载应力作用下产生塑性变形积累,或由于接缝渗水使板角下基层在高压水作用下产生泵吸、冲刷所致。板下基层和路基产生塑性变形积累的原因主要有以下几方面:

(1)路基压实不足,强度低。

(2)地表水下渗使基层和路基湿软,强度降低,变形增大。

(3)在基层顶面作用有过大的荷载,如板角下和板块断裂后引起较大的基层顶面应力作用,产生大的塑性变形积累。

唧泥是在车辆荷载的瞬时高压下,混凝土板下的泥浆(基层材料、路基土与水的混合稀浆)从板的接缝或裂缝中挤出的病害现象。产生唧泥的主要原因是接缝或裂缝渗水,使基层和土基湿软,在车辆荷载反复作用下湿软的基层和路基产生塑性变形积累,使板底脱空;同时,在车辆荷载反复作用下,板下基层积水处于反复高压负压的泵吸作用,车辆荷载作用时这些积水成为高压水,当荷载离开后,板的变形快速恢复,使板下成为负压区,负压把基层表面湿软材料带起。这种高压、负压的反复泵吸作用使基层材料与下渗的水反复混合形成泥浆从板下挤出,形成唧泥。唧泥使板下的脱空量增大,形成脱空板,最终导致断板或板角断裂。由此可以看出,脱空与唧泥两种病害互为因果,相伴而生。水是促进两者相互转化和发展的重要物质媒介,脱空为下渗的雨水在板下聚集提供了空间,当脱空发展到一定的程度必将导致板的断裂破坏。

为减少或避免混凝土路面脱空和唧泥,首先应加强接缝的防水,定期对接缝的填缝料进行更换维修,减小地表水的下渗;同时必须加强路基、基层的压实,减小路基压缩产生的塑性变形累积,从防水和减小塑性变形积累两方面防止混凝土路面的脱空和唧泥病害。

混凝土路面板的脱空部位在车辆荷载作用下将产生竖向变形,在加铺的沥青路面结构中引起较大的竖向剪应力,导致加铺沥青面层结构开裂。因此,混凝土面板脱空处治对混凝土路面上加铺沥青面层的使用效果具有十分重要的影响,甚至决定加铺改建工程的成败。

常用的混凝土板脱空处治方法是对板下的脱空进行灌浆封堵，即：通过灌浆设备的压力把水泥砂浆压入板下空隙，使板底基层松散处得以填充密实，基层与面板脱空处能够紧密联，待压浆干硬后形成板下稳定支撑，恢复原路面结构的强度和刚度，消除脱空部位的竖向位移。由于压浆材料本身稳定性好，强度大，加上浆体的流动性能好，在压力作用下有较强的渗透力，因而能够改善基层的密实度和水稳定性，避免板在荷载作用下产生大的竖向变形而断板或在结构中产生过大竖向剪应力而使加铺沥青面层产生反射裂缝。

## 二、脱空板灌浆材料要求

混凝土面板的脱空处治宜采用水泥浆或水泥砂浆作灌浆材料，并满足以下技术性能要求：

(1)具有自流淌密实性。

(2)早期具有一定微膨胀性，砂浆 14d 水养护膨胀率大于 0.02%。

(3)凝结时间适中，初凝时间不早于 2h，终凝时间不大于 3.5h，早期强度高，12h 抗压强度应达到 3.5MPa。

水泥宜选用 42.5 或 52.5 号普通硅酸盐水泥；砂宜选用粒径小于 3mm 的优质河沙，含泥率小于 2%；外掺剂宜选用具有减水、早强、微膨胀功能的混凝土快速修补剂。

## 三、脱空板处治方法

脱空板灌浆处治工艺的施工工序为：确定脱空位置、布孔、钻孔、压浆、封口、养护。

### (一)确定脱空板的位置

水泥混凝土路面板脱空可以用弯沉判定。凡弯沉差超过 20( ×0.01mm)的板边或板角，应确定为面板脱空。测试方法是采用 5.4m 的长杆弯沉仪及后轴重 100kN 的载重汽车(相当于 BZZ—100 标准汽车)。测试时，弯沉仪的测点与支座不应放在相邻两块板上，待弯沉测试车驶离测试板块后，方可读取百分表值。

为了加快脱空板的检测进度，除采用弯沉仪外，也可以采用 FWD 或探地雷达进行脱空板检测。

混凝土面板脱空检测工作量大，脱空部位不易通过观测判定，并具有一定的隐蔽性，因此，必须逐块检测。对于有脱空的板块可用油漆符号进行标示，以便于后期施工处治识别。

### (二)布孔

灌浆孔的布设应根据路面板的尺寸、下沉量大小、裂缝状况以及灌浆机械性能确定。要求布设应提供足够多的孔，使砂浆能流到路面板下的所有空隙内。布孔时，灌浆孔与面板边的距离不应小于 0.5m，在一块板上的灌浆孔数量一般为 5 个

(如图 3-8 所示),也可根据板块脱空部位的分布情况调整布孔位置和数量。

如板中有裂缝,则应考虑在裂缝周边布孔,孔位与裂缝间距要大于 30cm。

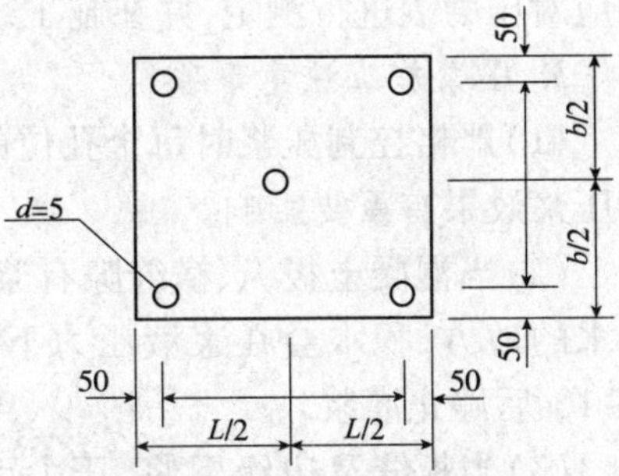

**(三)钻孔**

根据灌浆孔的布置采用钻孔机钻孔。为保证施工的连续性,钻孔应按确定的孔位提前进行,孔深以穿透板厚为宜。孔既要保持垂直又要圆。

孔钻好后,用压缩空气将孔中的混凝土碎屑、杂物清除干净,并保持干燥。

图 3-8　灌浆孔布置示意图(尺寸单位:cm)
d-灌浆孔直径;L-板长;b-板宽

**(四)压浆**

1. 灌浆压力的确定

灌浆机械可以用压力灌浆或压力泵。灌注作业应从脱空沉降量大的灌浆孔开始,逐步由大到小。灌浆压力和灌浆时间根据实际情况调节控制。灌浆压力不宜过大,以免引起板块明显的上升,破坏路面结构。根据经验,混凝土板处治灌浆压力一般控制在 1 ~ 4MPa。其中,错台板处治压力为 2 ~ 4MPa;脱空板处治压力为 1 ~ 3MPa,常用为 1.5 ~ 2.0MPa;唧泥、裂缝板处治压力一般为 2 ~ 3MPa。在施工过程中应随时观察控制,当相邻孔或接缝处冒浆时,可停止注浆。每灌完一孔后,用木楔堵孔。压浆过程中,在相邻孔(板)的压浆间隙不应停止对浆液搅拌,以保持浆液均匀不离析。

2. 压浆工艺

(1)压浆顺序:一般是先压横缝两侧的孔,再压其它孔,依次向前推移。

(2)将灌浆栓塞打入孔中,锚固于板块上,栓塞底部应距基层适当距离。软料口套在栓塞上并固定好,若连接不牢固或密封不够会发生漏浆,压力打不上等现象。

(3)在栓塞锚固牢靠和栓塞泵运转正常后,启动灌浆泵并打开搅拌机底部的出料开关,开始向泵内送灰浆,直至观察到灰浆从一个孔流入另一个孔。当观察到板开始上升或灰浆流动线路内的压力迅速升高时,停止泵送。压注浆液时,应缓慢均匀加压,一般当压力达 2.5 ~ 3MPa 中某一值时,应保持稳压状态 2 ~ 3min 以上,让浆液在板底充分流动渗透,以达到挤密和充实的效果。然后打开卸荷开关,缓慢降压,压力回零。

压浆过程中,压力的确定至关重要。压力过大易造成面板拱起断裂,过小则无法压满。而压浆机因型号不同,压浆时压力表所反映的压力也不同。因此在压浆前应对压力表进行测定,并在施工现场做试验标定。

3. 压浆施工注意事项

(1)严格控制压浆时每个孔位的压力和时间,尤其是稳压时间,因为稳压时间对压浆效果有重要影响。

(2)当混凝土板纵、横缝隙有浆液冒出时,继续灌浆5~10s即应停止;板底有积水的地方,积水会在浆液压力下从缝隙冒出,此时需继续压浆,直至浆液冒出,5~10s后停止灌浆。

(3)当板缝及边缘冒浆,压力无法达到规定值时,可先让浆液顺板缝自由冒出,待浆液凝固后,重新钻孔压浆,直到压力达到要求为止。

(4)浆液从相邻板缝隙或硬路肩缝隙冒出时,应立即停止灌浆。

(5)需顶升混凝土板块时,当板块顶升至高出正常板1~2mm时应立即停止灌浆,因为随着灌浆压力的消失,板块会在自重力作用下沉降1~2mm,正好与正常板平齐。

(6)当压力表指针异常跳动或发电机声音突然增大应立即停止灌浆。

(7)压浆时若发现浆液已从压孔或者压过的孔中溢出时,应用木塞堵孔约10min,然后拔出木塞具,此孔无须再进行压浆。

(8)定期制作灰浆试块进行抗压强度试验,准确掌握开放交通所需的最短时间。

(9)压浆时高压管前不能站人,防止喷浆(水)伤人。每次压浆施工收工时,必须用清水冲洗搅拌桶,使水经管道、压浆泵从高压管中排出,将各部件残留浆液彻底排除冲洗干净。

**(五)封口**

压浆结束后应立即拔出灌浆栓塞,及时插上木塞,以便有足够的时间使灰浆充分凝固。如孔内浆液下降,应从混凝土板缝隙处取浆液填至与混凝土板面齐平。

在不会产生回复压力,确保浆液不会从孔中挤出时,方可将木塞拔出,并用快凝水泥砂浆永久性密封孔口,并抹平。灌浆后残留在路面的浆液要及时清扫并用水冲洗,避免流入路面缝隙和污染路面。

**(六)养护**

灌浆完成后的板块严禁车辆通行,一般养护期为3d,待砂浆强度达到3MPa时,用水泥砂浆封孔后,才可开放交通。

**(七)灌浆质量检验**

加固效果可根据缝两侧的弯沉差检测评定。当灌浆完成3d后,用标准车(BZZ—100)及弯沉仪检测处治板缝两侧板的弯沉,当两侧弯沉差<20(0.01mm)时,脱空处治满足要求,否则应重新钻孔补灌。

# 第七节　破碎板处治方法

## 一、板块破碎的原因分析

破碎板是指在板中有两条以上裂缝交叉,并被裂缝分为4块以上、裂缝呈网状的路面板。根据破碎严重程度的不同,有的破碎板未发生松动和沉陷,有的破碎板则有松动、沉陷和唧泥等现象,严重影响行车的安全和舒适。破碎板一般由单条裂缝的板块进一步破坏发展而来,其形成原因如下:

(1)养护不及时或缺乏养护,由单条裂缝的断板发展成为破碎板,这是较为常见的情况。首先在板中产生板角断裂,或由路基不均匀沉降引起纵向或横向或任意方向的单条裂缝。由于未对裂缝进行及时修复、防水处理,使板的渗水量增大,在车辆荷载的反复作用下路面板进一步断裂,产生多条裂缝,成为破碎板。

(2)混凝土板强度低,不能满足车辆荷载的要求而产生的疲劳断裂,在雨水渗透作用下,使破坏板下的路基强度不均,进一步产生唧泥、断裂,最终导致路面的网裂、沉降和坑凼。

(3)对于重载车较多的道路,混凝土路面结构不能满足交通量要求,使混凝土路面难以承受反复的大疲劳应力作用,使板断裂破碎成为破碎板。

(4)路基强度和压实度不均匀,导致路面板在车辆荷载和板的自重作用下随着路基不均匀沉降变形而断裂,在板中产生多条裂缝形成破碎板,如图3-9所示。

图3-9　路基不均匀沉降引起的混凝土路面破坏

## 二、破碎板处治的材料

破碎板处治的方法是换板。所用材料主要有普通的水泥混凝土(为提前通车,可以加入早强剂)、早强混凝土,换板混凝土强度应与原混凝土板一致,材料性能要求与前述局部破损修复材料的性能要求相同。为抵抗不均匀变形引起换板的断裂,换板也可以采用钢纤维混凝土或钢筋混凝土。采用钢纤维混凝土时,所用钢纤维极限抗拉强度应大于500MPa,长细比50~80,洁净、无锈、无油,不含其它杂质和碎屑,掺量为1%~1.5%(纤维体积率),混凝土的砂率为45%~50%,水灰比控制在0.5以内。为改善其和易性,可以掺入适量的减水剂。

若连续换板数量大于两块以上,新换板块间的接缝宜设置传力杆。新板间的接缝应与原路面板的接缝对齐,切缝时间见表3-11。用聚氨酯填缝料对新板间和新旧板间的接缝进行填缝防水处理,填缝料及施工要求与新建混凝土路面接缝相同。

切缝时间参考表　　表 3-11

| 序号 | 昼夜平均气温(℃) | 开始切缝时间(d) | 备　注 |
|---|---|---|---|
| 1 | 5 | 4 | 开始切缝时间指混凝土抹面成型后所经过的时间 |
| 2 | 10 | 3 | |
| 3 | 15 | 2 | |
| 4 | 20 | 1.5 | |
| 5 | 25 以上 | 1 | |

聚氨酯填缝材料的技术要求见表 3-12。

接缝密封材料技术要求　　表 3-12

| 性　能 | 技术要求 | 性　能 | 技术要求 |
|---|---|---|---|
| 灌入稠度(s) | <20 | 黏结强度(MPa) | ≥4 |
| 拉伸强度(MPa) | ≥4 | 断裂伸长率(%) | ≥50 |

## 三、破碎板的处治方法

由于破碎板的承载能力下降,平整度差,已失去作为路面的功能,因此,处治破碎板的基本方法是换板,并视破碎板的严重程度与渗水情况对基层和土基采取换填处治。换板的程序和方法如下:

(1)板块中的裂缝成网状,但整块板未有唧泥、沉降等现象,裂缝宽度小于 10mm,说明板下渗水不太严重,基层仍有较高强度,可以只换混凝土面板。其方法是:

①用人工或机械把破碎的混凝土面板挖除。

②清理开挖后的基层表面。由于在开挖面板过程中基层表面受到一定的破坏,表面不平整,厚度也发生了变化。为保证新铺混凝土板具有均匀厚度和稳定支撑,必须把基层表面松散的混凝土、基层材料清理干净,然后用水泥砂浆对基层表面整平,为混凝土板提供强度均匀、表面平整的基础,避免混凝土板厚度不均引起板块应力集中而断裂。

③浇筑混凝土板。为减小维修对交通的影响,可以加入早强剂,摊铺和养生方法与新铺混凝土路面相同。

④养生。常用的养生方法有覆盖养生法、塑料薄膜养生法等。

⑤开放交通。当浇筑混凝土达到开放交通的强度要求后即可开放交通。

(2)若破碎板的网缝宽度大,有沉降、唧泥等破坏现象,说明不但板产生了破坏,而且板下渗水严重,基层和土基已发生了湿软变形破坏,强度下降。对这种破碎板可以采取以下的处治方法:

①根据板块湿软沉降情况及两侧地形、边沟等排水结构物的运行情况和周边地面水和地下水供给条件,查明破碎板中水的来源。若边沟堵塞排水不畅,或边沟

破损积水，则应首先清理和修复边沟等排水设施，恢复排水设施的排水功能；若有地下水，则应补设盲沟等地下排水设施。通过地下和地面排水设施的修复，减小水对路基、路面的影响。若水来自裂缝下渗的地表水，则可挖除板后，再处治湿软基层土基。

②挖除破碎的混凝土板。

③根据基层湿软情况，进一步挖除湿软、破坏的基层。

④挖除湿软基层后，若土基湿软，含水率较大或呈塑性，则进一步挖除含水率较大的土基至含水率接近最佳含水率的土层。

⑤视换填面积、深度和能否满足压实机具工作面的需要，用水泥稳定碎石或贫混凝土及碎石换填。若换填面积较大，深度较浅，能满足压路机的工作面要求，可以用水泥稳定碎石换填；若换填深度大，则可以分两层换填。下部用级配碎石或破碎的旧混凝土，上部用水泥稳定碎石换填；若换填面积小，不能满足普通压路机工作面要求，换填材料不易压实，则应采用低标号混凝土换填，以避免换填部分引起不均匀沉降。

⑥浇筑混凝土板，养生。

在混凝土板养生期间，应在换板附近设置警示标志，严禁车辆在混凝土板上通行。不同气温条件下的养生时间见表3-13。

**水泥混凝土强度发展速度参考表**

（以温度15℃，28d龄期强度为100计）　　表3-13

| 水泥种类 | 龄期(d) | 养生平均温度(℃) | | | | | | | |
|---|---|---|---|---|---|---|---|---|---|
| | | 1 | 5 | 10 | 15 | 20 | 25 | 30 | 35 |
| 普通水泥 | 2 | — | — | — | 25 | 30 | 35 | 40 | 45 |
| | 3 | 10 | 15 | 25 | 33 | 39 | 45 | 50 | 55 |
| | 5 | 20 | 28 | 38 | 50 | 55 | 60 | 65 | 70 |
| | 7 | 30 | 39 | 48 | 60 | 68 | 75 | 80 | 85 |
| | 10 | 38 | 49 | 60 | 72 | 80 | 85 | 89 | 92 |
| | 15 | 50 | 60 | 70 | 82 | 90 | 95 | 97 | 100 |
| | 28 | 65 | 80 | 90 | 100 | 105 | 110 | — | — |
| 火山灰质或矿渣水泥 | 2 | — | — | — | 15 | 18 | 24 | 30 | 35 |
| | 3 | 6 | 8 | 13 | 21 | 25 | 32 | 42 | 50 |
| | 5 | 10 | 16 | 22 | 32 | 37 | 42 | 55 | 65 |
| | 7 | 16 | 24 | 30 | 42 | 45 | 54 | 67 | 80 |
| | 10 | 25 | 34 | 42 | 53 | 62 | 70 | 82 | 90 |
| | 15 | 36 | 45 | 55 | 70 | 78 | 85 | 92 | 100 |
| | 28 | 55 | 70 | 85 | 100 | 105 | 110 | 115 | — |

## 第八节　错台病害处治

### 一、错台的原因分析

错台是整块混凝土板或断裂后的板块部分下沉，与周边混凝土板间形成台阶的病害现象。产生错台的原因是基层或土基由于压实不足，在接缝渗水和车辆荷载、板体自重作用下路面板整体下沉。若整体均匀下沉，在错台处将产生跳车，影响行车的舒适；若整体不均匀下沉，不但在错台处产生跳车的不舒适，而且使板产生断裂，产生单条或多条裂缝，影响路面使用寿命和行车安全舒适。

### 二、错台处治方法

错台病害主要影响行车的舒适性，处治方法有磨平法和填补法两种，可按错台的轻重程度确定采用的方法。

1. 高差小于等于10mm的错台

对于高差小于等于10mm的错台，可采用磨平机磨平，或人工凿平：

(1)用磨平机从错台最高点开始向四周扩展磨平，边磨边用3m直尺找平，直至相邻两块板齐平为止，如图3-10所示。

(2)磨平后，将接缝内的杂物清除，吹净灰尘，及时填入嵌缝料。

2. 高差大于10mm的严重错台

对于高差大于10mm的严重错台，可采取用沥青砂或水泥混凝土填补的方法进行处治。

(1)水泥混凝土填补法：

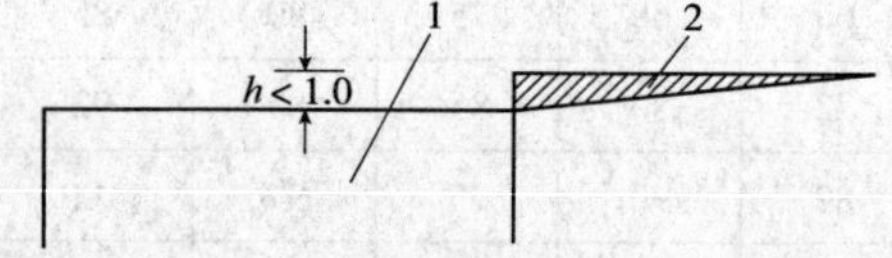


图3-10　磨平法修补错台示意图(尺寸单位:cm)
1-下沉板;2-磨平部分

①将错台下沉板凿除2～3cm深，长度按错台高度除以坡度(1%)计算，如图3-16所示。

②清除凿除面上的杂物灰尘。

③浇筑聚合物细石混凝土。用于配制聚合物细石混凝土的高分子聚合物乳液有环氧树脂乳液、丙烯酸酯乳液等，掺量为10%～15%(占细粒式混凝土水泥质量的百分率)，混凝土坍落度宜为0.5～1.5cm。

④混凝土达到通车强度后，即可开放交通。

(2)沥青砂填补法(图3-11)：

①沥青砂修补面的纵坡变化应控制在$i \leqslant 1\%$以内。

②在沥青砂填补前，清除路面杂物和灰尘，并喷洒一层热沥青或乳化沥青，沥

青用量为0.40~0.60kg/m²。

③在修补面纵坡变化确定的范围内摊铺沥青砂。

④沥青砂填补后,用轮胎压路机压实。

⑤开放交通,在碾压完成初期应控制车辆慢速通过。

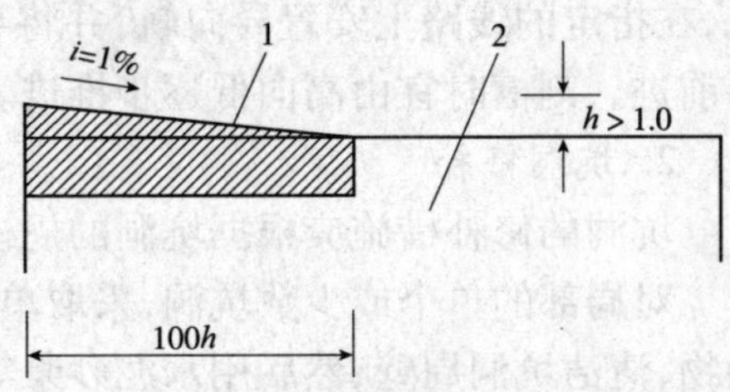


图3-11　填补法修补错台示意图(尺寸单位:cm)
1-凿除修补;2-下沉板

此外,对于高差大于10mm的错台板,除用沥青砂或混凝土填补法处治外,也可以根据板的破损情况和错台大小采用前述压力灌浆法提升或整块换板的方法消除错台。

## 第九节　水泥混凝土板表层类病害处治

### 一、水泥混凝土板产生表层类病害的原因分析

混凝土路面表层病害有磨光、露骨和坑洞三种。露骨(混凝土剥落)是指混凝土路面通车一段时间后,路表水泥浆脱落,碎石或砂砾集料出露的病害现象。当露骨发展到一定程度,露骨部位的水泥浆体剥落的同时集料也被带走,就形成坑洞。这些部位的路面不一定断裂,但形成的坑洞将影响路面使用寿命和行车的舒适。产生这种病害的原因主要有两方面:

①混凝土强度太低,耐磨性差。对某混凝土路面的调查表明,同一断面上有露骨和无露骨两块板的芯样强度测试结果为:无露骨板混凝土强度24.2MPa,露骨板的为20.4MPa,同一路段上另一露骨的混凝土板的混凝土抗压强度仅为17.5MPa。因此,混凝土强度对其耐磨有明显影响,强度低的混凝土耐磨性差,容易产生露骨、磨光和坑洞。

②施工中混凝土的水灰比大,集料含泥量大,使板的抗磨能力下降,产生露骨、坑洞病害。

### 二、水泥混凝土板表层类病害处治方法

对行车有影响的混凝土路面的表层类病害有磨损、露骨和坑洞等,在养护维修中,应根据病害出现的原因、破损程度、公路等级,采取不同的材料和施工方法进行处治。

1. 局部磨光病害处治

对局部路段出现路面磨光,可采取机械刻槽的方法处治,以恢复水泥混凝土路面的表面平整度和摩擦系数。

刻槽深度3~5mm,槽宽3~5mm,缝距10~20mm。刻槽宜采用自行式刻槽

机，在指定的线路上安置导向轨，并将导向轮扣在导向轨上，使刻槽机沿预定的方向前进。刻槽时宜由高向低逐步推进。

2. 坑洞修补

坑洞的修补措施应根据坑洞的规模、数量确定。

对局部的单个或少数坑洞，采取单洞个别修补的方法进行修补，即先清除洞内杂物，清洁坑洞周壁，然后用水泥砂浆等材料填充，并使填补表面平整密实。

对较多坑洞且连成一片的，可采取薄层修补的方法进行处治：

①划出切割修补面积的图形边线，要求切割线与路中心线平行或垂直。

②切割深度应在6cm以上，并将切割面内的光滑面凿毛。

③清除修补槽内的混凝土碎屑。

④将修补的混凝土拌和物填入槽内，振捣密实，并保持与原混凝土面板齐平。

⑤养生。

⑥混凝土达到通车强度后开放交通。

对于低等级公路上破损面积较大，深度在3cm以内的成片坑洞，可用沥青混凝土进行修补：

①确定并划出修补处治区范围，修补图形边线应与路中心线平行或垂直。

②凿除修补区内2~3cm深度的混凝土，并清除混凝土碎屑。

③在凿除的修补槽底面和槽壁上洒黏层沥青，其用量为0.4~0.6kg/m²。

④铺筑沥青混凝土，然后碾压密实平整。

⑤待沥青混凝土冷却后，控制车速通车。

3. 较大面积的磨损、露骨病害的处治

当水泥混凝土路面整条路段出现较大面积的磨损、露骨时，可采取铺设沥青磨耗层的方法恢复路面的平整度和抗滑功能。磨耗层采用沥青砂，厚度一般为1.0~1.5cm，其级配和沥青用量范围见表3-14。

磨耗层砂粒式沥青混合料级配及沥青用量范围（方孔筛）　表3-14

| 通过下列筛孔（mm）的质量百分率（%） | | | | | | | | 沥青用量（kg/m²） |
|---|---|---|---|---|---|---|---|---|
| 9.5 | 4.75 | 2.36 | 1.18 | 0.6 | 0.3 | 0.15 | 0.075 | |
| 100 | 95~100 | 55~75 | 235~55 | 20~40 | 12~28 | 7~18 | 5~10 | 6.0~8.0 |

处治方法如下：

①对混凝土面板表面的修整和处理，使水泥混凝土路面表面干燥清洁，不得有尘土、杂物或油污。

②在混凝土路面表面喷洒黏层油，宜采用快裂型乳化沥青，参考用量0.4~0.6kg/m²；并用洒布车喷洒，洒布应均匀，喷洒过量处应予刮除。当气温低于10℃或路面潮湿时，不得喷洒黏层沥青。在路缘石、雨水进水口、检查井等洒布车喷洒

不到或喷洒不均匀的局部位置可用人工涂刷。

③黏层沥青洒布后，立即铺筑沥青层。若黏层油用乳化沥青，则应待破乳后再铺筑。

④压实、整平。

⑤开放交通。

# 第四章　旧混凝土路面加铺层设计

## 第一节　概　　述

### 一、旧混凝土路面的加铺层结构组合形式

随着使用年限的增长，路面破损量增多，修补面积增大，平整度下降，路面的行车舒适性降低，或旧混凝土路面强度不能满足交通量要求。在这种情况下，混凝土路面将需要进行表面行车性能的改善或加铺改建。改善混凝土路面行车性能和承载能力的方法主要有对混凝土板补强、加铺不同厚度的沥青混合料罩面及在旧混凝土路面上加铺基层和沥青面层或水泥混凝土路面板。其中，对混凝土板补强可以采用前述的混凝土路面病害修补方法，而在旧混凝土路面上加铺罩面或新的路面结构则应根据旧路面的技术状况和交通组成采取不同的加铺结构组合方案。旧混凝土路面加铺的典型结构形式主要有以下几种：

1. 沥青混凝土(单层式、双层式或三层式)+旧混凝土路面

适用于技术状况较好，有少量断板破坏，破损状况技术等级评价为优或良，加铺前已对断板、脱空等各种病害进行了彻底处治的旧混凝土路面，即通常所说的“白加黑”。加铺的目的主要是改善路面行车条件，部分提高路面承载力。加铺厚度取决于旧路面的技术状况、剩余强度、交通量和防裂要求等，采用理论法或经验法计算确定。

2. 新铺水泥混凝土板+旧混凝土路面

适用于技术状况较好，有少量断板破坏，破损状况技术等级评价为优或良，加铺前已对断板、脱空等各种病害进行了彻底处治的旧混凝土路面，即通常所说的“白加白”。加铺的目的主要是提高路面承载能力，改善行车条件。加铺层可以采用普通水泥混凝土，当路面高程受限时也可以采用钢纤维混凝土，其厚度根据旧路面的技术状况、接缝破损情况、剩余强度和交通量，以及新旧混凝土板间的结合形式(分离式、结合式和半结合式三种)，采用理论法计算确定。在旧混凝土路面上加铺新的水泥混凝土板由于接缝因素影响，容易产生新的路面板断裂和反射裂缝病害，一般情况下尽量少用。

3. 沥青混凝土或水泥混凝土+半刚性基层+旧混凝土路面

适用于技术状况较差，破损病害严重，行驶性能和承载力已不能满足现有交通

量的要求，破损状况技术等级评价为中以下的旧混凝土路面。这实际上是旧混凝土路面的改建，以满足交通量的要求。为保证加铺路面结构的性能，避免反射裂缝，加铺新路面结构前必须对旧混凝土路面进行处治。处治方法包括全部挖除旧混凝土板、对破损的旧混凝土板现场局部补强修复、对旧混凝土板现场破碎作为新铺路面结构底基层利用三种。加铺结构厚度取决于交通量和旧混凝土路面结构的强度，采用新建沥青路面或水泥混凝土路面结构设计方法计算确定。

这三种典型结构方案的采用取决于旧混凝土路面的技术状况、剩余强度、交通量和交通组成等因素。

## 二、旧混凝土路面加铺层的结构设计的特点及方法

在现有旧路结构强度和病害基础上进行新的路面结构设计，同时必须考虑消除旧混凝土路面破损对新铺路面的影响是旧混凝土路面加铺设计有别于新路面设计的特点。旧混凝土路面具有较高的强度，但又存在接缝和补块的天然缺陷。加铺层的厚度取决于旧路面的既有强度和交通量，同时还受旧路面破损状况的影响。即使旧路面有较高的强度，所需要的加铺层厚度很薄，但考虑施工、抗剪和接缝防裂等因素的要求，仍然需要调整加铺层厚度，使其满足强度以外的其它因素要求，包括考虑环境气温和混凝土路面具有的接缝缺陷的影响，以避免在车辆荷载作用下，由于接缝两侧的弯沉差在接缝处的加铺层内引起的竖向剪应力和在气温的升降作用下在接缝处引起的水平拉力使加铺层在接缝或其它修补部位产生反射裂缝。在厚度设计中必须考虑反射裂缝的发生，从厚度、结构组合设计上采取措施防止反射裂缝的发生。因此，旧混凝土路面上的沥青混凝土或水泥混凝土加铺设计要比新建沥青混凝土路面或水泥混凝土路面复杂得多。其厚度设计不是单一的理论分析计算问题，不但要满足交通量要求，还必须考虑旧路面结构与破损状况、气候条件、施工要求，是在对旧混凝土路面剩余强度和破损技术状况评价基础上，把理论分析与实际结构要求相结合的满足加铺目标的厚度设计，是一种半理论半经验的结构厚度设计。根据旧混凝土路面加铺层设计的特点，其结构厚度设计可以分为经验法和理论法两大类，但实际上由于旧混凝土路面加铺层结构设计的复杂性，总体上都是理论与经验相结合的设计法。

## 三、旧混凝土路面加铺层的结构防裂设计的重要性

在旧混凝土路面上加铺沥青混凝土罩面、新水泥混凝土板或加铺沥青路面结构，保证其加铺结构具有良好的使用性能和使用寿命的关键之一是防止旧混凝土路面的反射裂缝。而由于加铺和改建的路面结构形式和厚度不同，它们抵抗反射裂缝的能力也不同，对旧混凝土路面的技术状况要求也不同。

防止反射裂缝的措施主要是对旧混凝土路面采取不同的处治方案。一般地，加铺罩面补强结构厚度薄，容易产生反射裂缝，其反射裂缝来自板的收缩、接缝两

侧过大弯沉差引起的剪切裂缝等,过大的弯沉差则可能由于板底脱空、接缝处板下路基强度偏低等原因而引起。若旧混凝土路面破损状况严重,路况较差,处理这些破损部位需要的代价太高时,就不宜采用加铺罩面的方式。因此,加铺罩面要求路面状况相对较好,必须满足一定的指标要求,同时必须采取专门技术措施防止反射裂缝。根据我国沥青路面设计规范,当原混凝土路面状况评价等级为优或良,处治路段的平均弯沉为 20 ~ 45(0.01mm)时,可以在混凝土路面上直接加铺沥青面层。但是在加铺前,必须对板块进行处理,包括更换破碎板、修补开裂板块、对脱空板灌浆处治等,使处治后的路段代表弯沉低于 20(0.01mm),然后再加铺沥青面层。由于加铺沥青混凝土面层罩面要求旧混凝土路面技术状况较好,主要是改善路面行驶条件,结构厚度主要满足防裂、与混凝土板间的抗剪要求等。需要指出,由于接缝处薄弱环节的存在,即使采取了防裂措施和对旧混凝土路面进行了整治,但是如果交通轴载较大,无论是否脱空都在板的接缝处将产生较大的剪应力。加铺层在较大剪应力作用下,将会在接缝、裂缝处发生剪切破坏,剪切型裂缝仍然会反射上来。因此,对于重载、超载车较多的路面,必须对道路的交通组成进行认真分析评价。一般情况下,不宜采用直接加铺沥青面层方案,能否采用直接加铺沥青面层("白改黑")方案需要仔细研究,并结合当地经验论证确定。

加铺设有基层的沥青路面或水泥混凝土路面结构厚度较大,有较强的抵抗反射裂缝能力,一般用于破损严重的旧混凝土路面。但这并不意味着就可以降低对旧混凝土路面的处治和防止反射裂缝的要求,因为较厚的加铺结构只能延长旧混凝土路面裂缝的反射到表面层的时间,而不能消除反射裂缝。同时,由于旧路面破损严重,破损部位多,产生反射裂缝的几率增大。因此,加铺基层的沥青路面结构或混凝土路面结构对旧混凝土路面的防裂处治要求不能被忽略或降低,必须根据旧混凝土路面破损状况采取局部病害修复与防裂、就地破碎或全部挖除的措施防止旧混凝土路面反射裂缝。

## 第二节　沥青混凝土加铺层设计

### 一、沥青混凝土加铺层厚度设计经验法

#### (一)经验法 1—美国沥青协会(AI)的弯沉法

1. 设计指标

美国沥青协会(AI)认为旧面层接缝(或裂缝)处的弯沉量和弯沉差是引起沥青加铺层开裂的主要原因。因为轮载的施加速度远高于温度变化产生的面板伸缩位移的速率。因此,该设计方法以控制接缝或裂缝处的板边平均弯沉量和弯沉差

为设计指标要求，其标准为

接缝(或裂缝)两侧的板边弯沉差($w_L - w_U$)≤0.05mm

接缝(或裂缝)两侧的板边平均弯沉值($w_L + w_U$)/2≤0.36mm

式中，$w_L$和$w_U$分别为受荷板和非受荷板的板边弯沉值，由80kN轴载和贝克曼梁测定。

2. 加铺厚度设计

加铺沥青层，可以降低旧面板接缝或裂缝处的弯沉量，每厘米厚密级配沥青混凝土加铺层约可降低2%弯沉量(最高可达4%～5%)。当需要降低的弯沉量过大(超过50%)时，需要采用较厚的加铺层，但不经济。这时应采取其它措施提高接(裂)缝处的路面结构刚度，以降低旧面板的弯沉量。如对板底脱空区进行灌浆填封，置换损坏板，设置边缘排水系统，恢复接缝传荷装置(设传力杆)等。

沥青协会建议的沥青加铺层厚度，不仅受弯沉的影响，而且随旧混凝土面板的长度和当地的年平均温度差而变化，如表4-1中所列。表中年平均日温差为最热和最冷月的最大日最高温度与最小日最低温度差的30年平均值。加铺层的最小厚度为100mm，此厚度约可降低20%的弯沉量，并保证接缝或裂缝上方加铺层的压实度和与旧面板的良好黏结。当所需的加铺层厚度超过200～225mm时，通常会引起坡度变化、路肩高度增加、立交净空减小、防护栏加高提升移置等问题。因而，表中对于加铺层厚度超过这一范围时规定了需采取其它措施。对于厚度在100～215mm范围内的加铺层，可结合选择其它减少反射裂缝的措施而采用较薄的加铺层厚度。

**水泥混凝土面层上沥青加铺层的选用厚度(mm)**　　表4-1

| 旧混凝土面层板长度(m) | 年平均日温差ΔT(℃) | | | | | | 旧混凝土面层板长度(m) | 年平均日温差ΔT(℃) | | | | | |
|---|---|---|---|---|---|---|---|---|---|---|---|---|---|
| | 17 | 22 | 28 | 33 | 39 | 44 | | 17 | 22 | 28 | 33 | 39 | 44 |
| 3 | 100 | 100 | 100 | 100 | 100 | 100 | 10.5 | 100 | 115 | 150 | 175 | 215 | * |
| 4.5 | 100 | 100 | 100 | 100 | — | — | 12 | 100 | — | — | — | * | * |
| 6 | 100 | 100 | 100 | 100 | 100 | 100 | 13.5 | 115 | 140 | 175 | 200 | * | * |
| 7.5 | 100 | 100 | 100 | 125 | — | — | 15 | 125 | — | — | — | * | * |
| 9 | 100 | 100 | 125 | 150 | 125<br>150<br>175 | 140<br>175<br>200 | — | — | 150<br>175 | 190<br>215 | 225<br>* | — | — |

注：*需采用其它措施，如破碎和固定旧混凝土板或者带排水系统的裂缝缓解层。

根据该法的设计标准,加铺层厚度计算方法如下:

(1)根据板长(接缝间距)和当地的年平均日温差$\Delta T$查表4-1初步确定加铺层厚度$h$。

(2)根据加铺前接缝两侧的弯沉$w_L$和$w_U$计算加铺前的平均弯沉$w=(w_L+w_U)/2$。

(3)计算加铺$h$厚度的沥青面层后可以减小的弯沉量$w_N$,按每厘米沥青混凝土加铺层可降低2%弯沉量计算,即:减小的弯沉量$w_N$=加铺沥青面层厚度×2%×加铺前的(平均)弯沉$=h\times2\%\times(w_L+w_U)/2$。

(4)计算加铺后接缝两侧的板边弯沉差:板边弯沉差=加铺前的平均弯沉$w$-加铺后减小的弯沉量$w_N=w-w_N$。

(5)计算加铺沥青面层后接缝两侧板边平均弯沉差,即:加铺沥青面层后接缝两侧板边平均弯沉差=加铺前弯沉差$(w_L-w_U)$-加铺后可以减小的弯沉$w_N$。

(6)判定:根据加铺后的弯沉差是否满足弯沉差≤0.05mm和平均弯沉值是否满足≤0.36mm,判定加铺的沥青层厚度是否满足要求。若不满足要求应重新拟定加铺厚度。

**(二)经验法2—AASHTO加铺层厚度设计方法**

AASHTO经验法是基于等效结构数的加铺层厚度确定方法,包括加铺层的可行性、加铺罩面前的修复、防反射裂缝措施的选择和加铺层厚度设计等内容,是目前较为完善的混凝土路面加铺层设计方法。

这种方法采用补足厚度缺额的概念确定沥青混凝土加铺层的厚度。如果加铺沥青混凝土面层仅仅是为了改善路面使用性能(表面的平整度和抗滑性能),那么沥青混凝土加铺层的厚度就是能满足路面使用性能所需要的最小厚度。但是如果是为了提高路面的结构性能,那么需要的加铺层厚度就是承受将来交通量需求的结构厚度和旧混凝土路面的结构厚度的函数。为了满足将来的交通量需要,所需的加铺层厚度由式(4-1)确定。

$$h_{0v}=A(h_d-h_{ex}) \tag{4-1}$$

式中:$h_{0v}$——所需要的沥青混凝土加铺层厚度,mm;

$h_d$——按现有地基承载力和未来交通要求,采用新建混凝土路面设计方法确定的所需单层混凝土板厚度,cm;

$h_{ex}$——旧混凝土面板厚度,cm;

$A$——混凝土板厚与沥青层厚度的当量转换系数,是混凝土板厚度差的函数,由下式确定。

$$A=2.2233+0.00153(h_d-h_{ef})^2-0.0604(h_d-h_{ef}) \tag{4-2}$$

$$h_{ef} = c_{bj} c_{bd} c_{bf} h_{ex}$$

式中：$c_{bj}$——考虑损坏接缝和裂缝是否修复的系数，加铺前已进行全厚度修补时，$c_{bj}=1$；否则，按每公里未修复接缝和裂缝的数量在 0.6～1.0 范围内取值；

$c_{bd}$——考虑旧混凝土面板是否存在耐久性问题（耐久性裂缝或反应性集料病害）的系数，无耐久性问题时，$c_{bd}=1.0$；有耐久性裂缝但未碎裂时，$c_{bd}=0.96\sim0.99$；有少量碎裂时，$c_{bd}=0.88\sim0.95$；严重碎裂时，$c_{bd}=0.80\sim0.88$；

$c_{bf}$——考虑疲劳损坏程度的系数，有少量横向裂缝板（<5%），$c_{bf}=0.97\sim1.0$；较多横向裂缝板（5%～15%），$c_{bf}=0.94\sim0.96$；大量横向裂缝板，$c_{bf}=0.90\sim0.93$。

一般情况下，传统接缝的素混凝土板上沥青加铺层的厚度介于 5～25cm，公路上的典型加铺层厚度为 7.0～15.0cm。

AASHTO 经验设计法以新建水泥混凝土路面设计方程为基础，考虑旧路面的剩余寿命，对影响路面使用性能的其它因素也作了全面的考虑。设计概念明确，实现起来简单易于操作，但它没考虑防反射裂缝措施对路面使用性能和加铺层厚度的影响。

**（三）经验法 3—美国陆军工程师部队（COE）的补足厚度缺额法**

美国陆军工程师部队（COE）依据强化试验路的观测和分析结果，采用补足厚度缺额概念，于 20 世纪 50 年代中期提出了旧水泥混凝土面层上加铺沥青面层厚度的设计经验公式

$$h_{0v} = A(F \cdot h_d - c_b \cdot h_{ex}) \tag{4-3}$$

式中：$h_{0v}$——所需的沥青混凝土加铺层厚度，cm；

$h_d$——按现有地基承载力和未来交通要求，采用新建混凝土路面设计方法确定的所需单层混凝土板厚度，cm；

$h_{ex}$——旧混凝土面板厚度，cm；

$c_b$——旧混凝土面板的状况系数，含有细微的初始裂缝时，$c_b=1$；含有多条裂缝或角隅断裂时，$c_b=0.75$；

$F$——控制旧混凝土面板在加铺后裂缝进一步发展程度的系数，随交通和路基强度而变化，取 0.6～1.0；

$A$——混凝土板厚度与沥青层厚度的当量转换系数，$A=2.5$。

COE 在强化试验期间观测到，沥青加铺层下的混凝土板在荷载作用下逐渐开裂，并继续发展到板碎裂成为 0.46～0.65$m^2$ 的小块。随后，路表弯沉随荷载作用而急剧增大，并在地基内出现剪切破坏。因此，设计公式以未出现小于上述尺寸碎

块的完全破坏为标准,在公式中加入了系数 $F$。

## 二、力学分析法

我国 2011 版《公路水泥混凝土路面设计规范》的沥青加铺层结构厚度设计方法的基本原理是:沥青加铺层的作用主要是提高路面的表面功能,对混凝土板的承载作用贡献不大,混凝土板是主要的承载层。但由于沥青层的存在将对混凝土板的荷载应力和温度应力有一定的影响,设计中通过对无沥青加铺层的混凝土路面板的温度应力和荷载应力的修正体现这种影响。因此,在厚度计算时,先求无沥青面层的旧混凝土板的应力,然后再考虑沥青面层的影响,从而得到设有沥青面层的混凝土板的荷载应力和温度应力。通过对加铺沥青面层的混凝土板的应力分析,满足旧混凝土板的疲劳强度要求,同时考虑防止反射裂缝的最小厚度要求,最终确定加铺沥青面层的厚度。这种方法的沥青加铺层厚度确定是建立在以弹性地基板理论为基础的混凝土板应力分析计算基础上,同时结合经验,厚度必须满足气候环境等因素的防裂要求。因此可以认为我国 2002 和 2011 版《水泥混凝土路面设计规范》的沥青混凝土加铺层设计方法是力学分析法。

根据《水泥混凝土路面设计规范》(JTG D40—2011)的沥青加铺层应用条件要求,当旧混凝土路面破损状况和接缝传荷能力评定等级为优良或中时,可以采用沥青加铺层;并且在加铺层铺筑前,必须对旧混凝土路面的破损病害进行处理,包括更换破碎板、修补裂缝、修复断裂板角、磨平错台、对脱空板进行压浆处治、清除旧的接缝填料、重新封缝等。

为防止反射裂缝的发生,在修补部位和接缝部位上必须采取防裂措施,其措施有:增加沥青加铺层的厚度,高速公路和一级公路的最小加铺层厚度为 10cm,其它等级公路的加铺层最小厚度为 7.0cm;在加铺层内设置橡胶应力吸收夹层、玻璃纤维格栅、聚酯玻纤布或土工织物夹层、沥青碎石裂缝缓解层等。同时,采取措施保证沥青混凝土加铺层与旧路面之间黏结强度,防止界面发生剪切破坏;保证旧路面加铺之后有足够的承载力承担交通荷载的作用;保证沥青路面层密实、稳定,不发生水毁损坏和推移。

### (一)旧混凝土路面技术状况的调查、评定

根据我国旧混凝土路面上的沥青加铺层设计方法,采用加铺沥青混凝土罩面改善路表面性能的旧混凝土路面技术状况必须满足一定指标要求,即当旧混凝土路面破损状况和接缝传荷能力评定等级为优良或中时,可以采用沥青加铺层。因此,在进行混凝土路面加铺罩面设计之前,必须对旧混凝土路面技术状况进行调查、评定。

1. 旧混凝土路面损坏状况的调查、评定

旧混凝土路面破损状况采用断板率和平均错台量两项指标评定,见表 4-2。

路面损坏状况分级标准　表 4-2

| 评定等级 | 优　良 | 中 | 次 | 差 |
| --- | --- | --- | --- | --- |
| 断板率(%) | ≤5 | 5 ~ 10 | 10 ~ 20 | >20 |
| 平均错台量(mm) | ≤5 | 6 ~ 10 | 11 ~ 15 | >15 |
| 路面状况指数 *PCI* | ≥70 | 69 ~ 55 | 54 ~ 40 | <40 |

2. 接(裂)缝传荷能力和结构参数的调查、评定

旧混凝土路面接(裂)缝传荷能力和结构参数调查采用前述混凝土路面结构强度调查方法进行。

接(裂)缝传荷能力采用接缝传荷系数 $k_j$ 评定。当接缝传荷能力评定等级为优良或中时可以采用沥青加铺层;在中及以下时,除需要对接缝、裂缝进行修复外,还必须采取专门措施防止反射裂缝。

结构设计参数调查包括旧混凝土路面的弯拉或劈裂强度、旧混凝土板的弯拉弹性模量及基层顶面当量回弹模量等,用于结构设计。

**(二)加铺沥青层的混凝土板应力分析计算**

1. 临界荷位

设有沥青加铺层的混凝土板的临界荷位为板的纵向边边缘中部。

2. 荷载应力计算

(1)设计轴载在有沥青加铺层的混凝土板的临界荷位处产生的荷载疲劳应力。

设计轴载 $P_s$(100kN)在有沥青加铺层的混凝土板的临界荷位处产生的疲劳应力 $\sigma_{pr}$ 与新建混凝土路面板的计算公式相同,用式(4-4)计算

$$\sigma_{pr} = K_r K_f K_c \sigma_{Psa} \tag{4-4}$$

式中:$\sigma_{pr}$——设计轴载 $P_s$ 在临界荷位处产生的荷载疲劳弯拉应力,MPa;

$K_r$——考虑接缝传荷能力的应力折减系数,采用混凝土路肩时,$k_r = 0.87 \sim 0.92$(路肩面层与路面面层等厚时取低值,减薄时取高值);采用柔性路肩或土路肩时,$k_r = 1.0$;

$K_f$——设计基准期内的荷载疲劳应力系数,用式(4-5)计算;

$$K_f = N_e^{\lambda} \tag{4-5}$$

$N_e$——设计基准期内设计轴载累计作用次数;

$\lambda$——与材料性质有关的疲劳指数,普通混凝土、钢筋混凝土、连续配筋混凝土 $\lambda = 0.057$;碾压混凝土和贫混凝土 $\lambda = 0.065$;

$K_c$——考虑设计理论与实际情况差异以及动载等因素对路面疲劳损坏影响的综合系数,按表 4-3 确定;

$\sigma_{psa}$——设计轴载 $P_s$ 在有沥青面层的混凝土板临界荷位处产生的荷载应力(MPa),用式(4-6)计算。

**综合系数 $K_c$** 表4-3

| 公路等级 | 高速公路 | 一级公路 | 二级公路 | 三、四级公路 |
|---|---|---|---|---|
| $K_c$ | 1.15 | 1.10 | 1.05 | 1.00 |

$$\sigma_{psa} = (1 - \zeta_a h_a)\sigma_{ps} \tag{4-6}$$

式中:$\zeta_a$——系数,查图4-1;

$h_a$——加铺沥青面层的厚度,m;

$\sigma_{ps}$——设计轴载 $P_s$ 在无沥青面层的旧混凝土板临界荷位处产生的荷载应力,用式(4-7)计算。

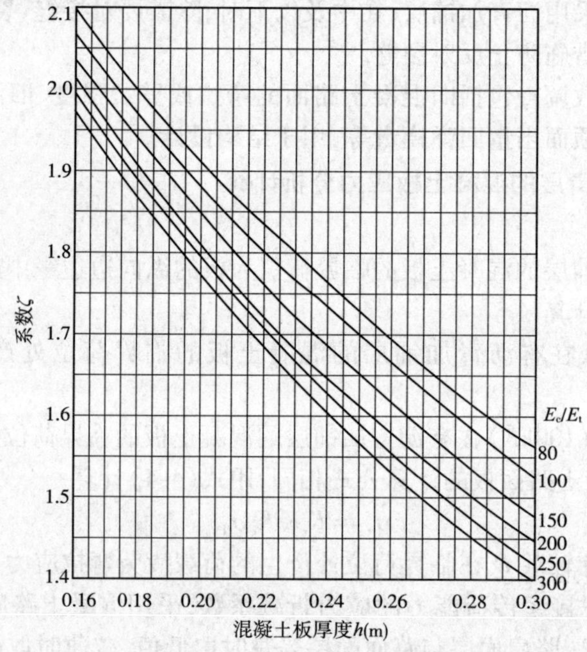

图4-1 $\zeta_a$ 系数

$$\sigma_{ps} = 1.47 \times 10^{-3} r^{0.3} h_c^{-2} P_s^{0.94} \tag{4-7}$$

式中:$r$——混凝土板的相对刚度半径,m,用式(4-8)计算;

$$r = 1.21\left(\frac{D_c}{E_t}\right)^{1/3} \tag{4-8}$$

$E_t$——混凝土路面基层顶面当量回弹模量,MPa,可以用下式计算:$E_t = 13\,739\,\omega_0^{-1.04}$(弯沉用贝克曼梁测试)或 $E_t = 18\,621/\omega_0$(弯沉用落锤式弯沉仪测试),其中 $\omega_0$ 是设计路段的代表弯沉(0.01mm),$\omega_0 = \overline{\omega} + 1.04 s_w$,$\overline{\omega}$

和 $s_w$ 分别是路段的弯沉平均值和标准差(0.01mm);

$D_c$——混凝土板的截面弯曲刚度,MN·m,用式(4-9)计算。

$$D_c = \frac{E_c h_c^3}{12(1-\nu_c^2)} \tag{4-9}$$

式(4-9)中,$h_c$、$E_c$、$\nu_c$ 分别是混凝土板的厚度(m)、模量(MPa)和泊松比。

(2)最重轴载在有沥青加铺层的混凝土板的临界荷位处产生的荷载应力。

最重轴载在混凝土板临界荷位处产生的荷载应力用式(4-10)计算

$$\sigma_{p,max} = K_r K_c \sigma_{Pma} \tag{4-10}$$

式中:$\sigma_{p,max}$——最重轴载在有沥青加铺层的混凝土板的临界荷位处产生的荷载应力,MPa;

$K_r$、$K_c$——意义同前;

$\sigma_{Pma}$——最重轴载 $P_m$ 在有沥青面层的混凝土板临界荷位处产生的荷载应力(MPa),用式(4-11)计算。

$$\sigma_{pma} = (1-\zeta_a h_a)\sigma_{pm} \tag{4-11}$$

$\sigma_{pm}$——最大轴载在临界荷位处产生的荷载应力(MPa),计算公式与设计轴载在临界荷位处产生的应力计算公式相同,计算时把式中的设计轴载换成最大轴载即可;

$\zeta_a$、$h_a$——意义同前。

3. 温度应力计算

加铺沥青混凝土面层的水泥混凝土板临界荷载处的温度疲劳应力和最大温度梯度时混凝土板最大温度应力分别用式(4-12)和式(4-13)计算

$$\sigma_{tra} = (1-\zeta'_a h_a)\sigma_{tr} \tag{4-12}$$

$$\sigma_{tma} = (1-\zeta'_a h_a)\sigma_{t,max} \tag{4-13}$$

式中:　$\sigma_{tra}$——加铺有沥青面层的混凝土板临界荷位处温度疲劳应力,MPa;

$\sigma_{tma}$——加铺有沥青面层的混凝土板临界荷位处在最大温度梯度时的温度应力,MPa;

$h_a$——沥青混凝土加铺层的厚度,m;

$\sigma_{tr}$——无沥青面层的水泥混凝土板在临界荷位处的温度疲劳应力,用式(4-14)计算;

$$\sigma_{tr} = K_t \sigma_{t,max} \tag{4-14}$$

$\sigma_{t,max}$——最大温度梯度时混凝土板的最大温度应力 MPa,用式(4-15)计算;

$$\sigma_{t,max} = \frac{\alpha_C \cdot E_C \cdot h_C \cdot T_g}{2} \cdot B_L \tag{4-15}$$

$\alpha_C$、$E_C$、$h_C$、$T_g$——混凝土板的线膨胀系数、模量、厚度以及公路所在地 50 年一遇的最大温度梯度;

$B_L$——综合温度翘曲应力和内应力的系数用式(4-16)计算;

$$B_L = 1.77e^{-4.48h_c}C_L - 0.131(1 - C_L) \quad (4-16)$$

$$C_L = 1 - \frac{\sinh t\cos t + \cosh t\sin t}{\cos t\sin t + \sinh t\cosh t} \quad (4-17)$$

$$t = \frac{L}{3r} \quad (4-18)$$

$L$——混凝土板的缩缝间距,即板的长度(m);

$r$——意义同前;

$K_t$——考虑温度应力疲劳作用的疲劳应力系数,用式(4-19)计算;

$$K_t = \frac{f_r}{\sigma_{t,max}}\left[a_t\left(\frac{\sigma_{t,max}}{f_r}\right)^{b_t} - c_t\right] \quad (4-19)$$

$a_t$、$b_t$、$c_t$——回归系数,查表4-4确定;

$f_r$——水泥混凝土弯拉强度标准值,MPa;

$\zeta'_a$——系数,由图4-2查得。

回归系数 $a_t$、$b_t$ 和 $c_t$　　表4-4

| 系数 | 公路自然区划 | | | | | |
|---|---|---|---|---|---|---|
| | Ⅱ | Ⅲ | Ⅳ | Ⅴ | Ⅵ | Ⅶ |
| $a_t$ | 0.828 | 0.855 | 0.841 | 0.871 | 0.837 | 0.834 |
| $b_t$ | 1.323 | 1.355 | 1.323 | 1.287 | 1.382 | 1.270 |
| $c_t$ | 0.041 | 0.041 | 0.058 | 0.071 | 0.038 | 0.052 |

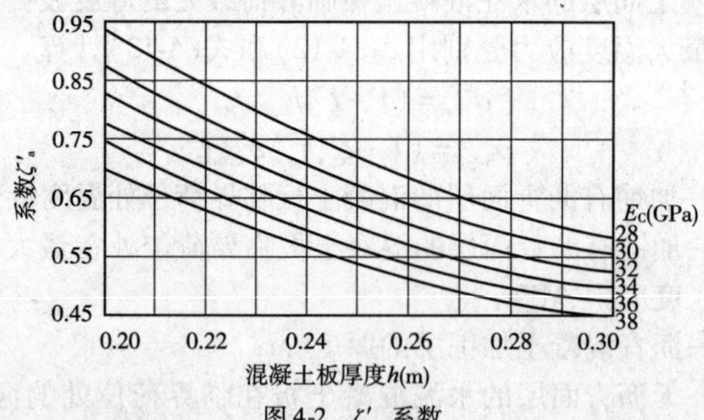


图4-2　$\zeta'_a$ 系数

**(三)结构极限状态校核**

有沥青加铺层的混凝土路面结构设计以混凝土路面板在设计基准期内,在车辆荷载和温度梯度综合作用下,不产生疲劳断裂作为设计标准,并以最重轴载和最大温度梯度作用下不产生极限断裂作为验算标准,即满足式(4-20)和式(4-21)的极限状态要求

$$\gamma_r(\sigma_{pr} + \sigma_{tr}) \leqslant f_r \quad (4-20)$$

$$\gamma_r(\sigma_{p,max}+\sigma_{t,max})\leqslant f_r \tag{4-21}$$

式中：$\gamma_r$——可靠度系数，根据所选目标可靠度、变异水平等级及变异系数通过计算确定。

若不满足式(4-20)和式(4-21)的极限状态要求，则重新拟定加铺层厚度，重新进行计算，直到满足要求为止。

## 第三节　水泥混凝土加铺层设计

旧水泥混凝土路面上加铺新水泥混凝土面层的设计方法主要有经验法和力学分析法两种。经验法采用补足厚度缺额的概念，用由试验结果建立的经验关系公式计算厚度；力学分析法则以弹性地基板或弹性层状体系理论为基础，用钻孔和弯沉测定得到的旧路面结构参数进行应力分析，并按混凝土路面设计标准（疲劳断裂）确定加铺混凝土板的厚度。

### 一、经验法

长期以来用得较多的加铺层设计经验法，是美国陆军工程部队为机场道面加铺层设计制定的设计方法。它采用补足厚度缺额概念，以现有地基承载能力为基础，计算并确定满足未来交通要求所需的面层厚度，而旧面层厚度与此厚度的差值便是所需补充的加铺层厚度。旧面层的厚度按面层的结构损坏的不同情况给予折减；加铺层与旧面层之间的结合状况对加铺层厚度的影响，利用试验路强化试验得到的验证关系公式确定。

根据上述概念建立的水泥混凝土加铺层厚度设计公式如下：

$$h_{ov}^n = h_d^n - c_r h_{ex}^n \tag{4-22}$$

式中：$h_{ov}$——所需的混凝土加铺层设计厚度，cm；

$h_d$——按现有地基承载能力和未来交通要求，采用新建混凝土路面设计方法计算确定的所需单层混凝土板的厚度，cm；

$h_{ex}$——旧混凝土板的厚度，cm；

$n$——随加铺层与旧面层结合状况而异的指数：结合式加铺层，$n=1.0$；部分结合式加铺层，$n=1.4$；分离式加铺层，$n=2$；

$c_r$——旧面层结构损坏状况指数：当结构状况良好，无荷载引起的结构裂缝或有少量次要裂缝时 $c_r=1.0$；当出现荷载引起的初始裂缝，但无进展性裂缝或者接缝或裂缝错台时，$c_r=0.75$；当结构状况差，出现荷载引起的进展性裂缝，并伴有碎裂或裂缝错台时，$c_r=0.35$。

结合式加铺层仅在旧面层结构状况良好，也即 $c_r=1.0$ 的情况下才能选用，并且加铺层的厚度不大，旧面层的承载能力不需要提高很多；部分结合式加铺层的应用较结合式加铺层广,它适用于旧面层的结构损坏状况指数 $c_r$ 在 0.75 ~1.0 范围内的情况。因为 $c_r$ 低于 0.75 时有可能使加铺层出现反射裂缝。旧面层的结构不符合上述要求时,可以通过采用修复措施使之满足后,仍采用结合式或部分结合式。分离式加铺层通常应用于结构损坏指数 $c_r$ 在 0.75 ~0.35 范围内的旧面层。

## 二、力学分析法

我国 2002 和 2011 版《水泥混凝土路面设计规范》中,以弹性地基板模型为基础,根据旧混凝土路面破损状况和接缝传荷能力的评定结果,按结合式或分离式进行旧水泥混凝土路面上的加铺混凝土面层设计。当旧混凝土路面破损状况和接缝传荷能力评定为中或次,或新旧混凝土板的平面尺寸不同,接缝形式或位置不对应或路拱横坡不一致时,采用分离式加铺,并在旧混凝土板和加铺层间设置隔离层,隔离层材料可以采用沥青混凝土、沥青砂或油毡。当采用沥青混合料隔离层时,厚度不宜小于 25mm。当旧混凝土路面破损状况和接缝传荷能力评定为优良,旧混凝土板的平面尺寸和接缝布置合理,路拱横坡符合要求时,可以采用结合式加铺,但加铺前必须对旧混凝土路面表面进行处理,采用铣刨、喷射高压水或钢珠、酸蚀等方法打毛清理旧混凝土表面,并在清理后的表面上涂敷黏结剂,以使加铺层与旧混凝土板结合成整体。

无论是分离式加铺还是结合式加铺,加铺前都必须采用第三章所述的混凝土路面病害处治方法对旧混凝土路面的各种破损病害进行处治,包括更换破碎板、修补裂缝、修复断裂板角、磨平错台、对脱空板进行压浆处治、清除旧的接缝填料、重新封缝等,以防止反射裂缝并增强旧混凝土路面结构的强度与稳定性。

结合式或分离式混凝土加铺层的设计方法如下。

### (一)计算参数

在进行旧路水泥混凝土路面加铺层设计前,除进行路况调查外,还需对旧混凝土路面的有关计算参数进行调查。这包括:旧混凝土层弯拉强度 $f_{cm}$、旧混凝土层弯拉弹性模量 $E_c$ 和旧混凝土路面基层顶面当量回弹模量 $E_t$ 等,采用前述混凝土路面结构强度调查的方法进行。

分离式双层混凝土板的临界荷位仍为板的纵向边缘中部 $L/2$ 处。

### (二)分离式加铺双层板的应力分析

1. 上层板的荷载应力分析

设计轴载 $P_s$ 在上面层板临界荷位处产生的荷载疲劳应力用式(4-23)计算:

$$\sigma_{pr} = K_r K_f K_c \sigma_{Ps} \tag{4-23}$$

最大轴载在上面层板临界荷位处产生的最大荷载应力用式(4-24)计算:

$$\sigma_{p,max} = K_r K_c \sigma_{Pm} \tag{4-24}$$

式中:$K_r$、$K_f$、$K_c$——意义同前;

$\sigma_{Ps}$、$\sigma_{Pm}$——分别是设计轴载 $P_s$ 和最大轴载在双层混凝土板上面层的临界荷位处产生的荷载应力和最大荷载应力，分别用式(4-25)、式(4-26)计算；

$$\sigma_{ps}=\frac{1.45\times10^{-3}}{1+\dfrac{D_b}{D_c}}r_g^{0.65}h_c^{-2}P_s^{0.94} \tag{4-25}$$

$$\sigma_{pm}=\frac{1.45\times10^{-3}}{1+\dfrac{D_b}{D_c}}r_g^{0.65}h_c^{-2}P_m^{0.94} \tag{4-26}$$

$$D_b=\frac{E_b h_b^3}{12(1-\nu_b^2)} \tag{4-27}$$

$$D_c=\frac{E_c h_c^3}{12(1-\nu_c^2)} \tag{4-28}$$

$$r_g=1.21\left(\frac{D_c+D_b}{E_t}\right)^{1/3} \tag{4-29}$$

$$E_t=\left(\frac{E_x}{E_0}\right)^{\alpha}E_0 \tag{4-30}$$

$$\alpha=0.86+0.26\ln h_x \tag{4-31}$$

$$h_x=\sum_{i=1}^{n}h_i \tag{4-32}$$

$$E_x=\sum_{i=1}^{n}(h_i^2E_i)/\sum_{i=1}^{n}h_i^2 \tag{4-33}$$

上述式中：$h_c$、$D_c$——上层板的厚度(m)和截面弯曲刚度(MN·m)；

$D_b$——下层板的截面弯曲刚度，MN·m；

$h_b$、$E_b$、$\nu_b$——分别为下层板的厚度(m)、弯拉弹性模量(MPa)和泊松比；

$r_g$——双层板的总相对刚度半径，m；

$n$、$h_x$、$E_x$、$\alpha$——分别为粒料基层的层数、总厚度(m)、当量回弹模量及与粒料层厚度 $h_x$ 有关的回归系数；

$E_i$、$h_i$——第 $i$ 结构层的回弹模量(MPa)和厚度(m)。

2. 下层板的荷载应力分析

下层板的荷载应力用式(4-34)计算

$$\sigma_{bpr}=K_fK_c\sigma_{bPs} \tag{4-34}$$

$$\sigma_{bps}=\frac{1.41\times10^{-3}}{1+\dfrac{D_c}{D_b}}r_g^{0.68}h_b^{-2}P_s^{0.94} \tag{4-35}$$

式中：$\sigma_{bpr}$——下层板的荷载疲劳应力，MPa；

$\sigma_{bps}$——设计轴载在下层板临界荷位处产生的荷载应力，MPa；

其余符号意义同前。

3. 温度应力分析

上层板的温度疲劳应力 $\sigma_{tr}$用下式计算

$$\sigma_{tr}=K_t\sigma_{t,max} \tag{4-36}$$

$$\sigma_{t,max}=\frac{\alpha_C\cdot E_C\cdot h_C\cdot T_g}{2}\cdot B_L \tag{4-37}$$

$$B_L=1.77e^{-4.48h_c}C_L-0.131(1-C_L) \tag{4-38}$$

$$C_L=1-\left(\frac{1}{1+\xi}\right)\frac{\sinh t\cos t+\cosh t\sin t}{\cos t\sin t+\sinh t\cosh t} \tag{4-39}$$

$$t=\frac{L}{3r_g} \tag{4-40}$$

$$\xi=-\frac{(k_nr_g^4-D_c)r_\beta^3}{(k_nr_\beta^4-D_c)r_g^3} \tag{4-41}$$

$$r_\beta=\left(\frac{D_CD_b}{(D_C+D_b)k_n}\right)^{1/4} \tag{4-42}$$

$$k_n=\frac{1}{2}\left(\frac{h_c}{E_c}+\frac{h_b}{E_b}\right)^{-1} \tag{4-43}$$

上述式中：$\xi$——与双层板结构有关的系数；

$r_\beta$——层间接触状况参数；

$k_n$——上面层与下面层间的竖向接触刚度，上下层间不设沥青混凝土或隔离层时用式(4-43)计算，设沥青混凝土或隔离层时取3 000 MPa/m；

其余符号意义同前。

**(三)结合式加铺双层复合板的应力分析**

1. 双层复合板的荷载应力计算

设计轴载在双层复合板的临界荷位处产生的荷载疲劳应力 $\sigma_{pr}$用式(4-44)计算

$$\sigma_{pr}=K_rK_fK_c\sigma_{Ps} \tag{4-44}$$

最大轴载在临界荷位处产生的最大荷载应力 $\sigma_{p,max}$用式(4-45)计算

$$\sigma_{p,max}=K_rK_c\sigma_{Pm} \tag{4-45}$$

上述式中：$\sigma_{Ps}$——设计轴载在临界荷位处产生的荷载应力，用式(4-46)计算；

$$\sigma_{Ps}=\frac{1.45\times10^{-3}}{1+\dfrac{D_b}{D_c}}r_g^{0.65}\,\overline{h}_c^{-2}P_s^{0.94} \tag{4-46}$$

$\sigma_{Pm}$——最大轴载在临界荷位处产生的最大荷载应力，用式(4-47)计算。

$$\sigma_{Pm} = \frac{1.45 \times 10^{-3}}{1 + \frac{D_b}{\overline{D}_c}} r_g^{0.65} \, \overline{h}_c^{-2} P_m^{0.94} \tag{4-47}$$

$$\overline{D}_c = \frac{E_{c1} h_{c1}^3 + E_{c2} h_{c2}^3}{12(1 - \nu_{c2}^2)} + \frac{(h_{c1} + h_{c2})^2}{4(1 - \nu_{c2}^2)} \left( \frac{1}{E_{c1} h_{c1}} + \frac{1}{E_{c2} h_{c2}} \right)^{-1} \tag{4-48}$$

$$\overline{h}_c = 2.42 \sqrt{\frac{\overline{D}_c}{E_{c2} d_x}} \tag{4-49}$$

$$d_x = \frac{1}{2} \left[ h_{c2} + \frac{E_{c1} h_{c1} (h_{c1} + h_{c2})}{E_{c1} h_{c1} + E_{c2} h_{c2}} \right] \tag{4-50}$$

$$r_g = 1.21 \left( \frac{\overline{D}_c + D_b}{E_t} \right)^{1/3} \tag{4-51}$$

式(4-51)中，$\overline{D}_c$ 和 $\overline{h}_c$ 分别是结合式加铺复合板的截面弯曲刚度和等效厚度，其余符号意义和计算方法与分离式加铺荷载应力计算公式相同。

2. 温度应力分析

双层复合板的温度应力用式(4-52)计算

$$\sigma_{tr} = K_t \sigma_{t,max} \tag{4-52}$$

式中：$\sigma_{t,max}$——双层复合板的最大温度应力，用式(4-53)计算；

$$\sigma_{t,max} = \frac{\alpha_C \cdot E_{c2} (h_{c1} + h_{c2}) \cdot T_g}{2} \cdot B_L \zeta \tag{4-53}$$

$$B_L = 1.77 e^{-4.48(h_{c1} + h_{c2})} C_L - 0.131 (1 - C_L) \tag{4-54}$$

$$C_L = 1 - \left( \frac{1}{1 + \xi} \right) \frac{\sinh t \cos t + \cosh t \sin t}{\cos t \sin t + \sinh t \cosh t} \tag{4-55}$$

$$\xi = - \frac{(k_n r_g^4 - \overline{D}_c) r_\beta^3}{(k_n r_\beta^4 - \overline{D}_c) r_g^3} \tag{4-56}$$

$$t = \frac{L}{3 r_g} \tag{4-57}$$

$$r_\beta = \left( \frac{\overline{D}_C D_b}{(\overline{D}_C + D_b) k_n} \right)^{1/4} \tag{4-58}$$

$$k_n = \frac{1}{2} \left( \frac{\overline{h}_c}{E_c} + \frac{h_b}{E_b} \right)^{-1} \tag{4-59}$$

$K_t$——温度疲劳应力系数，用式(4-60)计算；

$$K_t = \frac{f_r}{\sigma_{t,max}} \left[ a_t \left( \frac{\sigma_{t,max}}{f_r} \right)^{b_t} - c_t \right] \tag{4-60}$$

其余符号意义同前。

**(四) 结构极限状态校核**

分离式或结合式加铺的双层混凝土路面结构极限状态校核与单层混凝土板设计相同,即满足以下两式要求:

$$\gamma_r(\sigma_{pr}+\sigma_{tr})\leqslant f_r \tag{4-61}$$

$$\gamma_r(\sigma_{p,max}+\sigma_{t,max})\leqslant f_r \tag{4-62}$$

式中:$\gamma_r$——可靠度系数,根据所选目标可靠度、变异水平等级及变异系数通过计算确定。

## 第四节　沥青混凝土加铺层的反射裂缝产生机理及防裂方法

在旧水泥混凝土面层上加铺沥青混凝土层,是改善路表面行车的安全舒适性和提高其承载能力的常用措施。然而,由于旧面层有接缝和裂缝,使加铺层容易出现反射裂缝。在加铺层中产生的反射裂缝形成路面的明显缺陷,使地表水下渗,进入混凝土板下部,引起板的唧泥和脱空,引起加铺层的变形破坏;同时,水渗入沥青面层与混凝土板间的界面,使沥青加铺层脱落,产生水损坏和坑洞,使路面使用寿命缩短。因此,防止反射裂缝是沥青加铺层结构设计的重要内容,根据反射裂缝产生的机理和旧路面结构状况,设计合适的防裂方法对保证加铺层的使用寿命具有十分重要的意义。

### 一、路面裂纹的基本类型

根据断裂力学理论,在结构中的裂纹,按照外加作用力的不同,可以分为3种基本类型,即张开型裂纹、滑开型裂纹和撕开型裂纹,如图4-3所示。

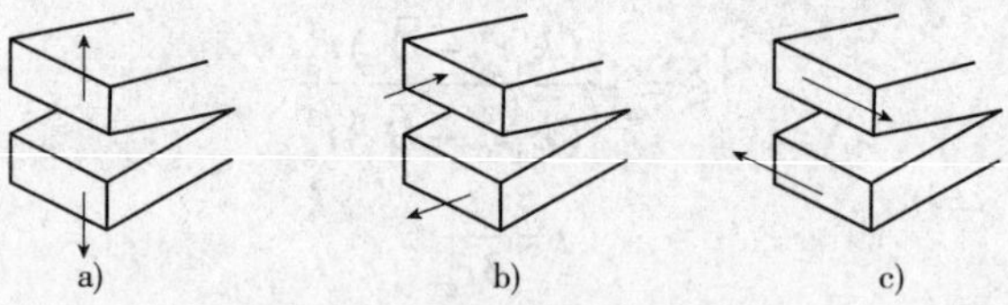


图4-3　裂纹的力学特征分类

a)张开型裂纹;b)滑开型裂纹;c)撕开型裂纹

(1)张开型裂纹(Ⅰ型):在与裂纹面正交的拉应力作用下,裂纹面产生张开位移而形成的一种裂纹(位移与裂纹面正交即沿拉应力方向)。其裂纹面上的上表面点和下表面点沿拉应力方向的位移分量不连续。

(2)滑开型裂纹(Ⅱ型):在平行于裂纹面而与裂纹尖端线垂直方向的剪应力作用下,使裂纹面产生沿裂纹面(即沿作用的切应力方向)的相对滑动而形成的一种裂纹。其裂纹面上的上表面点和下表面点沿切应力方向的位移分量不连续。

(3)撕开型裂纹(Ⅲ型):在平行于裂纹面而与裂纹尖端线平行方向的切向应力作用下,使裂纹面产生沿裂纹面外(即沿作用的切应力方向)的相对滑动而形成的一种裂纹。其裂纹面上的上表面点和下表面点沿切应力方向的位移分量不连续。

除了这三种基本型外,还存在复合型裂纹。它是两种以上基本型裂纹的组合,可采用叠加原理进行分析。

根据断裂力学及疲劳断裂力学理论,沥青加铺层的反射裂缝正是由于旧水泥混凝土路面裂缝或接缝这种原始缺陷的存在,引起沥青加铺层的应力集中与内部损伤。当这种应力集中与损伤累积超过材料和结构抵抗破坏的容许值时,将引起沥青加铺层裂缝的发展,并导致结构的开裂破坏。

## 二、沥青混凝土加铺层产生反射裂缝的机理

传统的路面结构应力分析是针对连续完整、无缺陷的结构体系,并没有考虑材料、路面结构内部先天存在的缺陷或使用期内逐渐出现的缺陷对路面造成的不利影响。在旧水泥混凝土路面上加铺的沥青面层要受到旧混凝土板的接缝、裂缝等缺陷的作用,在温度和车辆荷载的作用下反射到加铺层上,这种与混凝土板接(裂)缝相对应的沥青加铺层裂缝称为反射裂缝。反射裂缝产生的过程和机理,通常可以分为产生和扩展两个阶段。

### (一)反射裂缝的产生

旧水泥混凝土路面上加铺沥青层组成的是一种复合路面结构体系。由于沥青加铺层和水泥混凝土板在强度、刚度和温度敏感性上的显著差别,这种路面结构的应力应变特性与一般的弹性层状体系明显不同。同时,由于接(裂)缝的存在,旧水泥混凝土路面作为基层的整体强度降低,在荷载和温度应力作用下,沥青混凝土加铺层处于复杂的应力状态,车辆行驶经过不连续的板体时沥青加铺层由于接(裂)缝两侧相邻板块产生竖向位移差,而出现较大的剪切应力,使沥青加铺层产生荷载型反射裂缝。路面暴露在大气中,受气温周期性变化的影响,沥青加铺层和旧路面板都会产生缩胀,因此产生温度应力。由于旧水泥混凝土路面的应力在接缝处不连续,沥青加铺层同时承受由本身以及旧混凝土路面胀缩和温度梯度所产生的温度应力,特别是在冬季气温较低时,沥青混凝土加铺层由于在接(裂)缝处受到过大的拉应力而产生开裂,形成所谓的温度型反射裂缝。

### (二)反射裂缝的扩展

传统的强度理论认为,当沥青混凝土层中某点的临界应力超过沥青混凝土本身的极限强度时,沥青混凝土层即达到破坏状态。实际上沥青混凝土层中的反射裂缝从产生到整个路面破坏,中间要经历一个裂缝扩展阶段,即反射裂缝在面层厚

度方向上的纵向扩展和在其表面的横向扩展。

1. 反射裂缝的纵向扩展

温度应力对反射裂缝影响的模式为张开模式,行车荷载对反射裂缝影响的主要模式是张开模式和剪切模式。当车轮驶经裂缝的正上方时,以张开模式引起反射裂缝;当车轮驶经之前和裂缝之后的位置时,主要以剪切模式引起反射裂缝。撕开模式在加铺层中不常出现。

与张开模式相对应的温度型反射裂缝通常产生于面层的底部,而后向上逐渐扩展到面层顶面。对于正荷载作用下的张开位移模式所对应的反射裂缝,一般产生于面层的底部,在周期性荷载的作用下垂直向上扩展。

2. 反射裂缝的横向扩展

反射裂缝在路面宽度范围内的扩展有一个过程,不可能瞬间贯穿整个路面宽度,除非在应力作用时,裂缝的长度已经等于或大于相对于整个路面宽度的临界长度。通常反射裂缝的发展过程是裂缝首先在路表面某些位置产生,然后再向两侧扩展。一般情况下,反射裂缝多出现在轮迹处,因为温度对反射裂缝的影响在整个路面宽度内都是相同的,而行车荷载则是以一定的频率分布在车道上的,尤其在渠化交通的道路上。

混凝土路面沥青加铺层在接(裂)缝缺陷处的裂缝经过发生和发展两个过程,在整个接缝或裂缝的长度范围内贯穿,最终形成反射裂缝。

## 三、防止沥青混凝土加铺层产生反射裂缝的方法

反射裂缝是由于在接缝或裂缝附近旧混凝土板的位移引起上方沥青加铺层内出现应力集中所致。在旧混凝土面板接缝或裂缝附近的位移,包括环境温度的变化引起的旧面板的水平向伸缩,以及由荷载作用引起的旧面板边缘的竖向位移。前者使接缝(或裂缝)上方的沥青加铺层内出现较集中的拉应力,后者则使接缝上方的沥青加铺层经受较大的弯拉应力和竖向剪应力。由于各地区的温度状况不同,不同路段的交通条件和现有路面的结构状况不相同,反射裂缝的产生,有可能主要是温度原因引起的收缩裂缝,也有可能主要是荷载作用引起的荷载裂缝,或者是由温度和荷载共同作用所造成。

不同原因引起的反射裂缝采取的防止措施也不一样,设计时应依据加铺路段的具体情况和自然环境条件,分析产生反射裂缝的原因,提出相应的预防或延缓反射裂缝的措施。对于主要因温度原因引起的反射裂缝,可以采用降低加铺层与旧面层间黏附阻力以及增加加铺层抗拉强度的措施;对于主要因荷载作用而产生的反射裂缝,则应采用降低接缝处板边弯沉量和弯沉差以及增加加铺层弯拉强度和剪切强度的措施。

目前尚没有能完全消除混凝土路面上沥青加铺层反射裂缝的方法,所采取的

各种措施仅仅是预防或延缓旧混凝土面层上沥青加铺层反射裂缝。这些措施主要有以下几种：设置各种土工织物夹层、在沥青加铺层上锯切横缝、采用厚加铺层、设置裂缝缓解层等。

**(一)设置应力吸收夹层**

在接缝、裂缝处的旧混凝土面层与加铺层之间设置应力吸收夹层，可以改变裂缝尖端应力或应变方向使其离开应力集中的接缝(或裂缝)端部，吸收沥青加铺层底面的裂缝尖端应力或应变，降低裂缝部位的沥青加铺层底面应力，同时改变加铺层结构的抗拉和抗剪能力，达到延缓或防止反射裂缝发生的目的。目前在沥青加铺中采用的防裂夹层种类较多，归纳起来可分为橡胶沥青应力吸收夹层、土工织物夹层和土工格栅夹层三大类。

1. 橡胶沥青应力吸收夹层

橡胶沥青是轮胎橡胶粉与沥青在高温条件下(180℃以上)进行充分溶胀反应和充分拌和后得到的改性沥青胶结材料。橡胶沥青中橡胶粉掺量通常很大，溶胀后的橡胶粉体积达到胶结料的30%~40%。橡胶粉颗粒通过凝胶膜连接，形成一个黏度很大的半固态连续相的体系。橡胶沥青性质的变化是体系结构变化和基质沥青品质变化双重作用的结果。橡胶沥青应力吸收层(SAMI)就是在水泥混凝土面板上洒布一层橡胶沥青，然后撒布等粒径的预拌沥青碎石，通过轮胎压路机适度碾压，使橡胶沥青上翻并稳定碎石而形成的封层式结构层，如图4-4所示。

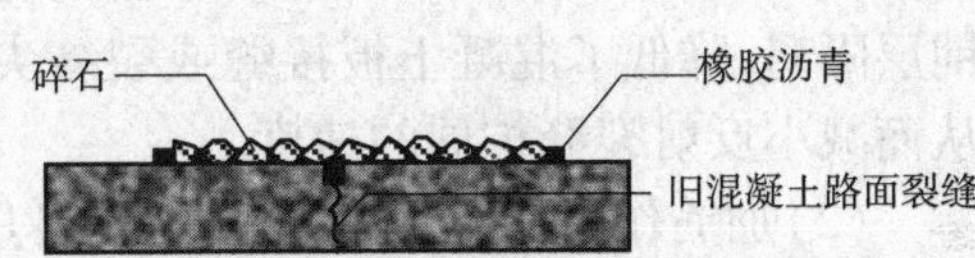

图4-4 橡胶沥青应力吸收层

根据橡胶沥青及碎石的物理力学性能，橡胶沥青应力吸收层具有以下特点：

(1)等粒径的碎石可以确保沥青加铺层具有良好的基础支承，使加铺层保持较为有利的受力状态。

(2)橡胶沥青在水泥混凝土板表面形成一个连续厚度1cm左右的沥青膜，同时其胶结材料对旧路面的各种空隙和缝隙有封闭作用，能有效地阻止水分下渗。

(3)橡胶沥青具有一定的厚度和较大的弹性恢复率，可以保证其上加铺沥青面层与水泥混凝土板之间存在一定的水平相对位移余量。

由于橡胶沥青应力吸收层的材料性能和结构特点，在接缝或裂缝处铺设橡胶应力吸收夹层，可使旧路面裂缝处相对位移产生的应力传到罩面层时大为减少，从而达到延缓反射裂缝产生的目的。

2. STRATA系统

STRATA系统是美国科氏材料公司开发的专有技术。该系统包括防反射裂缝应力吸收层和罩面层两部分，设计原理是利用高弹性聚合物材料吸收水泥混凝土板的温度应力和行车荷载应力，同时消散水平荷载和竖向位移。其中反射裂缝应力吸收层是该系统的关键,主要目的是延缓或防止水泥路面加铺沥青罩面层的反射裂缝,消减行车荷载在水泥板接缝处产生的位移对表面层的疲劳破坏。STRATA具有黏弹性高、抗疲劳抗塑性变形能力强、密实、不透水等特点,能有效减少或缓解旧水泥混凝土板传递给沥青面层的反射裂缝。它直接铺筑在水泥混凝土路面上形成防水层,能有效防止路面水下渗入基层而导致的基层软化,避免水泥混凝土板的水损害。

3. 土工织物夹层

土工织物夹层是在接缝或裂缝处的一定宽度内铺贴具有一定强度的土工织物(如土工布、玻纤布、土工格栅等),用以减小混凝土板接缝(裂缝)处传递到沥青加铺层上的应力,从而延缓反射裂缝的防裂方法。土工织物夹层主要起以下作用:

(1)隔离阻断作用。土工合成材料将旧水泥混凝土路面接缝或裂缝与沥青加铺层隔离,降低了混凝土板接缝或裂缝尖端的拉应力集中,使应力强度因子减小,从而减小反射裂缝扩展的速度。

(2)加筋作用。土工合成材料夹层具有一定的强度,可承受一定的裂缝拉应力,提高沥青加铺层的抗拉强度,减少裂缝张开变形量。

(3)传递荷载作用。铺筑于接缝上的土工合成材料,可提高接缝处的传荷能力,当荷载作用在接缝一侧时,能将部分荷载传递至另一侧,减小接缝的弯沉差,降低裂缝尖端的剪应力集中。

常用的沥青加铺罩面防裂土工织物夹层包括聚丙烯或聚酯织物和聚乙烯、聚丙烯或聚酯无纺织物、聚酯玻纤布土工格栅等。无纺土工织物的厚度约为0.4~4mm,模量约为10~160MPa,临界应力为5~20MPa。而织物的厚度较薄些,约为0.4~0.7mm,模量则高些,约为400~1500MPa,临界应力相应为40~140MPa。无纺织物夹层的主要作用与橡胶沥青应力吸收夹层相似,而土工织物由于模量较高,可对加铺层起一定加筋作用。

土工格栅包括聚丙烯或聚酯土工格栅、玻璃格栅。土工格栅的厚度约为0.8~1.1mm,模量约为900~2500MPa,临界应力和应变与织物相近。在各种格栅中,路面加铺防裂应用较多的是玻纤格栅。这主要是由于玻纤格栅具有较高的抗拉强度,在20℃时其弹性模量与沥青的弹性模量之比达20:1,可为延缓反射裂缝提供足够的刚度;此外,玻纤格栅具有较低的延伸性,抗变形能力强,断裂时,延伸率小于4%。

此外改性沥青防水油毡由于其良好的防水性能和强度,在混凝土加铺罩面的防裂中也得到了广泛应用,已成为目前水泥混凝土加铺罩面的常用防裂夹层材料之一。

4. 复合应力吸收夹层(ISAC)

当单独采用土工织物夹层、橡胶沥青应力吸收夹层时,由于其强度的限制,它们在防止反射裂缝方面的作用是有限的。对于轴载较重的道路,为有效防止反射裂缝,必须采用更强而有效的防裂夹层。复合应力吸收夹层(ISAC)是由土工布、玻纤格栅与黏弹性薄膜层复合而成用于防止沥青加铺层反射裂缝的一种复合高强防裂系统。这种复合应力吸收夹层能充分发挥土工布和玻纤格栅的结构和强度优势,利用两种材料共同作用来减轻裂缝顶部应力,同时为加铺沥青层罩面提供强度。浸渍沥青的土工布还可以作为有效的防水层,阻止反射裂缝向罩面发展,加强罩面。许多黏弹性材料可以用做 ISAC 的薄膜层。较早期的 ISAC 材料为 25% ~30% 的硫化橡胶与 70% ~75% 黏稠沥青在 149 ~204℃下形成适当黏度和劲度的橡胶沥青,冷却到 121 ~149℃后,将5 ~7mm厚的橡胶沥青薄层铺到两层土工织物中间。ISAC 应力吸收层在美国伊利诺伊州得到应用,实践证明其防止反射裂缝的良好效果。

**(二)设置裂缝缓解层**

设置裂缝缓解层是在沥青加铺层和旧混凝土面层之间设一层开级配沥青碎石混合料的防裂方法。大粒径沥青混合料裂缝缓解层能够有效防止和减缓旧水泥混凝土路面沥青加铺层反射裂缝的原因有以下几方面:

(1)大粒径沥青混合料中大粒径矿料多、沥青含量少、空隙率大,有 25% ~35% 的连通孔隙。这种多空隙结构可有效地阻断裂缝尖端的扩展路径,减小应力强度因子,削弱拉应力、拉应变的传递能力,并且能消散、吸收由交通荷载及温度变化所产生的荷载应力和温度应力。此外,大粒径沥青碎石混合料收缩系数较小,其大粒径、多空隙结构具有较大的塑性变形能力,可充分吸收接缝释放的应变能,减小接缝处加铺层的应力集中,从而延缓反射裂缝向上扩展的速度。

(2)温度应力是引起沥青加铺层反射裂缝的主要原因之一。由于大粒径沥青混合料裂缝缓解层的厚度一般为 8 ~12cm,该结构层的隔离作用可以改善旧水泥混凝土路面的温度状况,减少温度下降及温度梯度对水泥混凝土路面和加铺层的影响,使水泥混凝土路面板的翘曲变形及接缝的张开位移量大幅度降低,因而改善沥青加铺层在温度作用下的受力状况。

(3)设置大粒径沥青混合料裂缝缓解层后,加铺层路面结构的整体强度有所提高,可有效地减小沥青加铺层的荷载应力及接缝两侧的弯沉与弯沉差,从而延缓沥青加铺层荷载型反射裂缝的产生与扩展。

裂缝缓解层开级配沥青碎石的集料由坚硬、多棱角的碎石、轧制砾石或矿渣组成,表 4-5 是美国沥青协会建议的 3 种沥青碎石集料的级配范围。沥青(针入度 40 ~50),含量为 1.5% ~3.0%;混合料的拌和温度为 93 ~121℃,拌和时间不超过 30s,采用 4t、10t 的钢轮压路机,碾压 1 ~3 遍。

裂缝缓解层开级配沥青碎石混合料的集料级配建议范围　　表 4-5

| 类别 | 通过下列筛孔(m)的百分率(%) | | | | | | | | | |
|---|---|---|---|---|---|---|---|---|---|---|
| | 75 | 63 | 50 | 37.5 | 19.0 | 9.5 | 4.75 | 2.36 | 0.15 | 0.075 |
| A | 100 | 95~100 | — | 30~70 | 3~20 | 0~5 | — | — | — | — |
| B | — | 100 | — | 35~70 | 5~20 | — | — | 0~5 | — | 0~3 |
| C | — | — | 100 | 75~90 | 50~70 | — | 8~20 | — | 0~5 | — |

加铺开级配沥青碎石裂缝缓解层之前,必须把旧混凝土面板的表面清理干净,裂缝和接缝缝隙应重新填封,对破碎板块进行修复。然后在其表面洒黏层油,再铺筑开级配沥青碎石混合料。裂缝缓解层上面需铺筑密级配沥青混凝土整平层或联结层(约50mm),然后再铺筑密级配沥青混凝土表面层(约40mm)。

由于开级配沥青碎石混合料含有大量孔隙,需妥善处理表面渗水的排除。一般可以在路面边缘设置纵向排水系统,汇集和排除渗入路面内的地表水,也可以将裂缝缓解层做成全宽式,使表面渗水横向流到路基边缘外。

**(三)在沥青加铺层上锯切横缝**

这种方法是在沥青加铺层上,对准旧混凝土面板的横缝位置切锯出新的横缝,并在缝内填入封缝料,以保持接缝密封,防止水或异物进入。在沥青加铺层上预先锯缝,可以释放加铺层内因温度收缩受阻而产生的拉应力,为加铺层提供预定的断裂位置,控制加铺层上随意裂缝的出现。

这种措施可以减少反射裂缝(接缝)处的边缘碎裂,但必须做好接缝的养护(有效密封)工作。同时,这种措施适用于旧路面结构状况良好(或者已对损坏板进行处理),接缝处板边弯沉量较小的混凝土路面。

**(四)采用厚加铺层**

增加沥青加铺层厚度,一方面可以减少温度变化对旧混凝土面层应力的影响,降低加铺层底面的拉应力;另一方面可以增加路面结构的弯曲刚度,降低接缝处的弯沉量和弯沉差,减少加铺层的剪切应力。对于较厚的加铺层来说,裂缝由加铺层底面扩展到顶面需要经历较长的距离(时间),采用厚加铺层也可以延长其使用寿命。然而增加加铺层厚度存在的问题是将明显增加工程投资,并且随着时间的增长,由温度收缩和接缝两侧的弯沉差引起的剪切裂缝会逐渐显现而引起沥青加铺层开裂。因此这种方法只适用于旧路面结构状况良好、对损坏板已进行了认真处理、接缝处板边弯沉量较小的旧混凝土路面加铺层的防裂。

**四、选择防裂措施应注意的问题**

各种防裂方法的材料不同,其强度和刚度也不同,减少反射裂缝的效果也不一样，应用条件也不同。软夹层在减少温度引起的反射裂缝中可起重要作用，但在降低荷载应力方面作用不大，甚至可能会有不良影响。而刚（劲）度与沥青加铺层材料相近的硬夹层，则对于降低荷载产生的反射裂缝最为有效，但在减少温度引起的反射裂缝方面不如软夹层有效。因而，在选择夹层类型时，应对诱发反射裂缝的主要原因以及不同夹层减缓反射裂缝的效果进行具体分析。

以上各种防裂措施在减缓旧混凝土路面沥青混凝土加铺层反射裂缝方面都具有一定的作用，也都存在一定的局限性：①采用锯缝方法可以使混凝土板接缝的应力提前释放，但是，切割缝成为加铺面层的薄弱环节，成为水下渗、结构强度最低的部位，成为最容易产生破坏的部位，一般情况下很少采用；②采用厚沥青加铺层的方法延缓裂缝反射，一是不经济，二是在夏季高温情况下，沥青加铺层容易产生车辙，三是没有充分利用旧混凝土板作基层的强度优势，随着行车荷载的反复作用，仍有裂缝反射上来的隐患；③设置夹层仅能防止因温度收缩引起的水平位移所产生的开裂，对减小荷载作用下产生的竖向相对位移和剪应力的能力显得不足；另外，使用该措施时对水泥混凝土板要求较高，需要在铺设前对接缝处进行填缝处理，且填缝料填塞要适度。如果填塞不足，将使黏结土工织物的沥青乳液进入板缝，导致土工织物与混凝土板黏结不充分，也影响防裂、防水性能等。

因此，在旧水泥混凝土路面上加铺沥青层的防裂方案选择时，应考虑旧混凝土路面的状况、产生破损病害的原因，特别对于重车较多的道路，荷载可能是引起反射裂缝的主要原因。在这种情况下，可选择抗剪强度较高的防裂夹层，或采取增厚加铺层与铺筑防裂夹层相结合的复合防裂方案。

在铺筑各种夹层前，应对损坏的面层进行修复，填封所有的接缝和裂缝，需要时应铺整平层。防裂夹层铺筑在加铺层的底面，应与旧混凝土板顶面有良好的黏结性，并与加铺层底部的沥青混合料黏附牢实。为此，在铺设土工织物或土工格栅时，应先在旧面层表面洒铺黏层油；而在铺设金属格栅时，先在旧面层表面洒铺稀浆封层（或者将格栅钉在旧面层上），使夹层在旧面层和加铺层界面间具有抗剪切滑移的能力，以及抵抗向上位移的能力。铺设时，夹层材料必须密贴旧面层表面，不能出现任何皱起或者含有气泡。否则，加铺层在开放交通后会很快出现裂缝和坑洞等损坏。

## 第五节　土工织物夹层防裂机理的有限元分析

在接缝、裂缝处设置防裂夹层是常用而有效防止加铺层产生反射裂缝的方法。然而，不同的防裂材料、结构和防裂机理不同，适用的交通条件和气候环境条件也不同。为使采用的防裂方法针对性强、效果好，对防裂夹层的防裂机理和影响因素进行研究是十分必要的，这将为防裂措施选择提供理论依据。

根据断裂力学理论，应力强度因子是裂缝尖端附近应力奇异性程度的表征参量，是衡量裂缝尖端区应力场强度的重要指标。应力场与应力强度因子成线性关系，应力强度因子小，应力衰减速度快；如果应力强度因子大，则应力衰减速度慢。因此，在断裂力学中，应力强度因子是用来衡量裂缝是否扩展的标准。沥青加铺层反射裂缝产生和发展过程表明，反射裂缝常常不是由单一的张开型（I 型）荷载或剪切型（II 型）荷载引起的，而往往产生的是 I 型 + II 型的复合型反射裂缝。对于这类复杂的裂缝问题，采用断裂力学理论，难以获得考虑复杂边界条件的应力强度因子解析解，而采用有限元方法对这类含裂缝缺陷的材料和结构进行分析则可以获得较满意的效果。

## 一、有限元分析计算模型

旧混凝土路面加铺沥青面层后的路面结构体系由沥青混凝土加铺层、土工格栅（或其它土工织物夹层）、带有裂缝或接缝的水泥混凝土路面和基础（基层及土基）组成。图 4-5 是土工织物夹层防裂的加铺路面结构有限元分析计算模型及坐标系。为反映半无限大空间基础的特性，基础采用扩大尺寸来模拟。由于混凝土路面反射裂缝主要来自接缝，防裂主要是接缝处的防裂，因此，接缝部位及其防裂夹层是模型结构分析的主要部位。模型结构中，两相邻板块的尺寸为 4m × 3.5m，接缝宽度 0.5cm。

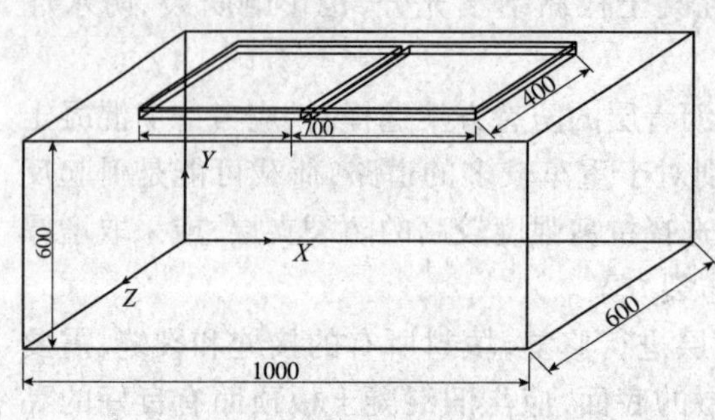


图 4-5　有限元计算模型（尺寸单位：cm）

为便于分析，对模型各结构层作如下假定：

①各结构层为均匀、连续、各向同性的弹性体；

②各层层间竖向、水平位移均连续（级配碎石层除外）；

③基础底面各向位移为零，基础侧面水平方向位移为零；

④不计路面结构的自重；

⑤地基为弹性半空间体；

⑥接缝宽度假设为 0.5cm，接缝处无传荷能力。

## 二、计算参数

水泥混凝土路面板长 $L=4\text{m}$，宽度 $B=3.5\text{m}$，板厚 $h_c=24\text{cm}$。经过取不同尺寸基础计算的误差分析，综合考虑工程实际情况，基础尺寸拟定为 10m × 6m ×

6m，行车荷载采用标准轴载 BZZ—100，轮胎压力 0.7MPa，单个轮压作用范围为18.9cm×18.9cm 的矩形，接触面积为 357.21cm²，双轮间距为 32cm，两侧轮隙间距为 182cm。根据我国混凝土路面设计规范规定，临界荷位为车轮荷载作用在板的纵向边的中部 *L*/2 处，如图 4-6 所示。

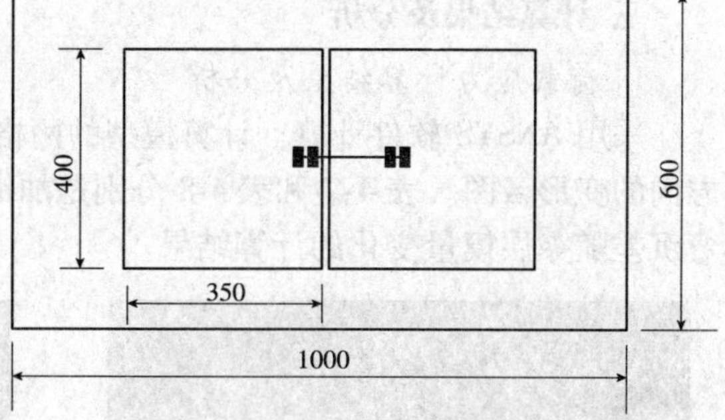


图 4-6　荷载布置图(尺寸单位：cm)

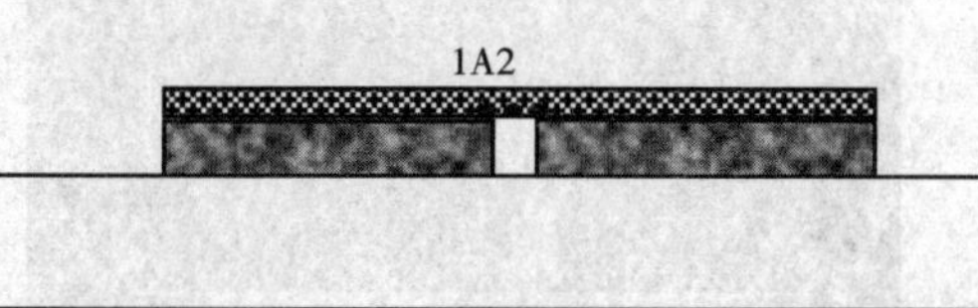


图 4-7　应力和弯沉计算点示意图

图 4-7 中，A 点为加铺层底荷载和温度应力计算点，1、2 点为弯沉及弯沉差计算点。各结构层荷载应力和温度应力计算参数见表 4-6。

荷载应力和温度应力计算参数　　表 4-6

| 结构层 | 厚度(cm) | 弹性模量 *E*(MPa) | 泊松比 | 导热系数[(W/(m℃)] | 膨胀系数(1/℃) |
|---|---|---|---|---|---|
| 沥青混凝土加铺层 | 10 | 1 200 | 0.25 | 1.2 | $2.1\times10^{-5}$ |
| 土工材料防裂夹层 | 1 | 100 ~ 7 000 | 0.45 | 1.0 | $0.5\times10^{-5}$ |
| 旧水泥混凝土路面 | 23 | 30 000 | 0.15 | 1.5 | $1.0\times10^{-5}$ |
| 基础 | — | 100(基层顶面当量回弹模量) | 0.35 | 1.0 | $0.5\times10^{-5}$ |

土工合成材料夹层设置在沥青加铺层及旧水泥混凝土路面板之间，包括土工布和土工格栅、金属格栅等。土工织物与土工格栅厚度相差不大。但由于材料差异，它们的模量相差较大。土工织物模量一般仅为 20 ~ 1 500MPa，土工格栅的模量一般为 900 ~ 2 500MPa，金属格栅的模量可达到 8 000 ~ 10 000MPa。在计算分析时，土工合成材料等薄夹层采用三维薄膜单元进行模拟，夹层的主要参数为模量。由于土工布及格栅采用了洒布黏层油及铆钉固定等措施，因此，在分析计算时土工合成材料与水泥混凝土路面层间按连续接触考虑。图 4-8 为设置土工材料防裂夹层的旧混凝土路面沥青加铺层结构计算图。

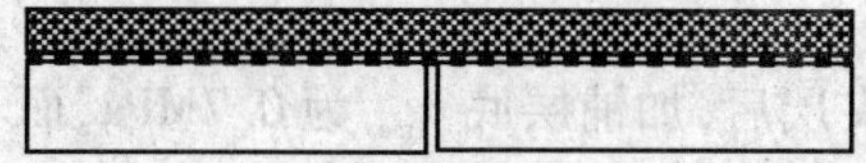


图 4-8　设置土工材料夹层的沥青加铺层结构图

## 三、计算结果及分析

1. 荷载应力计算结果及分析

采用 ANSYS 软件计算。计算模型的网格单元划分如图 4-9 所示，图 4-10 是 Y 方向的变形云图。表 4-7 和表 4-8 分别是加铺层底部荷载应力和接缝两侧弯沉及弯沉差随夹层模量变化的计算结果。

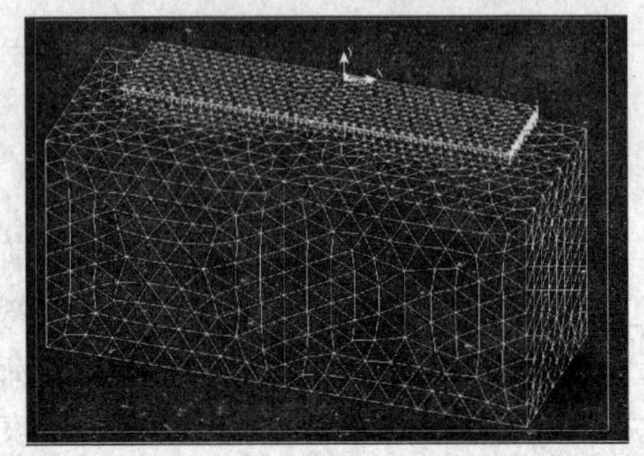

图 4-9　网格单元划分图

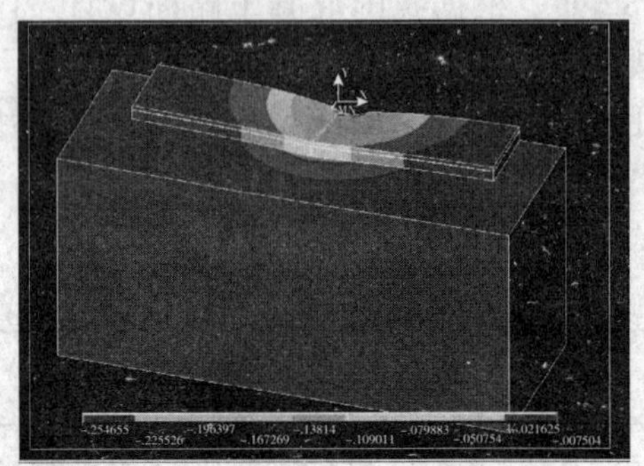

图 4-10　Y 方向变形云图

加铺层底部荷载应力随土工材料夹层模量(MPa)变化　　表 4-7

| 防裂夹层模量(MPa) | $\sigma_x$ | $\sigma_y$ | $\sigma_z$ | $\tau_{xy}$ | $\tau_{yz}$ | $\tau_{xz}$ | $\sigma_1$ | $\sigma_2$ | $\sigma_3$ | $\tau_{max}$ | $\sigma_e$ |
|---|---|---|---|---|---|---|---|---|---|---|---|
| 0 | 1.183 | 0.745 | 0.490 | 0.954 | 0.018 | 0.034 | 0.024 | 0.486 | 1.957 | 1.981 | 1.789 |
| 100 | 0.474 | 0.336 | 0.166 | 0.270 | 0.006 | 0.001 | 0.062 | 0.153 | 0.761 | 0.700 | 0.661 |
| 500 | 0.461 | 0.390 | 0.235 | 0.266 | 0.003 | 0.012 | 0.127 | 0.219 | 0.740 | 0.614 | 0.574 |
| 1 000 | 0.414 | 0.399 | 0.236 | 0.253 | 0.003 | 0.018 | 0.137 | 0.221 | 0.692 | 0.555 | 0.519 |
| 2 000 | 0.362 | 0.400 | 0.228 | 0.236 | 0.004 | 0.023 | 0.136 | 0.213 | 0.641 | 0.505 | 0.471 |
| 3 000 | 0.333 | 0.398 | 0.221 | 0.224 | 0.005 | 0.024 | 0.132 | 0.207 | 0.613 | 0.481 | 0.448 |
| 5 000 | 0.301 | 0.394 | 0.213 | 0.210 | 0.006 | 0.023 | 0.126 | 0.200 | 0.582 | 0.455 | 0.423 |
| 7 000 | 0.283 | 0.391 | 0.207 | 0.201 | 0.007 | 0.022 | 0.123 | 0.195 | 0.563 | 0.440 | 0.409 |

从表 4-7 及图 4-11 ~ 图 4-13 可以看出：

(1)设置土工材料夹层后，加铺层底拉应力 $\sigma_x$、$\sigma_y$ 和 $\sigma_z$ 明显减小，但不随土工夹层模量的增加而线性减小。当土工夹层模量大于 1 000MPa 以后，土工夹层减小应力的值变化很小。

(2)设置 100MPa 土工材料夹层后，加铺层底 $\tau_{max}$ 为 0.7MPa，而不设置土工材料夹层的 $\tau_{max}$ 为 1.981MPa。加铺土工夹层后加铺层底的剪应力为不加铺前的

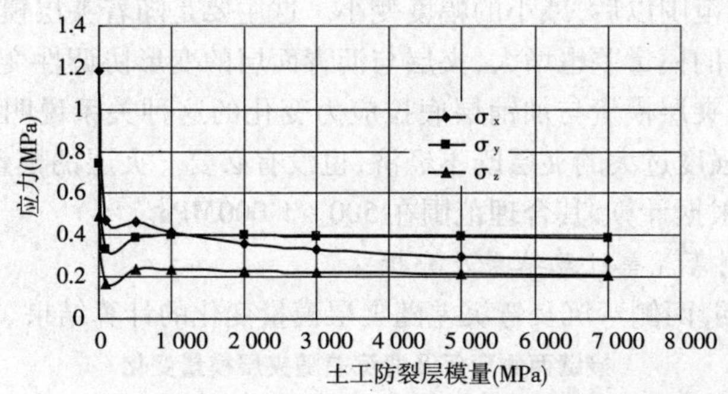


图 4-11　沥青混凝土加铺层底三向应力 $\sigma_x$、$\sigma_y$、$\sigma_z$ 随夹层模量变化

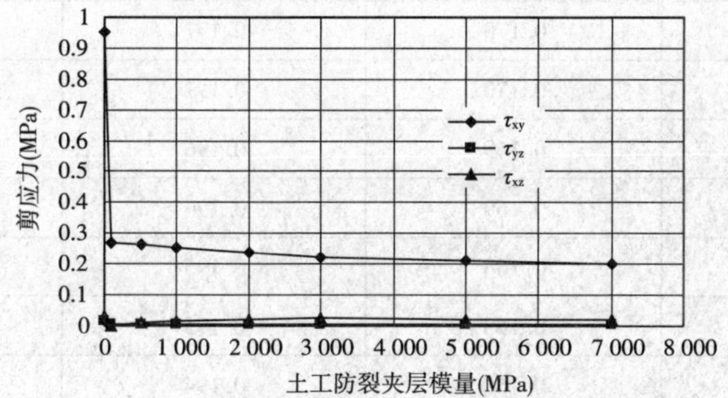


图 4-12　沥青混凝土加铺层底三向剪应力 $\tau_{xy}$、$\tau_{xz}$、$\tau_{xz}$ 随夹层模量变化

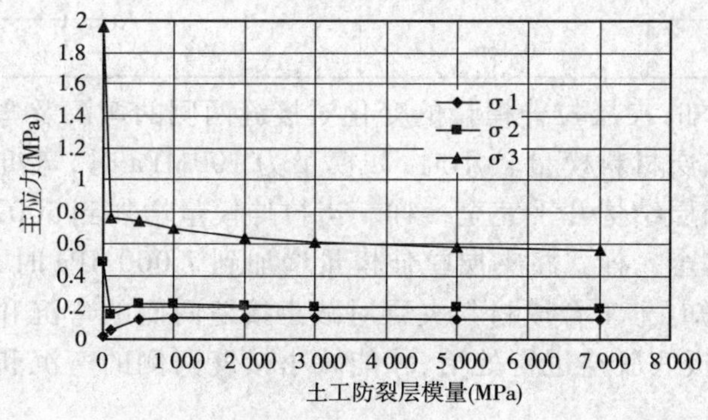


图 4-13　沥青混凝土加铺层底三向主应力 $\sigma_1$、$\sigma_2$、$\sigma_3$ 随夹层模量变化

35.3%，降低了 64.7%，证明设置土工材料模量对减小加铺层底的剪应力 $\tau_{max}$ 有显著效果。但与主应力一样，随着土工材料的模量增大，减小的 $\tau_{max}$ 呈逐渐减小趋势。

（3）土工夹层模量在一定范围内减小加铺层底拉应力和剪应力效果明显，但当模量超过一定范围以后,减小的幅度变小。这主要是随着夹层模量的增大,夹层模量与沥青面层的模量差也增大,夹层与沥青面层的变形协调性变差,影响夹层的应力分担效果。夹层模量与加铺层底拉应力变化的这种关系说明,防裂夹层强度并非越大越好,强度过大的夹层既不经济,也没有必要。夹层的模量在一定范围内具有良好效果,根据计算,其合理范围在 500 ~ 1 000MPa。

2. 接缝两侧弯沉差计算结果及分析

表 4-8 是接缝两侧弯沉及弯沉差随夹层模量变化的计算结果。

**接缝两侧弯沉及弯沉差随夹层模量变化** 表 4-8

| 防裂夹层模量(MPa) | 未受荷一侧加铺层底部的弯沉值 $U_1$(mm) | 受荷一侧加铺层底部的弯沉值 $U_2$(mm) | 弯沉差△$U$(mm) |
|---|---|---|---|
| 无夹层材料 | 0.170 | 0.197 | 0.027 |
| 100 | 0.170 | 0.197 | 0.027 |
| 500 | 0.169 | 0.196 | 0.027 |
| 1 000 | 0.169 | 0.196 | 0.027 |
| 1 500 | 0.168 | 0.195 | 0.027 |
| 2 000 | 0.168 | 0.195 | 0.027 |
| 3 000 | 0.168 | 0.194 | 0.026 |
| 5 000 | 0.167 | 0.193 | 0.026 |
| 6 000 | 0.166 | 0.192 | 0.026 |
| 7 000 | 0.166 | 0.192 | 0.026 |

由表 4-8 可知,夹层拉伸模量的变化对接缝两侧的弯沉及弯沉差影响都很小。尤其是当夹层材料模量较小时,如模量为 100MPa 时,弯沉与弯沉差与无夹层材料的加铺层结构几乎完全一样。当拉伸模量增加到 500MPa 时,弯沉差与无夹层时也完全一样。将夹层拉伸模量增加到 7 000MPa 时,弯沉差减少了 0.001。由此可知,土工合成材料夹层对减小接缝两侧的弯沉和弯沉差的效果不明显,只有对板底脱空进行处治,才能减小接缝两侧的弯沉和弯沉差而引起的剪切裂缝。

3. 温度应力计算结果及分析

为比较不同拉伸模量的土工合成材料减少加铺层温度应力的效果,对设置夹层的加铺层结构进行了温度应力分析。分析计算时,沥青加铺层表面降温 -10℃,其余参数见表 4-6,表 4-9 是温度应力计算结果。

从表 4-9 和图 4-14 可以看出:

加铺层底温度应力随夹层模量的变化　　表 4-9

| 防裂夹层模量(MPa) | $\sigma_x$ | $\sigma_y$ | $\sigma_z$ | $\tau_{xy}$ | $\tau_{yz}$ | $\tau_{xz}$ | $\sigma_1$ | $\sigma_2$ | $\sigma_3$ | $\tau_{max}$ | $\sigma_e$ |
|---|---|---|---|---|---|---|---|---|---|---|---|
| 0 | 1. 396 | 0. 486 | 0. 621 | -0. 022 | 0. 027 | -0. 018 | 1. 396 | 0. 597 | 0. 474 | 0. 957 | 0. 902 |
| 100 | 0. 299 | 0. 002 | 0. 199 | -0. 001 | -0. 001 | -0. 001 | 0. 299 | 0. 199 | 0. 002 | 0. 301 | 0. 266 |
| 500 | 0. 294 | 0. 007 | 0. 203 | -0. 001 | -0. 001 | -0. 001 | 0. 294 | 0. 202 | 0. 006 | 0. 288 | 0. 255 |
| 1 000 | 0. 274 | 0. 011 | 0. 199 | 0 | 0 | -0. 001 | 0. 274 | 0. 199 | 0. 011 | 0. 262 | 0. 234 |
| 2 000 | 0. 251 | 0. 016 | 0. 194 | -0. 001 | 0 | -0. 001 | 0. 251 | 0. 194 | 0. 016 | 0. 235 | 0. 212 |
| 3 000 | 0. 24 | 0. 019 | 0. 191 | -0. 001 | 0. 001 | 0 | 0. 24 | 0. 191 | 0. 019 | 0. 221 | 0. 201 |
| 5 000 | 0. 229 | 0. 022 | 0. 189 | -0. 001 | 0. 001 | 0 | 0. 229 | 0. 189 | 0. 022 | 0. 207 | 0. 19 |
| 7 000 | 0. 223 | 0. 021 | 0. 185 | -0. 001 | 0. 001 | 0 | 0. 223 | 0. 185 | 0. 023 | 0. 201 | 0. 181 |

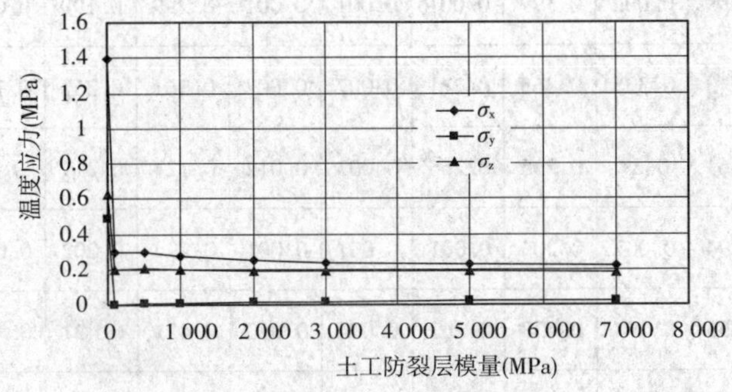


图 4-14　加铺层底温度应力随夹层模量的变化关系曲线

(1)设置土工材料夹层后,加铺层底垂直于接缝的拉应力 $\sigma_x$ 大幅度减小。当加铺层顶面温度下降 -10℃时,无夹层的加铺层底的拉应力 $\sigma_x$ 为 1. 396MPa。但是在加铺层与旧水泥混凝土路面之间设置拉伸模量为 100MPa 的夹层后,加铺层底的拉应力 $\sigma_x$ 减小到 0. 299MPa,比无夹层的加铺层降低了 78. 6%。这说明在接缝处设置夹层对减小加铺层底的温度的收缩应力有显著效果。

(2)当防裂夹层模量增加到一定值以后,对减小加铺层底拉应力的效果不再明显。这主要是由于在温度下降过程中,沥青面层与加铺层同时收缩的协调变形差不能阻止沥青混凝土面层的收缩。

4. 加铺层的耦合应力计算结果及分析

加铺层耦合应力计算的主要参数:路面结构参考温度为 0℃,沥青加铺层表面降温幅度为 -10℃,车辆荷载 BZZ - 100,土工合成材料厚度 $h$ 设定为 1cm,拉伸模量 100 ~ 7 000MPa;水泥混凝土路面板的厚度 22cm,弹性模量 30 000MPa;基础当量模量 100MPa;沥青加铺层的厚度 10cm,模量 1 200MPa。计算结果见表 4-10。

温度和荷载联合作用下沥青混凝土加铺层底的耦合应力随夹层拉伸模量变化 表4-10

| 防裂夹层模量(MPa) | 应力(MPa) | $\sigma_x$ | $\sigma_y$ | $\sigma_z$ | $\tau_{xy}$ | $\tau_{yz}$ | $\tau_{xz}$ | $\sigma_1$ | $\sigma_2$ | $\sigma_3$ | $\tau_{max}$ | $\sigma_e$ |
|---|---|---|---|---|---|---|---|---|---|---|---|---|
| 0 | 荷载应力 | 1.183 | 0.745 | 0.49 | 0.954 | 0.018 | 0.034 | 0.024 | 0.486 | 1.957 | 1.981 | 1.789 |
| | 温度应力 | 1.396 | 0.486 | 0.621 | 0.022 | 0.027 | 0.018 | 1.396 | 0.597 | 0.474 | 0.957 | 0.902 |
| | 耦合应力 | 2.579 | 1.231 | 1.111 | 0.976 | 0.045 | 0.052 | 1.42 | 1.083 | 2.431 | 2.938 | 2.691 |
| 100 | 荷载应力 | 0.474 | 0.336 | 0.166 | 0.27 | 0.006 | 0.001 | 0.062 | 0.153 | 0.761 | 0.7 | 0.661 |
| | 温度应力 | 0.299 | 0.002 | 0.199 | 0.001 | 0.001 | 0.001 | 0.299 | 0.199 | 0.002 | 0.301 | 0.266 |
| | 耦合应力 | 0.773 | 0.338 | 0.365 | 0.271 | 0.007 | 0.002 | 0.361 | 0.352 | 0.763 | 1.01 | 0.927 |
| 500 | 荷载应力 | 0.461 | 0.39 | 0.235 | 0.266 | 0.003 | 0.012 | 0.127 | 0.219 | 0.74 | 0.614 | 0.574 |
| | 温度应力 | 0.294 | 0.007 | 0.203 | 0.001 | 0.001 | 0.001 | 0.294 | 0.202 | 0.006 | 0.288 | 0.255 |
| | 耦合应力 | 0.755 | 0.397 | 0.438 | 0.267 | 0.004 | 0.013 | 0.421 | 0.421 | 0.746 | 0.902 | 0.829 |
| 1 000 | 荷载应力 | 0.414 | 0.399 | 0.236 | 0.253 | 0.003 | 0.018 | 0.137 | 0.221 | 0.692 | 0.555 | 0.519 |
| | 温度应力 | 0.274 | 0.011 | 0.199 | 0 | 0 | 0.001 | 0.274 | 0.199 | 0.011 | 0.262 | 0.234 |
| | 耦合应力 | 0.688 | 0.410 | 0.435 | 0.253 | 0.003 | 0.018 | 0.411 | 0.420 | 0.703 | 0.817 | 0.753 |
| 2 000 | 荷载应力 | 0.362 | 0.4 | 0.228 | 0.236 | 0.004 | 0.023 | 0.136 | 0.213 | 0.641 | 0.505 | 0.471 |
| | 温度应力 | 0.251 | 0.016 | 0.194 | 0.001 | 0 | 0.001 | 0.251 | 0.194 | 0.016 | 0.235 | 0.212 |
| | 耦合应力 | 0.613 | 0.416 | 0.422 | 0.237 | 0.004 | 0.024 | 0.387 | 0.417 | 0.657 | 0.74 | 0.683 |
| 3 000 | 荷载应力 | 0.333 | 0.398 | 0.221 | 0.224 | 0.005 | 0.024 | 0.132 | 0.207 | 0.613 | 0.481 | 0.448 |
| | 温度应力 | 0.24 | 0.019 | 0.191 | 0.001 | 0.001 | 0 | 0.24 | 0.191 | 0.019 | 0.221 | 0.201 |
| | 耦合应力 | 0.573 | 0.417 | 0.412 | 0.225 | 0.006 | 0.024 | 0.372 | 0.398 | 0.632 | 0.702 | 0.649 |

续上表

| 防裂夹层模量(MPa) | 应力(MPa) | $\sigma_x$ | $\sigma_y$ | $\sigma_z$ | $\tau_{xy}$ | $\tau_{yz}$ | $\tau_{xz}$ | $\sigma_1$ | $\sigma_2$ | $\sigma_3$ | $\tau_{max}$ | $\sigma_e$ |
|---|---|---|---|---|---|---|---|---|---|---|---|---|
| 5 000 | 荷载应力 | 0.301 | 0.394 | 0.213 | 0.21 | 0.006 | 0.023 | 0.126 | 0.2 | 0.582 | 0.455 | 0.423 |
| | 温度应力 | 0.229 | 0.022 | 0.189 | 0.001 | 0.001 | 0 | 0.229 | 0.189 | 0.022 | 0.207 | 0.19 |
| | 耦合应力 | 0.530 | 0.416 | 0.402 | 0.211 | 0.007 | 0.023 | 0.355 | 0.389 | 0.604 | 0.662 | 0.613 |
| 7 000 | 荷载应力 | 0.283 | 0.391 | 0.207 | 0.201 | 0.007 | 0.022 | 0.123 | 0.195 | 0.563 | 0.44 | 0.409 |
| | 温度应力 | 0.223 | 0.021 | 0.185 | 0.001 | 0.001 | 0 | 0.223 | 0.185 | 0.023 | 0.201 | 0.181 |
| | 耦合应力 | 0.506 | 0.412 | 0.392 | 0.202 | 0.007 | 0.022 | 0.346 | 0.380 | 0.586 | 0.641 | 0.590 |

从表4-10可以看出,当夹层的拉伸模量从100MPa增大到500MPa时,耦合作用产生的$\sigma_1$、$\tau_{max}$、$\sigma_e$急剧减少,说明夹层对减少耦合应力所起的作用较大;而当夹层的拉伸模量从500MPa增大到5 000MPa时,变化逐渐趋于平缓。耦合作用应力分析进一步表明高模量的土工格栅对防止反射裂缝的效果优于低模量的土工布。

综上所述,在接缝处设置夹层对减小加铺层底由于温度降低产生的收缩拉应力有显著效果,对减小接(裂)缝两侧的弯沉差的作用不明显。要减小接缝两侧的弯沉差,必须加强接缝两侧板底脱空处治和质量控制。在选择加铺防裂层材料时,并非强度越大的加铺夹层防裂效果越好,应考虑加铺层与夹层的变形协调性。与沥青加铺层强度和模量相近的加铺层具有较好的防裂效果,强度过高的防裂夹层与沥青加铺层的协调性差,防裂效果反而不理想,甚至引起接缝处层间脱落。

## 第六节　防裂层的材料要求与施工

随着土工材料工业的发展及沥青加铺层防裂要求的不断提高,旧混凝土路面加铺层的防裂材料品种越来越多,一些新型的防裂材料和结构正得到推广应用,并取得了良好效果。根据材料的不同,用作防裂的材料主要有土工布、土工格栅、金属格栅、改性沥青防水油毡、聚酯玻纤布、橡胶应力吸收膜和复合应力吸收夹层等。本节将结合这些夹层材料结构性能、施工工艺的典型性及目前的应用情况,介绍4

种防裂夹层的材料性能要求、施工工艺和质量控制方法，性能和材料相似的其它防裂材料的施工可以参考这四种材料进行。

## 一、改性沥青防水油毡防裂夹层的材料要求与施工

在公路和城市道路的旧混凝土路面的沥青混合料罩面工程中，常在旧混凝土路面上的接缝、裂缝部位铺设改性沥青油毡，其主要作用如下：

(1)防裂。铺设在旧水泥混凝土板与加铺层之间的改性沥青油毡主要起到应力吸收夹层的作用，将反射裂缝应力由垂直方向转为水平方向，消散水平方向应变和传递竖向荷载，增强沥青混凝土的整体抗拉强度，减少永久变形，防止或延缓反射裂缝的产生与发展。

(2)防水。路表面雨水会通过沥青面层空隙渗到路面结构内部并通过旧路面裂缝、接缝进入路面基层和土基。铺设改性沥青油毡能有效地防止地表水通过旧水泥混凝土板间接缝下渗至土基，又能减少地下水通过旧水泥混凝土板间接缝、裂缝进入加铺层而浸蚀加铺结构层材料，防止无机结合料层强度降低，延缓沥青混凝土面层出现剥落和松散，延长加铺层结构使用寿命。

改性沥青油毡可分为弹性 SBS 改性沥青油毡、塑性 APP 改性沥青油毡和其它改性沥青油毡，如丁苯橡胶(SBR)改性沥青油毡、三元乙丙(EPDM)改性沥青油毡、SBS 胶粉改性沥青油毡、再生胶改性沥青油毡、PVC 改性焦油沥青耐低温油毡及橡塑共混改性油毡等。目前在旧水泥混凝土路面改造工程中应用较为广泛的为弹性 SBS 改性沥青油毡和塑性 APP 改性沥青油毡两种。由于 SBS 改性的沥青具有以下特点：①延伸率高，可达 150%，卸载后能恢复原状，对结构变形有很高的适应性，能明显提高防水层的抗裂性能，而普通沥青的延伸率仅为 3% 左右；②良好的耐疲劳性能；③有效使用温度范围宽，为 -38 ~ 119℃，特别是低温柔性突出，适于在寒冷地区应用。因此，SBS(苯乙烯—丁二烯—苯乙烯)是对沥青进行改性处理效果最为优异的高分子材料。SBS 改性沥青油毡具有的良好高温和低温性能，使其在旧水泥混凝土路面加铺改建中得到广泛应用。

APP 改性沥青油毡是以聚酯毡或玻纤毡为胎体，经氧化沥青轻度浸渍后，两面涂覆 APP 改性沥青，然后在上表面撒以隔离材料，下表面覆盖聚乙烯薄膜或洒布细砂而成的沥青类防水卷材。该类卷材具有抗拉强度大，延伸率高，弹塑性和耐高、低温及耐老化性能好的特点。耐热 120℃ 不变形，150℃ 不流淌，有效使用年限在 20 年以上，但其低温柔性较 SBS 沥青油毡相对较差。APP 改性沥青油毡适用于各种屋面、墙体、地下室等一般工业和民用建筑的防水，也可用于水池、桥梁、公路、机场跑道、水坝等工程防水，还可用于各种金属容器和地下管道的防腐保护。

### 1. 路面防裂油毡卷材的质量要求

防水卷材具有广泛的用途，而其用途不同，其性能要求也不同。当用作路面加

铺防裂夹层时，其不但要防水，更重要的是能够承受车辆和温度作用下产生的拉应力和剪应力。因此作混凝土路面沥青加铺层接缝防裂夹层材料的防水卷材必须针对其路面防裂满足一定的性能要求。作为防裂夹层的热熔型防水油毡卷材的性能要求见表4-11。

**路面加铺层防裂防水油毡卷材的质量要求**　　表4-11

<table>
<tr><th colspan="2">项　目</th><th>指　标</th><th>试验方法</th></tr>
<tr><td colspan="2">可溶物质含量(g/m²)</td><td>≥2 400(厚度:3.5mm)<br>≥3 100(厚度:4.5mm)</td><td rowspan="2">《弹性体改性沥青防水卷材》(GB 18242—2000)</td></tr>
<tr><td colspan="2">耐热度</td><td>≥115℃</td></tr>
<tr><td colspan="2">拉力(纵、横向)(N/cm)</td><td>≥210</td><td rowspan="9">工作基准试剂乙二胺四乙酸二钠(GB 12953—2007)</td></tr>
<tr><td colspan="2">最大拉力时的延伸率(纵、横向)(%)</td><td>≥50</td></tr>
<tr><td colspan="2">撕裂强度(N)</td><td>≥450</td></tr>
<tr><td colspan="2">低温弯折性</td><td>30℃　无裂纹</td></tr>
<tr><td colspan="2">不透水性,0.44MPa,2h</td><td>不渗水</td></tr>
<tr><td colspan="2">抗穿孔性</td><td>不渗水</td></tr>
<tr><td colspan="2">剪切状态下的黏合性(N/mm)</td><td>≥10.0 或卷材破坏</td></tr>
<tr><td colspan="2">保护层混凝土与防水卷材的黏结强度</td><td>≥0.5</td></tr>
<tr><td colspan="2">热处理尺寸变化率(纵、横向)(%)</td><td>±0.5</td></tr>
<tr><td rowspan="4">热老化处理</td><td>外观质量</td><td>无气泡、裂纹、黏结与孔洞</td><td rowspan="4">建筑防水材料试验方法(GB 18244—2000)</td></tr>
<tr><td>拉力相对变化率(%)</td><td>±20</td></tr>
<tr><td>断裂伸长率相对变化率(%)</td><td>±20</td></tr>
<tr><td>低温弯折性</td><td>-25℃无裂纹</td></tr>
<tr><td rowspan="3">耐化学侵蚀</td><td>拉力相对变化率(%)</td><td>±20</td><td rowspan="3">建筑防水材料试验方法(GB 12953—2007)</td></tr>
<tr><td>断裂伸长率相对变化率(%)</td><td>±20</td></tr>
<tr><td>低温弯折性</td><td>-25℃无裂纹</td></tr>
</table>

2. 防水油毡防裂夹层的铺贴施工工艺

防水油毡防裂夹层的铺贴施工工艺如下：

(1)旧路面破损、接缝填缝料恢复、脱空病害的整治。

(2)确定铺贴范围。所有接缝及修补块的新旧混凝土接缝处都应铺贴,铺贴宽度一般为 50 ~ 60cm。一般情况下不宜满铺,满铺既增加投资,而且铺设量大以后,难免出现黏贴不牢实的鼓胀等现象。

(3)路表面清洁处理。防水油毡与旧混凝土板的黏结强度受旧混凝土板干净程度及潮湿程度影响。铺设前应对旧路表面进行清洁处理,不留泥土、杂物,表面干燥,清洁范围为缝两侧大于铺设油毡宽度。为增强油毡与旧混凝土板间的黏结,可以在清洁后的旧混凝土板表面喷洒适量的黏层油或其它防水黏结材料。

(4)铺贴防水油毡。铺设范围的旧路表面清洁干燥后,即可铺贴防水油毡。热熔型防水油毡的铺贴方法和要点如下:

①作业人员两人一组,一人负责用火焰喷枪烘烤卷材底面,一人负责滚动和碾压卷材,如图 4-15 所示。

图 4-15 铺贴防水油毡卷材

②铺贴时,采用点燃火焰喷枪(喷灯)烘烤卷材底面与旧水泥混凝土表面的交接处,使卷材底面的沥青溶化,边加热边向前慢慢滚动卷材,并用橡皮滚朝油毡铺贴方向滚压,使油毡与旧水泥混凝土表面黏结牢固。烘烤时应注意调节火焰的大小和移动的速度,以使油毡表面刚刚熔化为好(此时沥青的温度在于 200 ~ 230℃);火焰喷枪与油毡的距离 0.3m 左右,火焰方向与施工人员前进方向相反。

③铺黏完后进行热熔封边,同时也可以适当涂刷热沥青,然后用抹子将接缝处熔化的沥青抹平压实,要求无翘边、开缝、气泡、鼓胀等现象。若有气泡、鼓胀,应重新黏贴。

(5)防水油毡铺贴完成后,严禁车辆在其上转弯、掉头,以免把铺贴好的卷材损伤或刮起,如图 4-16 所示。若采用常温型的改性沥青防水卷材(图 4-17),则在铺贴时不需要加热,可以在旧混凝土表面清洁后直接铺贴到混凝土板表面上,并在铺沥青混凝土面层前撕掉塑料薄膜。

图 4-16 卷材被运料车刮起

图 4-17 常温型防裂卷材

## 二、聚酯玻纤布防裂夹层的材料要求与施工

聚酯玻纤布是玻纤和聚酯的混合物,其融合了玻纤和聚酯纤维的优点:玻璃纤维的高强度和聚酯纤维的柔韧性,是一种用于公路路面建设和改造中防治反射性裂缝的新型材料。聚酯纤维布防裂夹层由聚酯玻纤布和沥青组成,通过吸收沥青后形成一个具有高强、防水、耐热和耐腐的夹层材料,具有膨胀系数低,韧性好,没有长期蠕变性,便于施工的特点。其与沥青混合料面层复合后能明显提高其低温抗裂性、抗疲劳性及抗反射裂缝,从而延长路面使用寿命。

### (一)聚酯玻纤布防裂夹层的材料性能要求

用作路面防裂夹层的聚酯玻纤布材料性能要求见表4-12。

聚酯玻纤布防裂夹层的材料性能要求　　表4-12

| 项目 | | 单位 | 要求 |
|---|---|---|---|
| 抗拉强度 | 纵向 | kN/m | 8.0 |
| | 横向 | kN/m | 8.0 |
| 断裂延伸率 | 纵向 | % | <5 |
| | 横向 | % | <5 |
| 熔点 | | ℃ | 230 |
| 沥青吸收量 | | Ls/m$^2$ | 0.85~1.3 |
| 单位质量 | | g/m$^2$ | 125~155 |
| 厚度 | | mm | ≤1.2 |

### (二)聚酯玻纤布防裂夹层的施工

1. 施工前机械和材料准备

为防止沥青冷却导致沥青黏度降低,要求在黏层油喷洒完毕后立即铺设,各工序的时间连贯性要求较高,因此施工人员、机械和材料都必须在施工前准备好。

2. 铺贴范围的确定

聚酯玻纤布的铺设可以分为满铺和接(裂)缝处铺设两种。一般情况下,聚酯玻纤布的主要功能是防裂,因此仅在接缝、裂缝处铺贴即可,没有特殊要求可不作满铺,既可以节约工程费用,也容易保证铺贴质量。当仅在接(裂)缝处铺设时,铺设宽度一般为50~60cm,接缝两侧宽度对称;当用机械摊铺车摊铺时,采用聚酯玻纤布宽度为1.0m,接缝两侧各0.5m。

3. 清扫旧水泥混凝土路面表面

旧水泥混凝土路面表面的灰层会严重影响黏层油与旧混凝土面层的黏结效果,因此铺设前必须将铺贴的旧混凝土表面清扫干净。

4. 喷洒黏层油

用沥青洒布车或手摇式人工洒布机械喷洒黏层油。当黏层油是热沥青时，热沥青温度应在165～180℃，施工气温应在5℃以上。要求洒布均匀，计量准确，用量0.8～1.2kg/m$^2$（可视沥青品种而定）。喷洒黏层油的横向范围宜比聚酯玻纤布宽5～10cm，喷洒速度不宜过快，应配合铺设速度，不得使沥青洒布车与铺贴布间的距离过远，以免喷洒后的沥青未能及时铺设聚酯玻纤布而影响玻纤布与沥青的黏结。

5. 铺贴聚酯玻纤布

在喷洒乳化沥青黏层油或热沥青黏层油的同时应做好铺设聚酯玻纤布的准备，一旦喷洒完成，应立即铺设。聚酯玻纤布可以用专用机械摊铺，也可以人工摊铺。

为保证铺设速度，每个铺设小组需配备足够的人员，且分工明确；人工铺设时，每组4人，2人抬布并推动布卷前进，一人控制方位，保证铺设过程不发生歪斜；当铺设过程出现歪斜时，第四人负责切（剪）断聚酯玻纤布。

①人工铺设时，在开始的时候要对准方向，遇到偏移较大的情况，必须裁剪，重新定向、搭接好后，再继续铺设。

②当满铺时，聚酯玻纤布纵向接缝搭接宽度为15～20cm，横向接缝搭接宽度为10～15cm，横向接缝搭接方向为平行于相邻布卷前进方向（主要是满铺的情况）。搭接宽度不宜过宽，以避免搭接处夹层变厚而使面层与基层结合力减弱，导致面层出现起鼓、脱离、位移等不良情况。如出现搭接过宽，应将搭接过宽部分裁减掉。

当仅在接缝处铺贴时，应注意铺贴宽度及在接缝两侧的宽度对称。

③铺装后立即用刷子和滚筒碾压，以保证铺装聚酯玻纤布及时与沥青牢固黏结在一起；若铺装时发生褶皱或打折现象，应及时用工具刀切开褶皱部位，然后在铺设方向上重新搭接起来，用黏层油黏结并压实，以保证接头处聚酯玻纤布与黏结料的良好黏接。

④铺装施工时应尽可能铺装成一直线，当需要转弯时，应将聚酯玻纤布在弯曲部位剪开，搭接铺设，用黏层油对黏结部位进行黏结。在弯道处铺设，特别是半径较小的弯道处，应尽量减小聚酯玻纤布的铺设长度。

⑤铺设完成的聚酯玻纤布必须平整、黏结均匀，不得有褶皱或鼓包、未黏结紧密的情况，否则必须重新铺设。

⑥聚酯玻纤布铺设完成后严禁车辆在上面行驶，以免车辆轮胎黏结的沥青把黏贴好的聚酯玻纤布刮起卷走。

**三、玻纤格栅防裂层的铺贴施工**

玻纤格栅是一种性能优良的土工合成材料，其主要成分属硅酸盐类，是一种物理化学性能很稳定的材料。它具有强度高、模量大、化学稳定性好、耐高温和低温性能好、膨胀低的特点。国内外大量研究表明,沥青路面中使用玻纤格栅可以减小车辙,延缓反射裂缝的产生,还可以起到提高沥青面层抗拉强度的加筋作用;同时,由于玻纤格栅耐高温性能好,摊铺加热时不易产生变形,摊铺时便于固定,不会产生鼓胀现象,便于施工。因此,玻纤格栅是水泥混凝土路面沥青加铺层的常用防裂夹层材料。

1. 玻纤格栅防裂夹层的材料要求

玻纤格栅的类型较多,不同类型的玻纤格栅其强度和性能指标也不一样,用于混凝土路面加铺层防裂的格栅要求可参考表4-13。

**防裂夹层玻璃纤维格栅材料性能要求**　　表4-13

| 指标项目 | 指标要求 | 测试温度(°C) |
|---|---|---|
| 抗拉强度(kN/m) | ≥50 | 20±2 |
| 最大负荷延伸率(%) | ≤3 | 20±2 |
| 网孔尺寸(mm×mm) | 20×20 | 20±2 |
| 网孔形状 | 矩形 | — |

2. 玻纤格栅防裂夹层的铺贴施工工艺

(1)旧路面表面的准备:旧混凝土路面破损病害的修复补强,表面凿毛。

(2)确定铺贴范围:与聚酯玻纤布一样,玻纤格栅的铺设可以分为满铺和接(裂)缝处铺设两种(图4-18)。一般情况下仅在接缝、裂缝处铺贴即可,没有特殊要求可不作满铺,既可以节约工程费用,也容易保证铺贴质量。当仅在接(裂)缝处铺设时,铺设宽度一般为50~60cm,接缝两侧宽度对称。

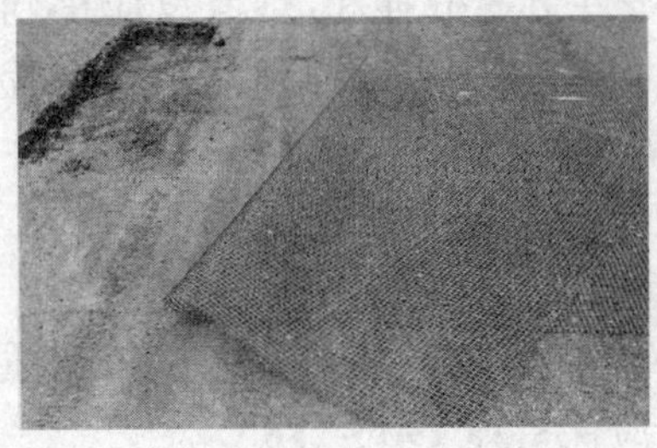

图4-18　玻纤格栅摊铺

(3)洒黏层油:若原路面平整度较差,可以在原路面表面设一层沥青砂整平层后,再在上面铺设格栅。

(4)铺贴格栅:格栅铺贴可由专用设备进行铺设,也可人工铺设。格栅铺设时,应保持其平整、拉紧,不得起皱,使格栅具备有效的张力,铺完之后再用干净的钢轮压路机碾压一遍。具体施工方法如下:

①固定材料和方法：为保证铺贴格栅平整、拉紧、不起皱，铺贴时必须用钢钉对格栅进行固定。固定所需材料为：水泥钉或膨胀螺丝或射钉，以及 50mm×50mm×0.3mm 的固定铁皮。要求铁皮平整不翘角，周边宜倒角处理。

②摊铺格栅：摊铺时，先用水泥钉或膨胀螺丝或射钉将格栅的一端固定在已洒布黏层沥青的旧水泥混凝土路面上，钢钉可用锤击或射钉射入，然后用机械或人力拉紧，再用水泥钉或膨胀螺丝固定另一端。对于满铺的情况，应将格栅纵向拉紧并分段固定，每段固定长度为 2～5m，也可按缩缝间距划分固定段长度，钢钉位置设于接缝处。要求格栅拉紧时玻纤纵横向均处于拉直张紧状态，张拉伸长率1.0%～1.5%。

③当满铺时，格栅的纵向搭接宽度不小于 20cm，横向搭接宽度不小于 15cm，纵向搭接应根据沥青摊铺方向将前一幅置于后一幅之上，搭接部位必须避开接缝，不得在接缝或裂缝处设接头。固定时不能将钢钉钉于玻纤上，不能用锤子直接敲击玻纤，固定后如发现钢钉断裂或铁皮松动，则需重新固定。

④铺设完成的玻璃纤维格栅不得有鼓胀、松弛、卷曲现象，洒油车和其它施工车辆不得在格栅表面掉头转向。

当采用带自黏胶的自黏式玻纤格栅时，在开始铺设之前，应选择胶面向下，可直接依靠黏胶与旧路表面的黏结进行固定；摊铺时也应用前述方法固定一端，拉紧、拉平铺设在路面上，然后用滚碾进行碾压，其余施工要求（洒黏层油等）和工艺与非自黏式格栅相同。

## 四、橡胶沥青应力吸收层的材料要求与施工

### （一）橡胶沥青的生产

橡胶沥青是轮胎橡胶粉与沥青在高温条件下充分拌和、熔胀反应得到的改性沥青胶结材料。为了保证生产的橡胶沥青能够达到要求，必须对橡胶沥青的生产过程进行较严格的质量控制。根据橡胶沥青的组成及生产方法，影响其性能的关键因素是温度控制，其生产过程及温度控制如下：

（1）生产前，基质沥青需加热到 204～226℃的高温。

（2）使橡胶粉与基质沥青在搅动状态下连续反应至少 45min，以得到质量较为理想的橡胶沥青胶结料，反应过程中的温度应保持在 190～218℃。

（3）橡胶沥青生产完成后，应将橡胶沥青保温储存。用于储存橡胶沥青和基质沥青的储存罐须有加热和保温装置及搅拌装置，以使储存的橡胶沥青保持在规定的温度和不产生离析，温度范围一般为 190～226℃。

### （二）橡胶沥青应力吸收层的材料要求

1. 基质沥青

用于橡胶应力吸收层的基质沥青应满足规范要求的重交通 70 号石油沥青的

技术指标要求。

2. 橡胶沥青

用作应力吸收夹层的橡胶沥青技术指标要求见表4-14。

橡胶沥青技术指标 表4-14

| 检测项目 | 指标要求 |
|---|---|
| 黏度,177℃,(Pa·s) | 1.5~4.0 |
| 针入度(25℃,100g,5s),(0.1mm)不小于 | 25 |
| 软化点,不小于(℃) | 54 |
| 弹性恢复,25℃,不小于(%) | 60 |

3. 石料

石质坚硬、清洁、不含风化颗粒,物理力学性能应满足表4-15的要求,橡胶沥青应力吸收层的碎石级配应满足表4-16的要求。

橡胶沥青应力吸收层石料技术要求 表4-15

| 项目 | 技术指标 | 试验方法 |
|---|---|---|
| 坚固性 | ≤12% | T 0314 |
| 压碎值 | ≤10% | T 0316 |
| 针片状颗粒含量 | ≤10% | T 0312 |

橡胶沥青应力吸收层级配要求 表4-16

| 筛孔或关键性筛孔尺寸(mm) | 通过率(%) |
|---|---|
| 13.2 | 100 |
| 9.5 | 0~15 |
| 2.36 | 0~5 |
| 0.075 | 0~0.5 |

**(三)橡胶沥青应力吸收层施工工艺**

橡胶应力吸收层的施工包括旧路面表面清理、预拌碎石、洒布橡胶沥青、铺撒碎石、碾压四道主要工序。

(1)对旧混凝土路面表面上的泥土、杂物进行彻底清除、清洗,确保摊铺基面的粗糙、干净、干燥。

(2)预拌碎石:为保证撒布的石料与橡胶沥青的充分黏结,石料需预先采用油石比为0.40%~0.60%的普通热沥青进行预裹,拌和温度在150~170℃。

(3)洒布橡胶沥青:在处理好的旧路面表面上喷洒橡胶沥青。橡胶沥青参考用量2~3kg/m$^2$,洒布必须均匀,沥青洒布量要严格控制,不宜多也不宜少,喷洒最大偏差量不应超过规定的±0.2kg/m$^2$。沥青纵向衔接应与已洒布部分重叠10cm

左右。

(4)撒布碎石:喷洒橡胶沥青后应立即满铺碎石,可用碎石撒布车撒布,最低撒布温度不低于120℃。碎石撒铺量根据试铺情况确定,以满铺、不散失为度,参考用量为15~22kg/m$^2$。对于局部碎石撒铺量不足的地方,应用人工补足。

(5)碾压:碎石撒铺后应立即进行碾压作业。采用轮胎压路机进行压实。为了确保碾压的温度,要求胶轮压路机紧随碎石撒布车后面碾压,距离不超过5m,碾压遍数2~3遍为宜。当下层温度在40℃以上时,碾压应在20min以内完成;当下层温度较低,在18~40℃时,碾压时间应控制在10min以内。

(6)清扫:碾压完毕后,应清除多余的没有黏结的松散碎石,以避免影响与上层的黏结。

(7)开放交通:橡胶沥青应力吸收层的施工与加铺层施工应连续进行,中间不开放交通。若期间必须开放交通,须待碾压施工完成3h后方可开放交通,并控制车速不宜超过25km/h。

**(四)注意事项**

(1)施工时,气温和路面温度不易低于18℃。

(2)路面应洁净、干燥。

(3)应注意风速,风速应不能影响到工程的施工。

(4)雨天和即将下雨的天气不能进行橡胶沥青应力吸收层的施工。

# 第五章 旧混凝土路面现场破碎再利用

## 第一节 概 述

当旧水泥混凝土路面破损达到一定程度，破损面积太大，日常养护不能满足车辆安全舒适的交通要求，局部修复或加铺罩面不但成本高，防裂难度大，所获得的技术性能偏低，这时应考虑对旧混凝土路面进行大修或重建。

在对旧混凝土路面进行大修或重建时，旧混凝土路面的处治与利用是设计、施工必须面临的问题。在选择旧混凝土路面的处治方法时，最简单的方法是把旧混凝土路面全部挖除，然后重新铺筑新的路面结构。显然这不是一个最好的处治方法。它虽然避免了旧混凝土路面利用处治带来的技术和工程投资增加的问题，但挖出的大量废弃混凝土路面碎块的堆放既需要占地，又浪费石材资源，甚至污染环境。为克服废旧路面材料简单抛弃带来的资源、环境问题，最好的方法是对旧混凝土路面进行再利用。如图 5-1 所示，再利用有回收破碎处治后再利用和现场直接再利用两大类。回收破碎处治后再利用是把混凝土板挖除后集中堆放，然后用专门机械对混凝土块进行破碎、筛分，在破碎筛分的混凝土废料中加入水泥等稳定剂拌和，再运到路上摊铺压实，作为大修路面结构层材料的再利用方法，即工厂式破碎再生利用。现场再利用是不经开挖搬运，现场处治后对旧混凝土路面进行直接利用的方法，可分为现场破碎再利用和局部修补后再利用两种。其中，局部修补后的再利用方法是对旧路面破损病害处治后，加铺新的路面基层和面层结构所谓旧水泥混凝土路面现场破碎再利用，是采用专用设备将旧水泥混凝土路面打裂或破碎处理后，作为新建路面结构基层或底基层应用的方法。由于水泥混凝土路面材料和结构的特殊性，旧路面所处的路基条件、破损面积、破损原因不同，现场破碎再利用的方法也不同。目前常用的现场破碎再利用方法是把混凝土板就地破碎后作为路面结构的底基层进行利用，具体的破碎利用的技术方法有多锤头碎石化、门板式打裂压稳、冲击压实、小型机械或挖掘机破碎（镐凿式破碎）等。与之相应的现场破碎利用机械有：多锤头破碎机、门板式打裂机、冲击压路机、冲击镐凿碎压稳机或具有破碎功能的挖掘机等。结合目前国内外旧混凝土路面现场应用技术状况及应用效果，本章主要介绍旧混凝土路面现场破碎再利用的技术方法。

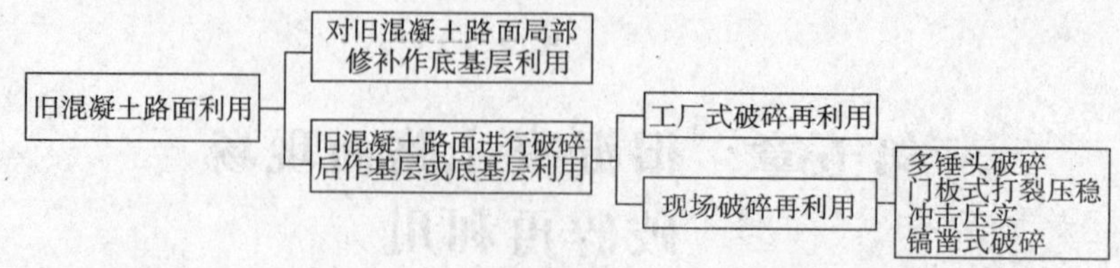


图 5-1　旧混凝土路面的再利用方法

不同现场破碎利用技术具有不同特点，使用的路面条件也不同，其技术经济效果也不相同。在应用中应根据旧混凝土路面技术状况、路基条件、地形和周边环境条件、当地的施工技术条件、交通要求等选择经济合理的破碎再生利用技术方法，以取得良好的技术、经济、环保效益。

## 第二节　镐凿式机械破碎再利用

### 一、镐凿式破碎技术及特点

镐凿式破碎技术是采用风镐或带有液压冲击凿岩头的挖掘机等镐式机械将旧水泥混凝土路面破碎成一定尺寸的块体、经压实后直接作为加铺路面结构基层或底基层利用的一种方法。

镐凿式破碎技术采用的破碎机械有两种。一种是风镐或液压镐：风镐用压缩空气为动力，使锤体进行往复冲击运动，把镐钎打入水泥混凝土板使其分裂成块；液压镐是利用液压为动力使锤体进行往复冲击运动，把镐钎打入水泥混凝土，使其分裂成块。与风镐相比，液压镐具有噪声低、无尾气、冲击功高和持续润滑等特点，是较优的水泥混凝土路面破碎工具。另一种破碎机械是配有液压冲击凿岩头的挖掘机，破碎时把挖掘机的凿岩头对准水泥混凝土面板冲击，凿碎混凝土面板（如图 5-2 所示）。镐式破碎的特点是可根据破碎块度要求在板上布置破碎点位置，破碎时对其破碎点定位破碎，使破碎块体尺寸均匀满足要求。由于镐凿式破碎采用的机械简便，施工灵活，因此是常用的旧混凝土路面现场破碎再利用方法。

图 5-2　配有液压冲击凿岩头的挖掘机破碎

### 二、镐凿式机械破碎方法的适用范围

在选择镐凿式机械破碎方法时，需要考虑两方面的因素。一是混凝土路面破损严重，不能用局部修补后加铺的方法进行改建，或直接加铺改建反射裂缝风险较大；另一是受周边环境条件限制，不能用其它振动较大的破碎方法进行破碎的路段

或工程。在下述条件下，可以考虑采用镐凿式机械破碎方法。

(1)水泥混凝土路面有大量接缝缺陷、错台、翻浆和角隅破坏等；路面板块出现开裂、断板或下沉等病害，路面状况指数 $PCI<54$，$DBL>20\%$；局部需要修补的路段。

(2)公路附近有敏感建筑物或设备，不能经受其它冲击设备引起的地面振动的路段。

(3)缺乏多锤头破碎机械、门式打裂机、蓝派冲击压实机，或由于工程量原因，采用这些机械成本较高的情况下，以及其它认为可以采用镐式机械破碎的路段。

## 三、镐凿式机械破碎施工程序和工艺

1. 试验段施工

为了确定镐凿式破碎的施工参数，在进行大面积的破碎施工前，应先进行试验段试破碎施工，确定具体的施工工艺参数，包括破碎板块尺寸、压路机功率和碾压遍数等，指导工程后续施工。

(1)试验段长度：试验路段长度不小于 100m，选择路面状况应具代表性，工作面平坦，交通及试验条件较好。

(2)破碎要求：采用风镐或带凿岩头挖掘机对混凝土板定点破碎，破碎块径一般为 30～50cm，破碎点根据破碎块径要求按梅花形布置。

(3)施工顺序：为达到良好的破碎效果，减小破碎机械对板的扰动，破碎施工应遵循从路肩向路中的顺序进行。

(4)压实：破碎后采用重型胶轮压路机(不小于 20t)对破碎的混凝土板进行压稳，压路机行驶速度不大于 4.8km/h，碾压遍数一般为 3～5 遍。

(5)根据试验段施工、检测及使用效果观测，确定全段后续大面积施工参数。

2. 镐凿式机械破碎施工工艺

(1)标示出对冲击振动敏感的结构物。一般情况下，镐凿式破碎振动较小，施工灵活。但是若施工现场周边有开裂的房屋或对振动敏感的结构物，在施工前应标示出来，施工中尽量减小振动。

(2)根据破碎尺寸要求，在混凝土板上布置并标出破碎点位置，一般破碎点按梅花形布置。

(3)风镐或挖掘机就位，对准破碎点打入混凝土板，使混凝土板碎裂。

(4)采用重型胶轮压路机对破碎板进行压稳，碾压遍数依据试验段确定。

(5)质量检测：检测的主要指标是破碎、碾压后混凝土块的稳固情况，是否存在板块翘动，若局部存在翘动情况则应重新进行局部压稳。

(6)特殊情况处理：破碎过程中发现局部路段出现“弹簧现象”，应停机检查。确认病害面积、深度等，并采取以下措施进行处理。

①清除原有混凝土路面。

②开挖至有足够稳定性的旧路基层。

③用碎石、石渣分层回填、压实到旧混凝土路面顶部。当回填面积较小，不能满足压实机械工作面要求时，应采用低标号混凝土回填，以避免与非挖填路段之间产生差异沉降。

**四、镐式破碎压稳施工技术质量控制**

1. 破碎状态检测与控制

镐式破碎的特点是能对水泥混凝土板定点破碎，可以控制冲击点位置和破碎块度，一般情况下，要求破碎块径在30～50cm之内。

破碎时在破碎点附近一般会形成裂缝，但是为保持原路面所具有的部分结构强度，要求裂缝既要贯穿板底，使碎块的裂缝比较明显，同时又要尽可能减小镐对板的扰动。

2. 压稳质量控制

检测压稳的控制标准为：压稳后的路面是否存在板块翘动，若局部存在翘动情况则应重新进行局部压稳。

## 第三节　冲击破碎压实再利用

**一、冲击破碎压实技术及特点**

冲击破碎压实技术是采用冲击压实机械在一定行驶速度下对路面施加冲击力而使面板碎裂并压实后作为新铺路面垫层或基层的旧混凝土路面现场再利用技术。冲击破碎压实采用的机械是多边形冲击压实机（南非蓝派公司生产的冲击压实机，如图5-3所示）。这是一种用于大体积土石方填筑工程的冲击压实机械，能够用于旧混凝土路面破碎和压实是由于这种机械非圆型压实轮的特别构造及运动过程中的冲击作用。冲击压实机主要由牵引车和破碎压实设备两部分组成，以轮式装载机为牵引车，多边形压实轮组件为破碎压实设备。工作时，由牵引车拖动非圆型压实轮滚动，多边形压实轮轮廓曲线上最大半径滚动至最小半径处时由于质量中心的快速下降而对地表产生冲击，随后非圆曲线轮廓滚过地表又对地表施以揉压、碾压作用。所以这种机械应用于旧水泥混凝土路面破碎再生利用时，能集破碎、稳固于一身，即：当压实轮较大的冲击力作用于水泥混凝土路面上并经过一定遍数的反复冲击后使水泥混凝土板在纵横两个方向上断

图5-3　多边形冲击压实机破碎

裂,裂缝贯穿,使混凝土路面破碎;冲击过后,压实轮非圆曲线轮廓继续滚过地表,对破碎后的路面进行揉压、碾压,重复的碾压作用使碎块稳固,消除脱空;此外,在强大的冲击压实功能作用下,板下基层和土基被进一步压实,承载能力进一步提高。冲击不仅可以使板块破碎消除反射裂缝,而且使破碎块之间形成嵌锁,增强旧板与路基的整体性和强度。

冲击破碎压实技术具有施工进度快、工序少、工期短、成本低、应用范围广等优点。冲击压实过程中,压实轮的势能和动能周期性转化为集中的冲击能作用于地面,达到连续破碎和压实路面的目的,从而缩短路面维修工期,降低工程费用。

## 二、冲击破碎压实技术的适用范围

一般情况下,凡是不能满足局部补强后进行沥青层加铺条件的旧混凝土路面,或进行局部补强工程量大,防止反射裂缝难度较大的旧混凝土路面都可以采用冲击破碎压实技术对其进行破碎处治利用。

在山区道路旧混凝土路面上应用冲击破碎技术时,应考虑道路的平纵线形条件,纵坡大,弯道半径小的路段,不宜采用冲击压实破碎技术。因为冲击压实机在平纵线形技术指标较低的道路上的行驶速度将受到限制,不能对混凝土路面产生足够的破碎冲击力,破碎效果可能达不到要求,这种情况下,应通过试验后再确定是否采用。

由于冲击压实机冲击振动较大,在设有路肩墙地段、桥涵地段、附近有敏感建筑物或设备(安全距离小于20m)不能经受冲击设备引起的地面振动的地段,不宜采用冲击压实,而应选用振动较小的破碎方法,以避免桥涵、挡墙等结构物受到冲击破坏。若在挡墙地段一定要采用冲击压实,则应做好压实机的行驶路径安排,尽量远离挡墙内侧行驶。

## 三、冲击破碎压实施工程序和工艺

### (一)试验段施工

试验段施工的目的是取得达到路面破碎效果和保证道路沿线建筑及桥涵、支挡结构物安全的冲击压实破碎施工参数,包括压实机型、压实遍数、行驶速度,对桥涵影响深度,对周边建筑影响的距离等,为大面积施工控制提供依据。试验段施工基本程序如下。

1. 试验段选择

试验段的路面结构状况(包括路面结构、路面板强度、路面破损状况、路基状况等)和周边条件应具有代表性,长度不小于200m,以使所得参数对后续施工具有指导性。

2. 冲击压实机型号的选择

冲击压实机的冲击能量大小与钢轮的质量及形状有关,因此冲击压实机的型号一般按照钢轮质量和形状确定,如三边形、四边形、五边形、六边形冲击压实机,或同一形状钢轮但质量不同,也可以分为不同型号。此外,还有单轮和双轮之分。施工前,可遵循以下基本原则选择冲击压实机。

(1)若路面结构薄、强度较低,所需冲压能量较小,可选择钢轮质量轻或钢轮最大与最小半径差较小的机械,且冲压时速度应较小;若所需冲压能量较大,则应选择钢轮质量大或钢轮最大与最小半径差较大的冲击压实机。

(2)根据机器所标称的能量值选择。

(3)由于单轮或双轮每次压实传递到下承层的能量大小和效率有所不同,在旧路状况完全相同的情况下,单轮式比双轮式对水泥混凝土面板的破坏力大。因此,在选择时应考虑单轮或双轮机型对压实效率的影响。

3. 冲击压实速度、遍数

钢轮与被压路面表面全部接触一次称一遍。它反映的是作用于旧路面结构的冲击压实功,遍数越多,单位体积的压实功越大。在压实机械一定的条件下,冲击压实速度和遍数的确定主要取决于被冲压旧路面达到的预期效果,并与旧路基的强度、土质和含水率、路面结构厚度与强度、道路行驶条件等因素有关。

一般冲击碾压3~5遍后混凝土板开始出现纵横向细微裂纹,但没有张开,要在旧混凝土板表面洒水才能辨识;冲压5~10遍左右可达到使旧混凝土路面产生纹裂的效果;冲压10~20遍可使旧混凝土路面产生破裂并稳固。随着冲击碾压次数的增加,旧混凝土面板出现纵横交错的贯穿裂缝,破裂板块间处于相互嵌锁状态。破裂板块尺寸一般在10~15cm,形成密实的水泥混凝土碎块混合体。

在选择压实速度时应同时考虑破碎与稳固两方面要求。前5遍冲压主要是对混凝土板块破碎,速度可以稍快,选择12~15 km/h,以便尽早获得破碎效果;随后应适当减速以便更好地将碎块稳固,通常以9~12km/h为宜;对于高填方路段及行车道,应减速至7~9km/h,同时适当增加遍数以获得最佳破碎与稳固效果。

**(二)冲击破碎压实施工程序与工艺**

1. 标示出不宜进行冲击破碎的施工段落和位置

为避免冲击压实施工产生的强大冲击波对沿线桥涵、挡墙、房屋建筑等产生破坏,冲击压实前,应对沿线的构造物进行现场调查。根据试验段施工确定的参数,确认冲击压实是否会对这些构造物造成损坏。对冲击压实施工时可能会造成破坏的周边建筑、桥涵、支挡结构构造物应予以避让,用警示线标示出其位置和施工控制范围。一般在涵洞、排水沟及其它距地表埋深小于3m的公用设施两端3m范围内不允许进行冲击破碎压实施工。

2. 高程测点布设

为了对破碎状态和沉降量进行检测,在旧路面上应布置高程观测点,并做好原地面高程测量和板块破损状况调查检测。

3. 根据试验路段确定的参数进行冲击压实施工

由于混凝土面板在水平方向所受约束愈小，破碎效果愈好，因此施工时宜采取先两边后中间的冲击破碎施工顺序，即按照路肩→行车道→超车道的顺序依次冲击压实，每冲击压实一遍以后，按以上顺序进行下一遍的冲击压实。

4. 特殊路段处理

如在冲击压实过程中发现局部路段出现“弹簧现象”，应停机检查。在确认后，应把湿软病害部位挖除，然后回填碎石、石碴，找平后用传统压实机具分层压实，再用冲击压实机械补压同样遍数，以避免与相邻部位之间产生差异沉降。

5. 交通管制

在冲击压实再生施工时，要求对施工路段进行交通管制，冲击压实完成后可以开放交通，在条件允许时尽量采用全封闭施工。

## 四、施工质量控制

1. 破碎块度与稳定性的检测

破碎块度和破碎块的稳定程度对冲击破碎压实后的新铺路面结构是否会出现反射裂缝具有重要影响。施工中若破碎块度过大，旧路面中的部分软基未作处理，未达到每块压实稳定的效果，即使设置了水泥稳定碎石等半刚性基层，破碎板块的裂缝仍然会反射上来，形成龟裂状反射裂缝（图 5-4）。因此，破碎块的尺寸和稳定性是冲击破碎压实技术施工质量检测和控制的重要指标。

图 5-4　不稳定的破碎旧混凝土块形成的反射裂缝

2. 破碎状态的检测与控制

冲击压实前，应对未冲击压实路面的损坏情况进行实测和记录，以后每冲击压实 5 遍检测一次。在对板的破碎状况进行检查时，由于裂缝比较细微，可采用洒水清洗的方法检测裂缝和破碎块面积。要求从垂直方向裂缝贯穿板厚，平面上裂缝要把板破碎成 30 ~ 40cm 左右的块，确保裂缝（纹）贯穿于板块并形成块与块之间紧密嵌锁的结构。这样既能减少板的过度位移（垂直和水平位移），又能使破碎板作为加铺层的稳定基础，保持破碎后的旧路面具有足够的结构完整性。若达不到要求，应继续冲击压实，每 2 遍检测一次破碎状况，直到满足要求为止。

3. 冲击压实遍数控制

碾压遍数因路面结构强度状况、路基状况、冲击压实机械型号而变。一般四边形冲击压路机在 7 ~ 15 遍，五边形冲击压实机在 10 ~ 20 遍。对于冲碾 25 遍后仍达不到规定要求的,应停止冲碾,采用其他破碎机械予以破碎至设计要求,然后用振动压路机压实。

由于不同路段的地质状况、路面强度不一致,相同的压实破碎功率可能会产生不同的破碎效果。施工期间应在试验段确定的施工参数基础上,根据实际破碎状况及时调整冲压遍数,以防止出现过度破碎与破碎不够等现象。

4. 沉降量检测与控制

根据冲击破碎压实技术的破碎利用原理,在冲击力作用下,将旧板破裂,同时使破裂板块向下位移,紧贴旧基层顶面,消除原板块与基层间存在的脱空。如果板底基层填料松散,破裂板块的向下位移将使填料被进一步压实,随着板底空隙的消失及下承层被补充压实,板顶的位移将逐渐变小,直至稳定。破碎板块的沉降稳定能表明旧混凝土路面下面原有的脱空是否被消除,原路基受到冲压作用后是否被充分压实。因此,沉降稳定是现场判断冲击压实效果的重要指标,板顶沉降检测和控制对冲击压实质量控制具有重要的意义。

检测时,沿路线每隔10m,在面板左、中、右三点布置测点。在冲击压实过程中,每冲压5遍作为一个检测单元,测取各测点高程值。分别计算冲压5、10、15、20遍后相对于原高程的总沉降值。随着冲压遍数的增加,相对沉降值逐渐减小,并趋于稳定。以相邻两次冲击压实的沉降量差值小于5mm为收敛指标,即可停止冲压。

5. 强度检测

冲击压实后破裂的水泥混凝土路面结构承载能力测试和评价分析可以参考公路路基路面现场测试规程的土基回弹模量的方法,采用承载板试验测试和确定冲压后旧混凝土表面和板底基层顶面回弹模量。

6. 施工注意事项

(1)严格控制在标示的作业区内施工,根据不同情况,合理选择套压或单道压实,不得有错压、漏压。

(2)在冲击压实过程中应派人观察沿线构造物,防止周边建筑物振动破坏。发现墙体开裂、挡墙外鼓等异常情况应立即停止施工。在调查分析其原因后应采取措施,避免对沿线支挡、桥涵、建筑结构的破坏。

(3)施工过程中遇下雨天气,应立即停止作业并做好作业区遮盖工作,防止雨水渗入路床等。冲击压实结束后,其它后续施工应立即跟上,防止雨水渗入。

## 第四节　门板式打裂压稳破碎利用技术

### 一、门板式打裂压稳技术

门板式打裂压稳技术(plate crack and seattechnology)是采用门板式破碎机每

隔30～55cm将混凝土板横向打裂，然后用重型胶轮压路机压实后作为新铺路面结构基层或底基层的旧混凝土路面现场破碎再利用技术（如图5-5所示）。

门板式打裂压稳的设备是门板式破碎机。它利用机械液压系统将重达5t的铁质门板提升到一定高度然后自由落下，利用门板巨大的重力冲击作用将水泥混凝土板打裂，冲击强度由门板高度和门板间距确定。铁质门板提升的高度可以通过在支架上设置的铁梢高度来调整，每次门板提升都要碰到铁梢才下落。PB2500—Ⅱ型门板式打裂设备的门板提升最大高度为1.5m，门板间距一般不大于0.6m，门板侧刀宽度2.5m。确定门板高度时应避免过度破坏，打裂时不使路面板产生过大位移，也不宜使混凝土板由于打裂产生大量的碎屑。路面被打裂破碎后，用压路机碾压稳定，然后再开放交通。

图5-5　门板式打裂压稳施工

## 二、门板式打裂压稳技术的施工程序和工艺

1. 旧路面的处理

（1）挖补：对旧水泥混凝土路面中软弱和损坏的基层进行清除，并用适宜材料换填压实。

（2）疏通排水系统，使之能快速排除雨水，防止浸泡打裂后的路面。

（3）现场对结构物进行调查并做出标记，以确保破碎不会对这些构造物造成损坏。经验表明，打裂压稳破碎不会对埋置深度大于1.5m以上的构造物造成损坏。因此对于埋深大于1.5m的构造物可以不予标记；对埋深小于1.5m的暗涵、通道、水渠等应作出打裂标志，施工时降低门板高度或用其它方法破碎；对桥梁及明涵等则应标出禁止在其上部破碎施工。

2. 试破碎

在正式开始打裂施工之前，应选择具有代表性的路段进行试破碎。通过破碎后结构层顶面的回弹模量和破碎块尺寸检测，确定破碎设备的合适施工参数，包括门板提升高度、刀距等。门板提升高度应由低到高不断调整，刀距也是从大到小不断调整直至达到打裂要求。

3. 破碎施工

根据破碎试验施工参数进行破碎施工。由于同一条路的路基强度、含水率和路面强度的不一致，会产生相同施工参数却破碎效果不同的情况。因此，施工期间应及时检查破碎效果，如不符合要求，应根据实际破碎状况及时调整冲压遍数、门板提升高度或刀距，使破碎效果符合要求，以防止出现过度破碎或破碎不够的现象。对于局部出现面积大于$2m^2$而未破碎的混凝土面板时，应调整设备破碎间隔，进行局部补充破碎，以保证破碎质量。

4. 压路机压稳破碎路面

破碎后用25T轮胎式压路机碾压稳定破碎路面。一般压稳遍数为3～5遍，碾压速度不超过4.8km/h。压稳过程中操作人员应紧跟压路机观察路面板的压实稳定情况。对压实过程中活动的板块应用油漆做出标记，所有压实后不稳定的板，应打碎成更小的块，并进行清扫和压实，使打碎的板稳定在基层上。

5. 清扫

若在打裂压稳的旧混凝土路面上直接铺筑沥青面层，则应在混凝土路面打裂压稳后，清除打裂压稳表面上松散、破碎的混凝土、尘土。

6. 清缝和封缝

对于宽度较大的接缝，应采用加压空气或其它方法清除接缝中的松散物料，如果接缝宽度较大应采用封缝料进行封缝。

7. 洒布黏层油

当直接在打裂压稳的混凝土路面表面上铺筑沥青面层时，在表面清扫完成和清缝及封缝完成后，应在打裂压稳的路表面洒布黏层油，以保证破碎混凝土路面与沥青面层的有效结合，参考洒布量为0.3～0.7L/m$^2$。

8. 铺筑沥青面层

在洒布完黏层油后，即可铺筑沥青面层。

若在打裂压稳的混凝土路面上铺筑设有水泥稳定碎石等基层，则在表面清扫干净后，即可铺筑基层，在基层达到强度要求后再铺筑沥青面层。

**三、门板式打裂破碎施工质量控制**

1. 打裂效果检验

门板式打裂破碎技术的破碎要求是使75%以上的路面板出现不规则开裂，相邻裂缝形成的块状面积为0.4～0.6m$^2$。

打裂时要控制门板提升高度，不宜过高或过低。过大的高度产生的冲击力太大，易使水泥混凝土面板严重破裂而产生过大的位移，出现大量的碎屑；高度不够，冲击力太小，达不到打裂效果。为检验是否达到破碎效果，可以采用以下3种方法检验。

（1）外观检查：一般情况下，门板冲击破碎后的路表面裂纹很细，路面开裂情况难以判定。因此，可以用水将路面淋湿，等待水稍干能看清裂纹时，检测裂纹围成的面积，并由此评定开裂的程度是否满足要求。如果有25%以上的图形面积大于0.6m$^2$，说明破碎效果未达到设计要求，需重新打。

（2）现场取芯检测：对路面取芯以确定开裂的程度和深度。由于路面开裂未必沿竖直方向，因此，取样位置宜选择在有冲击痕迹的端部，或开裂交叉点。根据芯样的裂纹情况判定开裂的程度。

(3)挖开检测:这是最直接的检验打裂效果的方法。选择有代表性的几块板,用挖掘机或人工翻挖,量测碎块面积,确认不规则开裂面积是否控制在0.6$m^2$以内。

2. 压稳检测与控制

控制标准:在施工路段内,每25m取一点,作为压稳测量的监控点。在打裂完成后对各点进行水准测量,根据每压稳1遍时各测点的沉降量变化评价压稳效果。当每次碾压后各测点的最大沉降变化量小于5mm时,则认为压稳施工达到要求。一般压稳遍数为3~5遍,压实速度不应超过4.8km/h,压稳次数最少不得小于2遍。试验段内压稳遍数测试的测点不少于5个。

3. 弯沉值检测

用BZZ—100标准轴载和弯沉仪定点、定位测试破碎混凝土板表面的弯沉值,以评价破碎混凝土路面层表面的强度大小和均匀性、破碎块的稳定性,为加铺层设计提供依据。

## 第五节 旧水泥混凝土路面多锤头破碎再利用技术

### 一、多锤头碎石化技术及特点

多锤头碎石化技术MHB(multiple head break technology)是用多锤头破碎机将旧水泥混凝土路面一次性破碎为碎块状柔性结构层,作为新铺路面基层或底基层使用的旧水泥混凝土路面现场破碎再利用技术。碎石化技术于20世纪后期起源于美国,用这种技术破碎后的混凝土板块体粒径较小,其强度形成原理更接近嵌挤碎石结构,因而称为碎石化技术。

水泥混凝土路面经多锤头破碎机碎石化后成为嵌挤颗粒,使板的整体性、强度和刚度大大降低,可以最大限度地避免混凝土板块刚度大而引起的反射裂缝及其它破坏,因此是解决水泥混凝土路面大修改造路面结构产生反射裂缝的有效方法。

经多锤头破碎机破碎后的水泥混凝土路面破碎块体粒径自上而下逐渐增大。上部小颗粒经压实后能形成平整的表面而便于上部结构层摊铺,下部较大粒径的颗粒之间形成嵌挤结构。故破碎并压实后的破碎混凝土路面易形成紧密性好、内部强度稳定的结构层,从而可为加铺路面结构提供强度较高的基层或垫层。

多锤头碎石化技术具有施工简便、速度快,综合造价较低,环保无污染的特点,解决了传统旧水泥路改造中的交通干扰、环境污染、资源浪费、高成本、低效率等缺陷,使旧混凝土路面资源得以全部再利用,减少了废料丢弃,节约资源,保护环境。

### 二、多锤头碎石化技术的应用范围

一般情况下,多锤头碎石化技术可以用于各种破损状态的水泥混凝土路面的破碎。但是当路面状况较好时，若利用碎石化把其全部破碎将是一种浪费。因此实际工程中，是否采用碎石化破碎技术对旧混凝土路面进行破碎主要考虑的因素是旧路面的破损状况。当错台、翻浆和角隅破坏、开裂、断板或下沉病害严重，路面状况指数 $PCI < 54$，断板率 $DBL \geqslant 20\%$，路况评价结果为中以下，采用局部修补工程量大而不经济且容易产生反射裂缝的旧混凝土路面，可以考虑采用碎石化破碎。作为破碎方案选择，一般地，用镐式破碎、冲击破碎、门板式打裂破碎的旧混凝土路面都可以采用多锤头碎石化技术进行破碎，但不同地区的设备条件不同，是否采用多锤头破碎技术应根据当地设备情况、施工技术条件、道路条件及周边建筑物的抗震敏感性等作技术经济比较后确定。

## 三、旧水泥混凝土路面碎石化施工机械

旧混凝土路面碎石化的主要设备有 MHB 类设备和共振式设备两种类型。这两种设备相比，共振式碎石化设备破碎程度较高，破碎后块体粒径更小，因而板块强度损失程度也较大，需要加铺的路面结构要求更高，不够经济。因此，目前 MHB 成为碎石化的主要设备。

多锤头破碎机（图 5-6）是多锤头破碎技术的核心机械。这种设备以柴油机为动力源，后部有两排重锤和橡胶轮胎，不同型号的多锤头破碎机的锤重、锤的数量和破碎路面宽度都不尽相同，但基本构造和工作原理大同小异。以 MHB—16 型多锤头破碎机为例，该设备单幅破碎宽度为 3.50m，有 16 个重锤，分为 2 排，分布在设备的尾部，每排重锤的间距相等。中间锤 12 个，锤重 600kg；边锤 4 个，锤重 850kg。每对锤单独配以一套液压提升系统为动力，在破碎时按一定规律自由下落，落锤高度可以根据需要调整，一般控制在 0.8 ~ 1.3m。

a）

b）

图 5-6　多锤头破碎施工

a）多锤头破碎机；b）Z 型压路机

多锤头破碎技术利用重锤的冲击能量将混凝土路面破碎，通过调节落锤高度调整冲击能量，控制破碎混凝土块体的尺寸。由于锤头分布合理，对路面的冲击力分布较均匀，所以破碎块体的粒径相对较小。虽然中间锤的质量比边锤轻，但中间区域存在冲击能量交叉和共振作用，使破碎粒径仍比较均匀。

Z型振动压路机是多锤头破碎施工的配套压实机械，是一种在钢轮表面带有Z状纹理的振动式压路机（如图5-6所示），自重不小于10t。它利用钢轮表面的Z形纹路构造对多锤头破碎的混凝土块进一步破碎压实，特别是那些裂纹但仍未断开的混凝土块在Z型振动压路机碾压下将进一步断裂，并使碎石化后的路面平整、稳定。此外还应配套光轮压路机，通过Z型压路机和光轮压路机对破碎表面的碾压，使破碎的混凝土路面形成平整的路面基层或垫层。

## 四、旧混凝土路面碎石化结构层的特点和强度形成机理

在对旧混凝土路面进行碎石化时，重锤下落撞击水泥混凝土路面，被撞击部位的介质发生急速的破裂和运动，这种扰动构成了一个波源。由于水泥混凝土路面面板、基层及路基构成一个连续的介质结构，当这种波动向结构各处传播开去时就形成了连续介质中的波动，称之为冲击波。与重锤锤刃直接接触的混凝土表面最靠近波源，受到的波动最大，因此表面的混凝土被振裂成碎石。随着冲击波往混凝土板深处的传播和深度的增加，波动的能量越来越小，冲击能量逐渐衰减，水泥混凝土板受到的冲击力也越来越小，使破碎的混凝土颗粒粒径沿深度方向逐渐增大。多锤头碎石化的这种能量传递和衰减过程，使多锤头碎石化破碎不可能产生颗粒均匀的结构层，而是随着深度的增加，混凝土块体颗粒粒径沿深度方向呈逐渐增大的粒径分布的结构层。

根据混凝土板破碎颗粒粒径和强度沿板块厚度方向变化，可以将碎石化的旧混凝土路面分为碎石化上层、碎石化中间层和碎石化底层三个层次，如图5-7所示。

图5-7 碎石化的混凝土块体粒径沿深度的分布断面

碎石化上层位于混凝土板顶部，是混凝土板受到重锤刃直接冲击后形成的粒径较小呈粉碎状的松散结构层，厚度约为2～5cm。由于与重锤锤刃直接撞击，表面形成一道道相对粉碎状的条纹，如图5-8所示。碎石化上层经压实后，颗粒被压密，形成嵌挤薄层，洒布透层油后，使其具有较高的黏结力。因此碎石化上层的强度和稳定性来自颗粒间的嵌挤作用和沥青的黏结作用。

碎石化中间层位于上层下面，是经重锤冲击后形成的呈碎块状的松散碎石层，

厚度约为10cm,如图5-9所示。碎石化中间层未与重锤锤刃直接接触,以及上层对能量的吸收,其受到的能量不及表面大,破碎的粒径也较松散层大,通常粒径不大于10cm。由于中间层受到的扰动较大,碎石颗粒不能形成连续密级配,粗颗粒多,中等颗粒和细颗粒含量少,混凝土颗粒无法形成嵌锁。中间层的这种颗粒组成使其结构强度主要来自破碎颗粒间嵌锁作用产生的内摩阻角,粒径越大,内摩阻角越大;其次,来源于旧水泥混凝土面板破碎时混凝土产生的侧向体积膨胀压应力,混凝土颗粒的粒径越小,膨胀趋势越大,产生的预压应力越大。

图5-8　松散的碎石化上层

图5-9　碎石化中间层

碎石化底层位于破碎混凝土板结构的下部,是经冲击形成"裂而不碎"呈开裂状块体的结构层,如图5-10所示。裂纹多为倾斜向下,裂纹越往下越细。这是由于上层和中间层对锤头冲击能的吸收,使板底受到的冲击能更小,对板的破碎效果也变差的缘故。但是,由于破碎的混凝土块未产生移动,契合良好,破碎块体间形成强大的嵌挤咬合作用,使碎石化底层具有较高的强度而能承受上部传递下来的荷载并把它分散和传递到相邻的块体上,使碎石化底层成为碎石化混凝土板结构层的主要强度来源和承载结构层位。

图5-10　呈开裂状块体的碎石化底层

综上所述,多锤头破碎过程中的能量传递由上至下逐渐衰减,使破碎的混凝土块体形成粒径和结构强度不同的3层结构。上、中层粒径较小,结构松散,嵌挤作用较弱,强度低;而下层破碎块度较大,呈裂纹破碎,嵌挤作用强,是破碎混凝土层的主要强度结构层。施工过程中可以通过调整冲击破碎能量形成合理的结构层强度和粒径分布,达到破碎效果,既满足防止反射裂缝要求,又保持混凝土结构层的足够强度。

## 五、多锤头破碎施工程序和工艺

(1)标示出破碎施工路段桥涵、挡墙、管线等易受冲击振动影响的建筑结构物,以确保破碎施工振动不会对这些构造物造成损坏。根据多锤头破碎时的能量传递深度及施工经验,多锤头破碎不会对埋深大于1.5m的构造物造成损坏,因此对埋深小于1.5m的暗涵、通道、水渠等应作出打裂标志。施工时可降低锤头高度，避免对这些埋深较浅的结构物产生破坏，桥梁及明涵等禁止用破碎施工。

(2)处理旧路面的软弱部位：混凝土路面破损严重的部位长期受下渗的地面水影响，使基层、路基含水量较高，破碎时，这些湿软基层和路基将吸收锤头的冲击能，使作用于混凝土板上的能量减小，影响破碎效果。因此，施工前必须对含水率高的破损湿软部位进行处治。其方法是根据现场情况，清除原破碎混凝土路面，挖除湿软基层、土基至有足够稳定性的部位，然后采用级配碎石或片石或破碎的混凝土板块换填至旧混凝土板顶高度，并利用重锤冲击对这些换填材料进一步夯实。

(3)试破碎：多锤头破碎的效果不仅与机械的冲击能量有关，还与混凝土面板的强度、厚度、路面结构和完好情况等有关，不同路面结构的破碎施工冲击参数差别可能会很大。因此，在进行大面积破碎施工前，应先在施工路段上选择具有代表性的路段进行试破碎施工试验，通过试破碎确定适合该混凝土路面结构的落锤高度、落锤间距、频率、刀具和行驶速度等施工参数，为后续施工控制提供施工参数。一般情况下，落锤高度和间距是影响破碎效果的两个重要施工参数。施工时调试的基本原则是：落锤高度要求调到最大值，而通过调整落锤间距来控制破碎效果。如果锤距太小，表面破碎块尺寸太小，粉状混凝土含量太多，影响乳化沥青的下渗；锤距太大，表面破碎块尺寸太大，达不到设计要求。在试破碎施工中应通过挖坑检测上、中底层的粒径情况，综合调整落锤高度和间距，得出达到破碎效果要求的施工参数。

(4)根据试破碎确定的落锤高度、落锤间距、行驶速度调整机械进行破碎施工。施工中，必须有施工管理人员跟进检查破碎情况。当遇到按设定的施工参数破碎而没有得到合格的破碎效果时，应视具体情况及时调整落锤高度或落锤间距等施工参数，直至达到破碎效果。破碎过程最好一次达到要求，尽量避免二次补充破碎。

(5)调平：一般情况下水泥混凝土路面破碎后不需要人工或机械平整，因为这将破坏水泥混凝土碎石化的效果。但是若压实前发现碎石化路面表面凸凹不平，下凹深度超过5cm时，应用密级配碎石材料回填并压实，或采用面层材料补强。

(6)采用Z型压路机将破碎后路面振动压实1~3遍；用钢轮振动压路机碾压1~2遍，使碎石化结构层平整密实。

(7)浇洒透层乳化沥青。透层乳化沥青的作用是使破碎的上层结构黏结成整体，同时防止施工期间雨水下渗，因此，碾压完成后应及时浇洒透层油。乳化沥青用量控制在2.5~3.5kg/$m^2$之间，渗透深度约3~5 cm，形成类似于贯入式沥青路面的沥青碎石层；若表面细粉料太多，可先用水潮润后再洒乳化沥青，以增加乳化沥青的灌入深度。

(8)撒铺封层碎石:浇洒透层乳化沥青后应立即撒封层碎石,粒径为3~5mm,然后用钢轮压路机碾压2遍,使碎石化层表面稳定密实平整,增强防水性。

(9)碾压成型后,实行交通管制,以防止车轮推挤破坏碎石化效果。待乳化沥青破乳后,才能开放交通。

碎石化完成后应及时铺筑基层、面层,同时加强横向排水,尽量避免雨水经过碎石化结构层下渗,影响土基和结构强度。

## 六、多锤头碎石化施工质量控制

### 1. 破碎粒径的检测与控制

对破损病害严重的旧混凝土路面进行碎石化破碎的目的是减小混凝土板的块度尺寸及整体刚度,避免过大的混凝土块尺寸和刚度引起反射裂缝。因此,破碎的粒径越小,越不容易产生反射裂缝。根据碎石化层粒径从上到下粒径逐渐增大的分布,如果碎石化层的粒径太小,会使破碎后的结构层强度降低太多而浪费。因此,碎石化后的颗粒粒径不宜过细,而太大也不利于反射裂缝的消除,所以破碎粒径范围控制对碎石化减小反射裂缝效果及保持结构层强度具有十分重要的意义。

一般情况下,要求在充分碾压后的水泥混凝土破碎率达到75%,上层最大粒径不超过7.5cm,中间层不超过22.5cm,底层不超过37.5cm。对粒径的确认检验应通过开挖试坑过筛或卡尺测量检测。当单幅路面破碎长度超过1km时,每1km要补充1~2个试坑,检验粒径是否满足要求。如果不满足要求应作调整,并以试坑粒径状况与试验段有无显著差别作为判断是否合格的依据。

同一条路段由于地质状况、路面强度的不一致,会产生不同的破碎效果。施工期间应根据实际破碎状况及时调整冲压遍数,以防止出现过度破碎与破碎不够等现象。调整的原则是:对于局部出现面积大于1m$^2$的未破碎混凝土面板时,应调整设备破碎宽度,进行局部补充破碎,以保证破碎质量;对于下卧层强度差异较大的不同路段,要作不同的设备参数控制,可在其中一段控制参数的基础上,作小幅调整,以满足其他段的破碎要求。

### 2. 破碎顺序和搭接宽度

破碎顺序应先从路面低处向高处过渡,破碎宽度应大于一个车道宽度,两幅破碎间的搭接宽度在15~20cm左右。左右两幅面板纵缝应进行搭接破碎,以保证彻底消除纵缝的反射裂缝。

### 3. 施工注意事项

(1)若原混凝土路面上加铺了沥青混凝土罩面层,多锤头破碎前应先清除沥青罩面材料;对于破碎严重,基层和路基渗水严重的路段,破碎前应挖出破碎板块及湿软的基层和土基,然后用碎石或片石或破碎成一定尺寸的旧混凝土路面块体换填。

(2)应尽可能封闭交通施工,全部路面结构层完成后开放交通;对于重交通路段，不能中断交通时，路面破碎及封油后可以临时开放交通，但应尽快铺筑加铺层，尽量缩短碎石化层通车时间。

(3)施工过程中应重点控制好破碎粒径、碾压顺序及碾压遍数。机械操作人员应与质控人员紧密合作，不定期检测路面破碎情况，以确保破碎质量。

(4)加强各工序间的紧密衔接，破碎碾压完成后，及时洒布乳化沥青透层，尽量避免雨水下渗。

## 第六节　破碎处治旧混凝土路面上的沥青路面设计

### 一、破碎处治利用旧混凝土路面上的沥青路面结构设计程序

(1)旧路面破损病害调查及技术状况评价：旧路交通量、路面结构、建管养历史调查，旧路面强度、破损病害类型、行驶状况调查与评价。

(2)旧混凝土路面破碎再利用方案的确定：旧路面破损严重，路面状况指数 *PCI* 等级评价为次或差，采用局部修复方案时，修复面积大，脱空板多，出现反射裂缝的风险较大。根据路面技术状况的定性和定量评价分析结果，确定旧混凝土路面的处治方案—就地破碎再生利用。

(3)根据旧混凝土路面的破损情况、路基路面强度、周边环境条件、当地施工机械来源、不同破碎方案的技术经济性及对防止反射裂缝的效果，确定破碎方案与机械。

(4)根据确定的破碎方案，拟定不同的路面结构组合设计，选择两至三个加铺结构方案，以便于计算和技术经济对比分析。

(5)确定各结构层设计参数，按新建路面设计方法计算各方案的结构厚度计算。

(6)对各结构方案进行技术、经济的对比分析，确定经济合理、安全可靠的加铺结构。作为最终加铺结构。

(7)提出选择的旧路面破碎方案的施工工艺、技术指标和质量控制要求。

(8)提出各结构层的材料要求、施工工艺和质量控制要求。

### 二、破碎处治旧混凝土路面上的沥青路面结构设计

在破碎的旧混凝土路面上加铺沥青路面结构的设计方法与新建道路的沥青路面结构设计基本相同，设计的关键是确定破碎混凝土板结构层的顶面当量回弹模量或综合回弹模量。破碎处治旧混凝土路面上的沥青路面结构设计方法和步骤如下。

#### (一)轴载换算

沥青路面设计采用双轮组单轴重 100kN 作为标准轴载，以 BZZ—100 表示。

标准轴载的计算参数见表 5-1。

标准轴载 BZZ—100 计算参数　　表 5-1

| 标准轴载 $P$(KN) | 100 | 单轮传压面当量圆直径 $d$(cm) | 21.3 |
|---|---|---|---|
| 轮胎接地压强 $p$(MPa) | 0.7 | 两轮中心距(cm) | 1.5d |

各种车型的不同轴载对路面的作用次数应换算成 BZZ—100 标准轴载对路面的当量轴载作用次数。

当以设计弯沉值和沥青层层底拉应力为设计指标时，各级轴载按式(5-1)换算成标准轴载 $P$ 的当量轴次 $N$

$$N=\sum_{i=1}^{k}C_1C_2n_i\left(\frac{P_i}{P}\right)^{4.35} \tag{5-1}$$

式中：$N$——以设计弯沉值和沥青层层底拉应力为指标时的标准轴载的当量轴次，次/d；

$n_i$——被换算车型的各级轴载作用次数，次/d；

$P$——标准轴载，kN；

$P_i$——被换算车型的各级轴载，kN；

$C_1$——被换算车型的轴数系数；当轴间距大于 3m 时应按单独的一个轴载计算；当轴间距小于 3m 时，双轴或多轴的轴数系数用公式(5-2)计算；

$$C_1=1+1.2(m-1) \tag{5-2}$$

$m$——轴数；

$C_2$——被换算车型的轮组系数，双轮组为 1.0，单轮组为 6.4，四轮组为 0.38；

$k$——被换算车型的轴载级别。

当以半刚性材料层的拉应力为设计指标时，各级轴载应按式(5-3)换算成标准轴载 $P$ 的当量轴次 $N'$

$$N'=\sum_{i=1}^{k}C'_1C'_2n_i\left(\frac{P}{P_i}\right)^{8} \tag{5-3}$$

式中：$n_i$——被换算车型的各级轴载作用次数，次/d；

$C'_1$——被换算车型的轴数系数；双轴或多轴的 $C'_1$ 用式(5-4)计算；

$$C_1=1+2(m-1) \tag{5-4}$$

$C'_2$——被换算车型的轮组系数，双轮组为 1.0，单轮组为 18.5，四轮组为 0.09。

**(二)累计当量轴次计算**

设计年限内一个车道上的累计当量轴次 $N_e$ 用式(5-5)计算

$$N_e=\frac{[(1+\gamma)^t-1]\times 365}{\gamma}N_1\eta \tag{5-5}$$

式中：$N_e$——设计年限内一个车道上的累计当量轴次，次/车道；

$\gamma$——设计年限内交通量的平均年增长率，%，根据项目可行性研究报告或现场交通量调查资料分析确定；

$t$——设计年限，a，根据经济、交通发展情况以及该公路在公路网中的地位，考虑环境和投资条件综合确定。各级公路的沥青路面设计年限不宜低于表5-2的要求。若有特殊使用要求，可适当调整；

$N_1$——营运第一年双向日平均当量轴次，次/d；

$\eta$——车道系数；见表5-3，公路无分隔带时，车道窄宜选高值，车道宽宜选低值；当上下行交通荷载有明显差异时，可按上下行交通特点分别进行结构与厚度设计。

**各级公路沥青路面设计年限**　　表5-2

| 公路等级 | 设计年限 $t$(a) | 公路等级 | 设计年限 $t$(a) |
|---|---|---|---|
| 高速公路、一级公路 | 15 | 三级公路 | 8 |
| 二级公路 | 12 | 四级公路 | 6 |

**车道系数**　　表5-3

| 车道特征 | $\eta$ | 车道特征 | $\eta$ |
|---|---|---|---|
| 双向单车道 | 1.0 | 双向六车道 | 0.3～0.4 |
| 双向两车道 | 0.6～0.7 | 双向八车道 | 0.25～0.35 |
| 双向四车道 | 0.4～0.5 | | |

## （三）沥青路面交通等级划分

根据道路的交通组成和累计当量轴次，沥青路面的交通可划分为以下等级，见表5-4：

**沥青路面交通等级划分**　　表5-4

| 交通等级 | BZZ—100累计当量轴次（次/车道） | 大客车及中型以上的货车［辆/(d·车道)］ |
|---|---|---|
| 轻交通 | $<3\times10^6$ | <600 |
| 中等交通 | $3\times10^6\sim1.2\times10^7$ | 600～1 500 |
| 重交通 | $1.2\times10^7\sim2.5\times10^7$ | 1 500～3 000 |
| 特重交通 | $>2.5\times10^7$ | >3 000 |

## （四）加铺路面典型结构组合设计

不同破碎方法对混凝土路面的破碎效果不同，其强度不同，各道路的交通量和交通组成也不相同，因此，加铺路面结构组合也不相同。在破碎旧混凝土路面上加铺沥青路面结构总体上可以分为3种：

a. 沥青面层+破碎的旧混凝土路面板。

b. 沥青面层+半刚性基层+破碎的旧混凝土路面。

c. 沥青面层+半刚性基层+级配碎石(砂砾)+破碎的旧混凝土路面。

加铺沥青路面结构组合方案设计时,应考虑以下因素:

1. 破碎旧混凝土路面产生反射裂缝的可能性评估

不同破碎方案所得混凝土块的大小不同,对混凝土板与旧路基间的压实效果和稳定不同,一般情况下:①多锤头破碎的混凝土路面块体尺寸较小,从上到下,粒径分布和结构层强度不同。上部较小粒径层可以起到防止反射裂缝的作用,只要对软弱的部位进行换填压实处理,确保表层贯入沥青层施工质量,出现反射裂缝的机率较小;②冲击破碎压实所得破碎混凝土块的尺寸较大,受机械条件限制,破碎板块的稳定性和均匀性不易控制,出现反射裂缝的机率相对较大,特别是在重交通条件下,更容易在破碎施工控制不到的部位产生反射裂缝;③门板式打裂破碎效果与冲击破碎压实相近,但门板式打裂机械的打击次数和相邻打击部位可以在机械施工过程中控制,其破碎板块的均匀性和稳定性优于冲击破碎压实,但这种破碎方法仍具有破碎板块块度较大的问题,在重车较多的交通条件下,仍有出现反射裂缝的可能;④镐式破碎可以控制破碎块的大小,但破碎块不可能太小,过小的破碎将带来较高的费用,同时,在破碎过程中,会使旧混凝土板与基层间的连接受到扰动,对板块和路基的压实稳定不如冲击破碎和门板式冲击破碎。因此,镐式破碎出现反射裂缝的几率要高于冲击破碎压实和门板式冲击破碎。根据不同破碎方法的旧混凝土路面产生反射裂缝可能性的评估,在结构组合设计时考虑相应的防裂措施。

2. 交通量和交通组成

根据不同破碎方案所得旧混凝土路面出现反射裂缝的可能性分析,对于重交通或交通组成中重车较多的道路的破碎旧混凝土路面上加铺沥青面层时,宜选择设置半刚性基层的结构组合b,对于轻交通或重车较少的道路,混凝土板用多锤头破碎方法处治,可选择沥青面层+破碎的旧混凝土路面板的结构组合a,对于多锤头破碎以外的其它三种破碎利用方案破碎的旧混凝土路面,采用结构组合b,应做好防裂措施,保证破碎板块的稳定及加铺沥青层有足够的厚度。

3. 加铺路面的高程条件

若不受道路两侧高程限制,多锤头破碎的旧混凝土路面,应尽量选择"沥青面层+半刚性基层+破碎的旧混凝土路面"的结构组合;对于其它破碎块度较大的旧混凝土路面,宜选择"沥青面层+半刚性基层+级配碎石(砂砾)+破碎的旧混凝土路面"的结构组合;若加铺高程受限,如城镇街道地段,在破碎旧混凝土路面上不能加铺半刚性基层结构时,宜挖除旧路面结构重新进行路面结构设计,铺筑新路面。若加铺高程受限也可以选择直接在破碎的旧混凝土路面上加铺沥青面层。这种结构选择应根据当地的应用经验并进行论证,施工中加强防裂施工控制。例如,广西百色地区的二级公路上就常用"沥青面层 + 级配碎石 + 破碎的旧混凝土路面板"的加铺结构,级配碎石厚度 20 ~ 30cm,使用效果良好,路上有较多重车,但仍未出现明显的车辙、推挤等变形病害。

4. 破碎后的旧路面结构强度

旧混凝土路面破碎后,强度和整体性将显著下降,不同破碎方法破碎后的路面强度不同。加铺结构组合设计时,应根据现场调查资料和破碎方法破碎后的旧路面结构层的强度形成原理,以及强度测试结果确定加铺路面结构组合。

**(五)结构设计参数确定**

1. 破碎处治旧混凝土路面的结构设计参数

用现场破碎压实技术对旧混凝土路面进行再利用,既节约了资源,又避免了旧混凝土路面堆弃产生的环保问题。然而,在新路面结构设计中,如何评价破碎后的旧混凝土路面结构层强度,目前没有合理的方法,并且不同的破碎方法,所得的破碎结构层的强度形成也不同,结构层强度也不同,因此成为新铺路面结构设计的难点,是值得研究的课题。

根据我国沥青路面结构设计的弹性层状体系理论,在新路面结构设计中,把旧混凝土路面结构层作为单独的一层还是作为新铺路面结构路基的一部分,其所得路面结构厚度显然是不同的。但作为破碎后的混凝土路面板是从环境保护和资源节约方面考虑对旧混凝土路面材料的再利用,设计中不宜期望破碎的混凝土板能够减薄加铺路面结构厚度而有所节约,因此对破碎旧混凝土路面在结构设计中的取值应结合破碎后的形态、强度形成原理和现场测试结果等综合确定。对破碎层的强度既不宜过高估计也不宜过低评价,而对其利用不够。若把破碎旧路面作为新路面的一个结构层,则土基可以看作是强度均匀的地基结构。根据各种破碎方法对旧混凝土路面的破碎结构强度形成机理,破碎的旧混凝土路面是通过嵌锁作用形成的一种散粒体结构,强度主要由破碎块体间的嵌锁作用构成,4 种不同的破碎方法所得破碎混凝土块体尺寸和结构不同。门板式破碎、冲击压实破碎和镐式破碎所得破碎混凝土板结构层的强度形成原理基本相同,强度取决于破碎块体强度、破碎块体间的嵌锁强度和地基强度三方面。这种结构与我国过去常用的片石路面结构层相似。而对于多锤头破碎的混凝土板块,上两层类似于未筛分级配碎石,下层粒径和强度形成也与片石结构层相似,单层结构强度设计可参考片石结构和相关已有研究成果确定。

综上所述,当把破碎的旧混凝土路面当作加铺路面的一个结构层考虑时,影响其结构层本身的强度因素多,土基强度难以评定;若把其当作加铺路面结构的"土基"考虑,则顶面整体强度测试较为方便,测试方法有承载板法、弯沉测试法等。通过顶面整体强度评价对地基强度进行间接评价,操作性更强。设计时可以把破碎的旧混凝土路面作为新建路面结构的“土基”,破碎的旧混凝土路面顶面的综合回弹模量作为“土基”的模量。其取值为用承载板法、弯沉测试法所得综合模量值—破碎的旧混凝土路面顶面模量值,取值和计算方法可参考沥青路面设计规范的承载板法和弯沉测试法的土基模量的公式,结合现场施工测试动态确定。

由于旧路面结构强度受土基干湿状况和强度、旧路面结构状况(基层、垫层的设置情况和厚度)与混凝土板厚度、破碎方法等多种因素的影响,为使新设计路面结构与实际“路基”强度相适应,避免对破碎的旧混凝土路面强度评价过高或过低,设计时宜采用动态设计,即:在旧混凝土路面破碎完成后,对其表面进行弯沉测试或承载板试验,求得破碎混凝土板顶面综合回弹模量。根据测试结果与设计取值的符合程度,对加铺路面结构进行重新设计修正,使加铺结构与破碎后的混凝土板结构强度相适应,确保加铺结构设计安全可靠,经济合理。

2. 基层和底基层材料设计参数

在破碎处治的旧混凝土路面上采用的基层或垫层材料与新建沥青路面的相同,设计时可以根据当地的材料来源确定,结构厚度设计参数取值可以参考表5-5确定。

**基层、底基层材料设计参数** 表5-5

| 材料名称 | 配合比或规格要求 | 抗压模量(MPa)(弯沉计算用) | 抗压模量(MPa)(弯拉应力计算用) | 劈裂强度(MPa) |
|---|---|---|---|---|
| 水泥砂砾 | 4%~6% | 1 100~1 500 | 3 000~4 200 | 0.4~0.6 |
| 水泥碎石 | 4%~6% | 1 300~1 700 | 3 000~4 200 | 0.4~0.6 |
| 二灰砂砾 | 7:13:80 | 1 100~1 500 | 3 000~4 200 | 0.6~0.8 |
| 二灰碎石 | 8:17:80 | 1 300~1 700 | 3 000~4 200 | 0.5~0.8 |
| 石灰水泥粉煤灰砂砾 | 6:3:16:75 | 1 200~1 600 | 2 700~3 700 | 0.4~0.55 |
| 水泥粉煤灰碎石 | 4:16:80 | 1 300~1 700 | 2 400~3 000 | 0.4~0.55 |
| 石灰土碎石 | 粒料>60% | 600~900 | 1 600~2 400 | 0.3~0.4 |
| 碎石灰土 | 粒料>40%~50% | 800~1 200 | 1 200~1 800 | 0.25~0.35 |
| 水泥石灰砂砾土 | 4:3;25:68 | 600~900 | 1 500~2 200 | 0.3~0.4 |
| 二灰土 | 10:30:60 | 400~700 | 2 000~2 800 | 0.2~0.3 |
| 石灰土 | 8%~12% | 200~350 | 1 200~1 800 | 0.2~0.25 |
| 级配碎石 | 基层密实级配型 | 300~350 | — | — |
| | 基层骨架密实型 | 300~500 | — | — |
| | 底基层、垫层 | 200~250 | — | — |

3. 沥青面层设计参数

在破碎处治的旧混凝土路面上加铺的不同类型沥青混合料面层的结构设计参数见表 5-6。材料类型的选择可以根据当地的气候条件、路面交通量、材料来源等确定,其厚度应大于最小结构厚度。

沥青面层材料设计参数 表 5-6

| 材料名称 | | 抗压模量(MPa) | | 15°C 时劈裂强度(MPa) | 备注 |
|---|---|---|---|---|---|
| | | 20°C | 15°C | | |
| 细粒式沥青混凝土 | 密级配 | 1 200 ~ 1 600 | 1 800 ~ 2 200 | 1.2 ~ 1.6 | AC-10、AC-13 |
| | 开级配 | 700 ~ 1 000 | 1 000 ~ 1 400 | 0.6 ~ 1.0 | OGFC |
| 沥青马蹄脂碎石 | | 1 200 ~ 1 600 | 1 600 ~ 2 000 | 1.4 ~ 1.9 | SMA |
| 中粒式沥青混凝土 | | 1 000 ~ 1 400 | 1 200 ~ 1 600 | 0.8 ~ 1.2 | AC-16、AC-20 |
| 密级配粗粒式沥青混凝土 | | 800 ~ 1 200 | 1 000 ~ 1 400 | 0.6 ~ 1.0 | AC-25 |
| 沥青碎石基层 | 密级配 | 1 000 ~ 1 400 | 1 200 ~ 1 600 | 0.6 ~ 1.0 | ATB-25、ATB-35 |
| | 半开级配 | 600 ~ 800 | — | — | AM-25、AM-40 |
| 沥青贯入式 | | 400 ~ 600 | — | — | — |

**(六)结构计算模型与设计指标**

路面结构设计采用双圆均布垂直荷载作用下的弹性层状连续体系理论进行计算,路面荷载及计算点如图 5-11 所示。

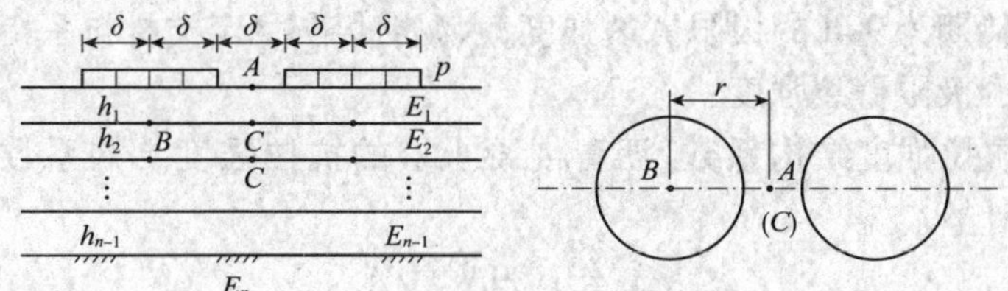


图 5-11 路面结构设计模型

注:$\delta$:当量圆半径;$r$:圆心到计算点的距离;$h_1 \sim h_{n-1}$:各结构层厚度;$E_0 \sim E_n$:各结构层弹性模量;$p$:轮压。

高速公路、一级公路、二级公路路面结构以路表面回弹弯沉值、沥青混凝土层的层底拉应力及半刚性材料层的层底拉应力为设计指标,即:

(1)轮隙中心处(A 点)路表计算弯沉值 $l_s$ 应小于或等于设计弯沉值 $l_d$

$$l_s \leqslant l_d \tag{5-6}$$

(2)轮隙中心(C 点)或单圆荷载中心处(B 点)的层底拉应力 $\sigma_m$ 应小于或等于材料的容许拉应力 $\sigma_R$

$$\sigma_m \leqslant \sigma_R \tag{5-7}$$

三级公路、四级公路的路面结构以路表面设计弯沉值为设计指标。

**(七)设计指标的计算**

(1)设计弯沉指标 $l_d$:根据公路等级、设计年限内的累计当量轴次和面层与基层类型用式(5-8)计算

$$l_d = 600N_e^{-0.2}A_cA_sA_b \tag{5-8}$$

式中:$l_d$——设计弯沉(0.01mm);

$N_e$——设计年限内一个车道上的累计当量轴次,次/车道;

$A_c$——公路等级系数,高速公路、一级公路为1.0,二级公路为1.1,三、四级公路为1.2;

$A_s$——面层类型系数,沥青混凝土面层为1.0,热拌和冷拌沥青碎石、沥青贯入式、沥青表面处治为1.1;

$A_b$——路面结构类型系数,半刚性基层沥青路面为1.0,柔性基层沥青路面为1.6。

(2)路面结构材料容许拉应力指标 $\sigma_R$:沥青混凝土面层、半刚性材料基层和底基层拉应力设计或验算指标 $\sigma_R$ 用式(5-9)计算

$$\sigma_R = \frac{\sigma_s}{K_s} \tag{5-9}$$

式中:$\sigma_s$——沥青混凝土或半刚性材料基层材料的极限劈裂强度(MPa),沥青混凝土的极限劈裂强度,系指15℃时的极限劈裂强度;二灰稳定类、石灰稳定类材料系指龄期为180d 的极限劈裂强度;水泥稳定类材料系指龄期为90d 的极限劈裂强度;水泥粉煤灰稳定类材料系指龄期为120d 的极限劈裂强度;

$K_s$——抗拉强度结构系数,沥青混凝土层的抗拉强度结构系数用式(5-10)计算。

$$K_s = 0.09N_e^{0.22}/A_c \tag{5-10}$$

无机结合料稳定集料类的杭拉强度结构系数,用式(5-11)计算

$$K_s = 0.35N_e^{0.11}/A_c \tag{5-11}$$

无机结合料稳定细粒土类的抗拉强度结构系数,用式(5-12)计算

$$K_s = 0.45N_e^{0.11}/A_c \tag{5-12}$$

**（八）结构厚度计算**

在各结构层设计参数和设计指标确定后即可进行加铺路面结构厚度计算，计算方法可以通过查三层体系诺谟图计算，也可以采用路面结构设计程序计算，一般情况下应采用计算机程序进行计算。

**（九）加铺结构的确定**

根据不同加铺结构方案的厚度计算结果，综合考虑当地施工技术条件、材料来源、工程投资等因素确定最终加铺结构。

## 三、加铺沥青路面结构材料设计

在确定加铺结构以后，还必须进行各结构层的材料设计。通过材料设计，提出各加铺结构层的材料性能指标及质量控制要求，作为施工和质量控制的依据。各结构层材料设计内容因材料的不同而不同。根据相关规范设计各结构层的材料要求，材料设计内容如下：

（1）沥青面层：沥青面层的类型、沥青的技术指标、沥青改性剂、集料的级配、集料的物理力学性能、沥青混合料的技术性能指标。

（2）黏层、透层：黏层、透层沥青的技术指标，满足其功能要求。

（3）半刚性基层或底基层：黏结料（水泥、石灰、粉煤灰等）的技术性能要求、碎石（砂砾）集料的物理力学性能、级配、混合料设计强度、参考配合比。

（4）根据前述不同破碎方法，提出破碎的旧水泥混凝土路面的破碎施工工艺、质量检测和控制要求。

## 四、施工工艺与质量控制指标

以结构设计和材料设计为基础，根据现行施工技术规范和指南，提出加铺沥青路面结构施工工艺与质量控制指标，包括：

（1）旧混凝土路面破碎工艺及质量要求。破碎工艺与施工参数按前述施工工艺确定，质量检测与控制指标如破碎块体尺寸大小、顶面弯沉指标或承载板测试模量指标等。

（2）加铺基层或底基层施工工艺及质量要求。基层或垫层的摊铺、拌和、压实、养生方法和要求，强度检测方法和要求、各结构层顶面施工验收弯沉等，作为施工质量控制依据。

（3）沥青面层施工工艺及质量控制。根据设计沥青面层类型，提出沥青混合料拌和、运输、摊铺、压实、接缝处理等各工序的施工工艺、注意事项，黏层油、透层油施工工艺和质量要求，作为沥青面层施工质量控制依据。

# 第六章　沥青路面技术状况调查与评价

为保证沥青路面良好的服务水平，必须对路面进行不同等级的养护维修，包括日常的养护维修、预防性养护、周期性的保养维修、小修、中修或改建等，使路面保持平整完好、横坡适度、排水畅通，具有足够的强度和抗滑性能。为使养护维修对策与路面技术状况和预期达到的服务质量水平相适应，合理分配有限的养护维修资金，在进行养护维修方案决策之前，必须对旧路面的技术状况进行调查、分析、评价，对路面产生变形、破坏的原因进行分析，最终针对沥青路面所处的技术状况采取相应的养护维修对策。因此，沥青路面技术状况调查与评价的目的是根据对沥青路面技术状况和病害的调查、评价结果，以及车辆对路面服务水平的要求，科学评定沥青路面运营服务水平和所处技术状况，为养护维修方案决策和资金分配提供依据。

## 第一节　沥青路面病害类型与原因分析

沥青路面在车辆荷载和气温、雨水、阳光等自然气候环境因素作用下将产生各种变形破坏病害，影响行车的安全和舒适，影响路面使用寿命。沥青路面破损病害形式多样，原因复杂，有时一种病害可能是多种因素综合作用的结果，但归纳起来主要有裂缝、松散和剥落、坑槽、车辙、沉陷、拥包、泛油、滑溜、啃边、修补损坏等形式。为了科学制定养护维修对策，增强养护维修方案的针对性，在进行养护维修决策与设计之前，根据道路的交通条件及所处气候环境、地形、土壤地质条件和路基水温状况，对沥青路面的病害进行调查与评估，分析不同病害的成因是十分必要的。沥青路面的变形破坏病害形式及其原因如下。

### 一、裂缝

无论是高等级公路还是低等级公路，裂缝是沥青路面最常见的病害。按其成因可分为荷载型裂缝和非荷载型裂缝两类；按其形式分则有纵向裂缝、横向裂缝、网状裂缝三种。这些裂缝的形式不同，产生的原因也不同，对路面使用寿命和使用性能的影响也不同。

(1)横向裂缝：指与行车方向近似垂直，有时伴有少量支缝的裂缝。其成因有以下几方面：

①沥青面层的低温收缩开裂,或基层低温缩裂或干缩引起的反射裂缝。由沥青面层温缩产生的裂缝或基层收缩产生的反射裂缝的特点是裂缝间距7~8m(或更长)不等,裂缝间距大致相等,是北方地区半刚性基层沥青路面常见的裂缝形式(图6-1)。当冬季气温下降时,沥青面层产生收缩,而由于路面几何形状和尺寸的关系,收缩的主轴为路线的纵向,因此形成的裂缝一般都是与路中线垂直的横缝。在南方地区,若半刚性基层配合比设计不当,如二灰、石灰土、多渣等基层混合料中的碎(砾)石集料少、细料多,或养生不及时,在沥青路面上也会产生基层反射裂缝。土基干缩或冻缩,以及半刚性基层温缩或干缩引起路面的反射裂缝,一般也以横缝居多。

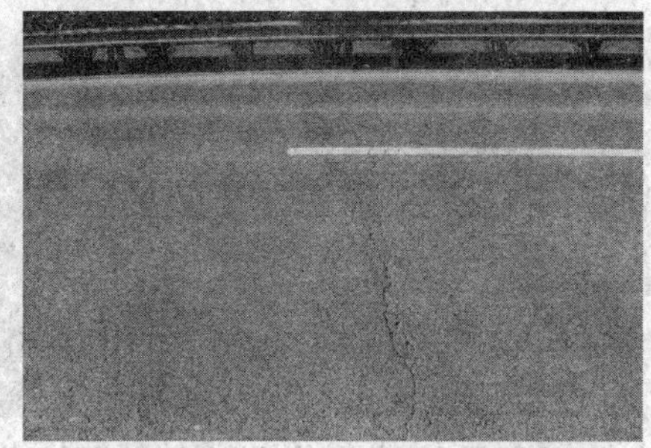

图6-1　半刚性基层反射裂缝

②山区公路纵向填挖结合部的填方和挖方路基压实度不均匀沉降引起的横向裂缝。

③由于路面结构设计不当或施工质量差,或者由于重载车辆作用,使沥青面层或半刚性基层内产生的拉应力超过其疲劳强度而断裂形成的横向裂缝,这类裂缝又叫荷载型裂缝。

横向裂缝对路面使用寿命的影响主要表现在两个方面:首先,由于裂缝的存在,地面水(大气降雨和雪)从裂缝中渗入路面及基层、路基,使基层、路基软化,路面承载能力下降;其次,裂缝改变了路面的整体性,成为路面缺陷,使路面沿着裂缝缺陷加速破坏,在车辆荷载作用下,从单条裂缝发展成为树状裂缝,最终导致路面破坏。

(2)纵向裂缝:指走向大致平行或沿着行车方向的路面裂缝。产生的原因主要是路基压实度不均匀引起的不均匀沉降裂缝;或渠化交通条件下沥青面层和基层在车辆荷载作用下沿纵向轮迹产生的纵向开裂。具体原因有:

①由于填方路基边缘受水侵蚀使边坡下沉产生不均匀沉陷引起路面纵向开裂。

②山区公路横向半填半挖路基的填挖结合部位,路基压实度不均匀引起的沉降,以及路基拓宽时新老土基结合部压实度不均匀产生的不均匀沉降,引起路面纵向开裂。

③挡墙地段,由于墙背填土压实不足,使其与后部路基产生不均匀沉降引起路面纵向开裂(图6-2)。

④在高填方路段,路基压实不均匀、路基边坡滑移、原地面软基沉降等引起的纵向裂缝。路基沉降引起的纵向裂缝有较明显的错台。

⑤沥青面层分幅摊铺施工时,两幅接茬未处理好或碾压不够紧密,在行车荷载作用下形成纵缝,其形态特征是长而直(图6-3)。此外,在高速公路的行车道车辙中心或边缘也会产生纵向裂缝,车辙部位的这种纵向裂缝属于荷载型裂缝。

图6-2 挡墙背后填土不密实引起的纵向裂缝

图6-3 分幅摊铺施工接缝处理不当引起的纵向裂缝

(3)网状裂缝(龟裂):指相互交错将路面分割成多边形小块的裂缝。网裂是缝宽1cm以上或缝距40cm以下,面积在1m$^2$以上的网状裂缝;缝宽3mm以上,且多数缝距10cm以内,面积1m$^2$以上的块状不规则裂缝称为龟裂。网状裂缝一般都属于荷载型裂缝,主要由路面的整体强度不足或路面交通量过大而引起的路面结构的疲劳破坏。原因有以下几方面:

①施工质量差,路基路面压实度不足,使沥青面层或基层的强度不足,在车辆荷载作用下产生疲劳破坏。

②交通量增长快,重车多,路面结构设计不合理,厚度偏薄,不能满足交通量增长的需要,使路面产生疲劳破坏,形成块状网裂。

③沥青质量差,路面材料配比不当或未拌和均匀,特别是拌和加热过程中沥青老化,导致沥青路面使用不久即产生网状裂缝或龟裂。

④路面出现横向或纵向裂缝后未及时封填,水分渗入下层,致使单条裂缝进一步发展成网状裂缝。尤其在冰冻降雪地区,在融雪期间的冻融交加,将加剧路面的破损。

⑤路基强度低、压实度不足或湿软弹簧土未作处理,使路面结构局部承载力不足引起路面开裂,这种网状裂缝一般是局部的。

⑥在路面使用后期,沥青老化变脆,路面结构已达到使用寿命,在车辆的反复作用下路面将出现大量的网状裂缝。

## 二、松散和剥落

剥落是沥青薄膜从集料上剥离的现象。沥青混合料失去黏结力,集料松动,离散面积在0.1m$^2$以上,深度不超出2cm的路面破坏现象称为松散。沥青面层松散和剥落病害的产生主要原因是沥青与集料间的黏结力差。具体原因有以下几种:

(1)混合料油石比不合理,沥青用量偏少,使用的沥青稠度偏低,与矿料的黏附力不足导致沥青路面的剥落和松散(图6-4)。

图6-4　用油量不足引起的沥青路面松散坑槽和剥落

(2)混合料摊铺施工过程中产生离析,混合料空隙率过大,细料少,使路面局部黏结力低导致松散。

(3)沥青加热温度过高老化而失去黏性,特别是保温储存时间较长的混合料,容易产生由于沥青老化引起的松散。

(4)沥青路面使用年限较长,沥青老化剥落引起松散。

(5)在气温较低的季节施工,沥青裹覆矿料能力差,压实温度低,混合料空隙大等,导致沥青路面发生松散。

(6)水损坏的作用。由于沥青与集料的黏结力较低,在水的作用下,使沥青膜从集料表面剥落,导致路面结构层松散,松散部位受到车辆荷载作用,松散的材料被带走后形成坑槽。

## 三、坑槽

路面破坏,混合料散失,在路面上形成深度大于2cm,面积在0.04$m^2$以上的明显深洼,称为坑槽。沥青路面的坑槽形成过程为:起初为局部龟裂、松散,在行车荷载和雨水等因素反复作用下,混合料脱落散失,在路表面形成坑洼;随着散失的沥青混合料增多,深度逐渐增加最终发育成坑槽。产生坑槽的原因有以下几方面:

(1)压实不足。产生沥青路面压实不足有两种情况:一是施工时混合料温度太高,使沥青老化,黏结力降低,脆性增加,导致压实不够,黏结不牢,在行车载荷作用下,路面松散,集料散失而形成坑槽;另一种情况是混合料摊铺压实温度太低,压实不充分,空隙太大,导致路面渗水,沥青膜剥落,集料松散、散失形成坑槽。

(2)基层不平整,路面厚度不均匀。局部路面厚度太薄,强度低,在行车作用下,部分混合料易被“带走”,形成坑槽。

(3)水损害引起的坑槽(图6-5)。水损害是沥青混凝土路面较常见的早期破坏病害。引起沥青

图6-5　水损坏引起的沥青路面坑槽

路面水损坏坑槽的原因有沥青混合料碾压不密实,摊铺施工过程中的离析、空隙率过大,沥青混合料的级配设计不合理,沥青与碎石集料的黏结力较低,未使用抗剥落剂,不利的气候条件(如夏季长时间降雨、冬季过后春融)等。在这些原因中,空隙率大,水分的侵入是产生水损坏的根本原因,形成水损害坑槽的过程如下:首先,水分通过空隙侵入沥青混合料,使空隙中充满水,部分水以自由水的形式存在于空隙中,而部分水则以水膜或水气形式存在并通过沥青膜的缺陷侵入沥青与集料的界面,影响沥青与集料的黏附性;在反复车辆荷载作用下,空隙中的水分产生反复高压和负压,沥青膜与集料界面在反复荷载及高压和负压作用下开始剥离,使混合料失去黏结力;随着沥青膜剥落,集料间的黏结力下降,路面逐渐松散,开始出现麻面、松散、掉粒;当松散掉粒达到一定量后在路面上形成坑槽。在面层松散、掉粒的过程中,渗入沥青面层的水分不断增多,并进一步渗入下面层和基层,在荷载和水压的反复作用下,使基层松散唧浆,并从路面的缝隙中向上挤出来,在沥青路面上形成白色唧浆,最后形成更深更大的水损坏坑槽。

## 四、车辙

车辙是沥青路面在车轮荷载的反复作用下,沥青面层、路基与基层的塑性变形积累在路面上形成的沿行车轮迹的纵向带状凹槽变形。车辙是沥青路面的主要病害形式之一,多发生在渠化交通的高等级公路和城市道路上,如图6-6所示。当车辙达到一定深度时,将影响车速和行车的舒适及安全。降雨时,在槽内形成积水,极易发生汽车飘滑而导致交通事故。

图6-6　高速公路沥青路面车辙

沥青路面的车辙来自沥青面层、基层和路基三部分。三者所占的比例与路面结构形式、结构层材料、厚度和施工质量相关。引起沥青路面产生车辙的原因较多,归纳起来主要有以下几方面。

1. 沥青混合料组成材料的性能

沥青混合料是弹塑性材料,其强度由沥青的黏结力和矿料间的摩阻力构成,即

$$\tau = c + \sigma\tan\phi$$

式中:$\tau$——沥青混合料的抗剪强度;

$\sigma$——沥青混合料所受到的正应力;

$\phi$——沥青混合料的内摩阻角;

$c$——沥青混合料的黏结力。

沥青路面混合料的塑性变形是车辙变形的主要来源,所有影响沥青混合料抗剪强度的因素都会对沥青路面的抗车辙能力产生影响。这些因素包括:

①沥青：车辙与沥青的黏度直接相关，沥青的针入度越大，混合料的黏结力越小，强度越低，抗车辙能力越差。采用低黏度、低软化点、含蜡量高的沥青，其沥青路面高温稳定性差，在渠化交通条件下容易产生车辙。因此，为减小沥青路面车辙，应采用低针入度、高黏度、高软化点、低含蜡量的沥青。

②集料：集料的颗粒形状和表面纹理深度影响沥青与矿料的黏结和混合料的内摩阻力。采用形状接近立方体、扁平长条颗粒较少的集料的沥青混合料具有较高的内摩阻力，因而具有较高的抗剪强度和抗车辙能力。在集料中掺加砾石因其缺乏棱角而易变形，不利于抵抗车辙。因此，为增加沥青路面的抗车辙能力，应选用表面粗糙、嵌挤作用好、与沥青黏结能力强的集料。当采用酸性集料时，必须添加抗剥落剂。

③混合料的级配：集料中各种粒径碎石的含量不同，沥青混合料的内摩阻力不同，其抗车辙能力也不同。在混合料中，4.75mm 以上的碎石含量对混合料的内摩阻角影响显著，碎石含量越高，内摩阻角和抗剪强度愈大，混合料的抗车辙能力越强。因此在级配设计中应使 4.75mm 以上的碎石含量达到一定的比例，以提高沥青混合料的抗车辙能力。此外，混合料的空隙率对车辙的影响也很大。若沥青混合料的空隙率小，自由沥青增多，混合料的内摩阻力下降，容易产生车辙。为保证沥青混合料具有足够的高温稳定性，必须进行合理的级配设计，尽量兼顾抗车辙的高温稳定性和抗水损坏两方面的性能。

2. 路面结构

路面结构对沥青路面车辙的影响主要是结构厚度和不同级配沥青混合料的组合。一般来说要求沥青路面厚度既要有足够的承载能力，又应有较好的抗车辙能力。但是在超过某一厚度后，沥青面层越厚，车辙越严重。根据沥青面层车辙的来源，中下面层采用抗车辙性能较好的沥青混合料的结构组合有利于减小沥青路面的车辙。

3. 基层和垫层结构与材料

一般情况下，质量合格的半刚性基层不会产生明显的永久塑性变形，但是当路面结构中采用级配砂砾、级配碎石垫层材料时，由于这些材料本身的性质，在运营过程中会产生压缩变形积累，成为车辙的一部分。特别是在压实不足或厚度较大的情况下，更容易产生车辙而反映到面层上，形成面层上的车辙，严重时，甚至引起沥青面层的网裂破坏。

4. 土基

路基土是一种弹塑性体，在车辆荷载的反复作用下将产生塑性变形积累。对于压实不足的路基，除了产生不均匀沉降裂缝外，在重车较多的渠化交通道路上还会产生路基的塑性压缩变形积累。这种变形积累发展到一定程度后将形成车辙，反映到路面上，成为表面车辙的一部分。

5. 交通条件

交通条件包括交通组成和交通组织形式。一般情况下,重型车、超载车辆多的道路以及纵坡较大的山区公路上,车辆行驶速度慢,渠化现象严重,轴荷载重,轮胎压力增加,使沥青混合料承受较大的压应力和较大的塑性变形,容易产生车辙;在相同路面结构条件下,高速公路、一级公路等渠化交通的道路沥青路面比非渠化交通道路的沥青路面更容易产生车辙。

6. 气候条件

车辙是沥青路面高温稳定性不足的结果。沥青路面是弹黏塑性材料,其弹黏塑性性能随温度的变化而变化。低温条件下呈弹性,在气温较高时,沥青混合料的抗剪强度大幅下降,沥青处于黏塑性状态,在行车荷载反复作用下将产生较大的塑性变形,甚至侧向推移,产生严重车辙。因此在气温较高的季节沥青路面更容易产生车辙。

7. 施工

在沥青路面施工过程中,压实不足、混合料的各粒径材料计量不准、级配达不到设计要求、油石比过大、空隙率未控制在规范要求范围内等施工因素的影响,使施工的沥青路面高温稳定性达不到设计要求,在运营初期即产生车辙。此外,当级配碎石、砂砾等非整体性基层材料和土基施工时压实度不足时,在车辆荷载反复作用下容易产生塑性变形积累,形成路面车辙。

## 五、沉陷

沉陷是由路基产生竖向位移而导致路面下沉的现象,通常有均匀沉陷、不均匀沉陷、局部较大面积沉陷三种。

(1)均匀沉陷:路基、路面在自然因素和行车作用下达到进一步密实、稳定而导致的沉陷,这种沉陷不会引起路面的破坏。

(2)不均匀沉陷:路基压实不足或基层的强度和压实度不足,引起路基路面的不均匀沉陷变形。

(3)局部大面积沉陷(图6-7):由于路基、路面压实不均匀,不密实,当受到水的浸透或车辆荷载反复作用时而引起的局部变形。行车道轮迹下较深的局部沉陷是由于路面出现裂缝未及时封堵、雨水下渗后在行车轮胎的强力“泵吸”作用下半刚性基层的灰浆被吸出,导致基层破碎松散、沥青层破坏而下陷。如高填方地段均匀沉降或局部滑移而引起的大面积沉陷;桥台台背填土碾压时压路机施工困难,碾压密实度不够引起的路面沉陷(严重时会形成桥头跳车现象)。

图6-7 沥青路面局部沉陷

## 六、拥包、波浪

拥包是指路面材料沿行车方向出现较大的竖向位移，如图6-8所示。产生拥包的主要原因是沥青路面的高温稳定性差而引起的剪切变形。沥青面层中沥青含量偏高，黏度和软化点偏低，矿料级配不良，细料偏多，空隙率太低，使面层材料自身的高温抗剪强度不足；或因基层含水率过大，水分难以蒸发而滞留于基层表面，或基层浮土清扫不净、黏层沥青洒布不合要求等原因影响面层与基层之间的结合，使层间抗剪强度的不足，在行车水平力作用下产生推拥、挤压而在路面两侧或行车道范围内形成不规则的隆起变形。

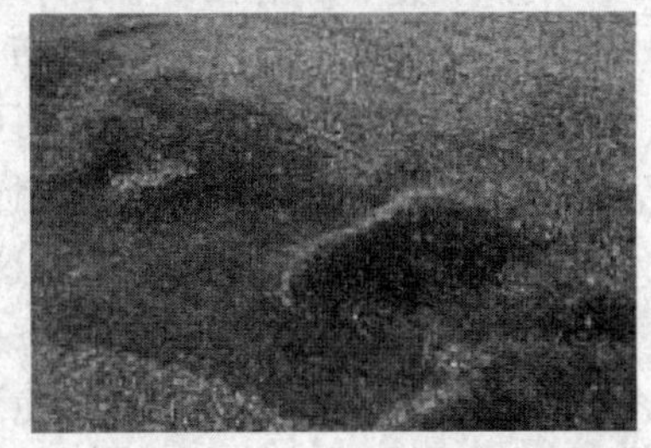

图6-8　剪切拥包

波浪是路面表面沿纵向形成有规则的凹凸起伏的一种变形。波浪的产生，一是由于拥包未能及时处治，在行车作用下逐渐演变发展所形成；另外在层铺法施工的路面中，由于沥青洒布不匀形成油垄，沥青多的部位矿料厚，沥青少处矿料薄，经行车不断冲击、振动使其发展为大的波浪变形。

## 七、泛油、滑溜

泛油是指沥青溢出路面形成局部黑而光亮的斑面，如图6-9所示。产生泛油的主要原因是沥青面层的沥青用量过大、稠度太低或热稳性差等。但有时也可能由于低温季节施工，层铺法施工的沥青路面嵌缝料散失过多，在气温转暖后，在行车作用下多余沥青溢至表面而形成泛油。泛油使路面在行车时产生轮迹和黏轮现象，使路面抗滑性能下降，严重时会影响行车安全和周围环境。

图6-9　泛油

滑溜是行车作用下沥青路面表层矿料被磨光或泛油形成的光滑路表面，车辆在上面行驶时由于摩擦力小而发生行车滑移的现象。产生滑溜路表面的原因是路面集料的抗磨性能差，在车轮荷载作用下被磨光，沥青混合料的级配太细，表面构造深度小；用油量偏大泛油也容易形成滑溜的路表面。

## 八、啃边

啃边是指路面边缘开裂破坏、材料散失的现象。产生啃边的原因包括路面宽度过窄、边缘强度和厚度不足、路肩碾压不密实、路肩和路面衔接不当以致路肩积水渗入使其湿软，以及养护管理不善等。啃边病害多发生在贯入式、表面处治等次高级沥青路面上。啃边病害若不及时处治,将可能逐步向路中发展,影响路面的使用寿命和行车安全舒适性。

**九、修补损坏**

修补损坏是指在修补的补块中又产生新的坑洞的破坏现象。产生修补损坏的主要原因是水。与周边旧的沥青混凝土相比,由于未经车辆的压实,修补块沥青混凝土的空隙率较大,容易透水;同时,修补坑周边的接缝也成为天然的渗水部位,这使得修补块具有较大的渗水量。在修补前为增强新旧沥青混凝土间的连接,在坑的周边和底部涂刷沥青,使得这些下渗的水滞留在修补坑内而难以渗流出去。修补块在车辆荷载的反复作用下,滞留在修补块内的水对沥青混凝土产生反复泵吸作用及强大的水压力作用而使沥青混凝土碎石间的联接力以及沥青与集料间的黏结力和修补沥青层与下层的黏结力降低,直至使沥青混凝土松散、剥落,在新补块中形成新的破坏坑洞。在有些修补设计中,为减小补块周边接缝的水下渗,在修补块周边加了贴缝条。但由于贴缝条不能规则地安装和把新旧沥青路面结合部紧密连接,其不能有效阻止接缝部位的水下渗,甚至不合理的安装还会增大接缝处的渗水空隙,增加渗水量。因此一般尽量不要使用贴缝条,而可以采用沿补块周边灌入热沥青或乳化沥青的方法减小周边水下渗。因此,为避免修补块的破坏,应采用空隙率较小的沥青混凝土;同时,加强压实,加强周边防水。

综上所述,不同等级道路的路面结构、交通组织方式和交通组成的不同以及道路所处地形、气候环境条件的不同,上述各种病害形式及产生的原因也不尽相同,不同等级道路的路面病害形式又各有侧重和特点。高速公路、一级公路由于渠化交通特点,沥青路面最为普遍的变形病害是车辙。但在一般二级及以下等级公路的沥青路面,车辙并不是常见的变形破损病害。在采用表处、贯入式、沥青碎石等沥青路面结构形式的一般公路中,沥青洒布不均匀,沥青面层的强度形成需要较高的气温条件和一定的行车碾压,施工质量不易控制,容易产生泛油、推挤、拥包、松散、麻面等类型的病害,而高速公路中这类型的病害相对较少。高速公路沥青路面的坑槽主要是由施工过程中混合料级配离析或温度离析使沥青路面局部空隙率过大引起的水损坏,而其它公路沥青路面的坑槽则主要来自于沥青洒布不均、沥青用量不够引起的松散、麻面病害的进一步发展所致。在多雨地区水是引起沥青路面破坏的主要因素,而干旱地区更多的病害则可能是泛油、拥包等。在养护维修调查和设计中应根据道路所处条件,具体问题具体分析,使养护维修决策方法针对性强,达到好的效果。

## 第二节　沥青路面技术状况调查与评价

根据沥青路面调查目的和调查资料的用途,沥青路面技术状况调查可以分为

以下 3 种:

(1)路网级水平的路面技术状况调查,目的是为公路管理部门的资金分配提供决策依据。

(2)为日常养护维修进行的调查。

(3)项目级水平的路面技术状况调查,目的是为某一项目大、中修或改建方案决策提供依据。

调查目的不同,调查内容和深度也不一样。以下介绍的是为路面大、中修或改建方案决策提供依据,为具体方案设计提供依据的路面技术状况调查与评价方法。

## 一、沥青路面技术状况调查的内容

沥青路面技术状况调查主要包括路面破损状况、路面结构强度、路面平整度、路面抗滑能力四项内容。根据需要还可增加对桥面结构与病害调查以及桥头、通道两侧和涵洞的不均匀沉降的调查和排水调查等。调查内容与评价指标间的关系见表 6-1。

沥青路面技术状况调查内容与评价指标　　表 6-1

| 调 查 内 容 | 评 价 指 标 |
|---|---|
| 路面破损状况 | 综合破损率(*DR*) |
| 路面结构强度 | 路面弯沉(*Ls*) |
| 路面平整度 | 国际平整度指数(*IRI*) |
| 路面抗滑能力 | 横向力系数(*SFC*)和摆值(*BPN*) |

调查频率可以根据调查目的和公路等级采用全面调查或抽样调查的方式确定。对于日常养护,调查频率可参照表 6-2 确定。但是,若调查目的是为了路面养护维修决策及具体方案设计,则在项目实施前应进行全面调查,并在这四项调查内容基础上,根据需要补充相关的调查内容,调查单独实施,不受表 6-2 频率限制。

沥青路面调查频率　　表 6-2

| 公 路 等 级 | 调 查 内 容 | | | |
|---|---|---|---|---|
| | 破 损 | 平整度 | 强度 | 抗滑 |
| 高速公路、一级公路 | 每年一次 | | 1～3 年一次 | |
| 二、三、四级公路 | 每年重点调查 | | 必要的调查 | |

沥青路面各种病害受气候和环境条件的影响较大,为使调查结果能较真实地反映路面的病害状况,调查时间宜选择在产生各种病害的最不利季节进行。例如,

对于强度不足或疲劳引起的荷载型裂缝(龟裂),宜在春季或雨季最不利季节之后进行;对于因温度收缩等引起的非荷载型裂缝(块裂及横向裂缝)宜在冬季调查;对车辙、拥包、波浪等热稳性变形宜在夏季观测;对松散类破损宜在雨季观测。对于不在最不利季节进行的调查,在评价分析时应予以系数修正。

## 二、沥青路面技术状况调查的方法

路面破损病害系由行车荷载、环境(温度和湿度)、材料、结构和构造等多方面因素单独或综合作用的结果,是路面结构物理、力学状况和承载能力的外观反映。它们的表现形态不同,对路面的使用性能的影响不同。通过对路面破坏病害类型及严重程度的调查评价,可以判断路面结构对交通量的适应能力,从而选择合适的养护修复对策。

### (一)沥青路面各类型破损病害的轻重程度描述与分级

沥青路面的各种变形破损病害都有发生、发展和恶化的过程,不同类型病害在各自发展阶段的严重程度不同,对路面使用性能与使用寿命的影响也不同。为了在路面技术状况评价中客观地反映和评价不同病害及严重程度对路面使用性能的影响,科学、合理地作出路面的养护维修对策,需要对不同的破损病害的严重程度进行分级。

为便于破损病害状况调查记录和统计,对各种不同严重程度病害进行定量分析和评价,需要对在调查路段范围内出现的各种损坏数量,按损坏特征的不同,采用长度或面积计量,不同破损病害类型及轻重程度分级见表6-3。

**沥青路面破损病害的分类与分级** 表6-3

| 破损类型 | | 分级 | 外观描述 | 分级指标 | 单位 |
|---|---|---|---|---|---|
| 裂缝类 | 龟裂 | 轻 | 初期龟裂,缝细、无散落,裂区无变形 | 块度:20~50cm | $m^2$ |
| | | 中 | 裂块明显,缝较宽,无或轻散落或轻度变形 | 块度:<20cm | |
| | | 重 | 裂块破碎,缝宽,散落重,变形明显,急待修理 | 块度:<20cm | |
| | 不规则裂缝 | 轻 | 缝细,不散落或轻微散落,块度大 | 块度:>100cm | $m^2$ |
| | | 重 | 缝宽,散落,裂块小 | 块度:50~100cm | |
| | 纵向裂缝 | 轻 | 缝壁无散落或轻微散落,无或少支缝 | 缝宽:≤5mm | $m^2$ |
| | | 重 | 缝壁散落多,支缝多 | 缝宽:>5mm | |
| | 横向裂缝 | 轻 | 缝壁无散落或轻微散落,无或少支缝 | 缝宽:≤5mm | $m^2$ |
| | | 重 | 缝壁散落多,支缝多 | 缝宽:>5mm | |

续上表

| 破损类型 | | 分级 | 外观描述 | 分级指标 | 单位 |
|---|---|---|---|---|---|
| 松散类 | 坑槽 | 轻 | 坑浅,面积小($<1m^2$) | 坑深:≤25mm | $m^2$ |
| | | 重 | 坑深,面积较大($>1m^2$) | 坑深:>25mm | |
| | 麻面 | | 细小嵌缝料散失,出现粗麻表面 | — | — |
| | 脱皮 | | 路面面层层状脱落 | — | — |
| | 啃边 | | 路面边缘破碎脱落,宽度10cm以上 | — | $m^2$ |
| | 松散 | 轻 | 细集料散失,路面磨损,路表粗麻 | — | |
| | | 重 | 粗集料散失,多量微坑,表面剥落 | — | |
| 变形类 | 沉陷 | 轻 | 深度浅,行车无明显不适感 | 深度:≤25mm | — |
| | | 重 | 深度深,行车明显颠簸不适 | 深度:>25mm | |
| | 车辙 | 轻 | 变形较浅 | 深度:≤25mm | — |
| | | 重 | 变形较深 | 深度:>25mm | |
| | 搓板 | | 路面产生纵向连续起伏、似搓板状变形 | — | — |
| | 波浪 | 轻 | 波峰波谷高差小 | 高差:≤25mm | — |
| | | 重 | 波峰波谷高差大 | 高差:>25mm | |
| | 拥包 | 轻 | 波峰波谷高差小 | 高差:≤25mm | — |
| | | 重 | 波峰波谷高差大 | 高差:>25mm | |
| 其它 | 泛油 | — | 路表呈现沥青膜,发亮,镜面,有轮印 | — | $m^2$ |
| | 磨光 | — | 路面原有粗构造衰退或丧失,路表光滑 | — | $m^2$ |
| | 修补损坏 | — | 因破损或病害而采取修复措施进行处治,路表外观上已修补的部分与未修补部分明显不同 | — | $m^2$ |
| | 冻胀 | — | 路基下部水分向上聚集并冻结成冰引起路面结构膨胀,造成路表拱起和开裂 | — | $m^2$ |
| | 翻浆 | — | 因路基湿软,路面出现弹簧、破裂、冒浆的现象 | — | $m^2$ |

## (二)沥青路面病害调查方法

路面破损病害调查是路面技术状况调查的重要内容,工作量大,调查质量对路面状况评价结果和养护维修方法的选择有重要影响。因此,病害调查通常采用人工徒步调查的方法进行，即调查小组沿线步行，目测鉴别调查路段内出现的破损病害类型和轻重程度，简单丈量损坏长度或面积，现场测量、现场记录。操作要点如下：

(1)仔细查看路面上存在的损坏状况，正确区分病害类型和严重程度，丈量其损坏面积，按病害类型及其严重程度，记入沥青路面损坏情况调查表，准确至平方米。不规则形状的损坏面积计算时先按当量面积计算，然后根据破损程度乘上系数确定。调查评价段按 1 000m 设定，也可以视路面破损和病害情况确定调查单元划分长度。每张表为一个调查路段单元的实测记录。

(2)对于各种单条裂缝，其损坏面积按裂缝长度乘以 0.2m 计算。

(3)车辙的损坏面积按车辙的长度乘以 0.4m 计算。

(4)对于车辙、拥包、波浪、坑槽、沉陷等类损坏的严重程度，可用 3m 直尺测其最大垂直变形值来确定。

(5)调查结果应按路段汇总，填入沥青路面损坏情况总表，每一行为一个路段的合计记录。路段长度宜采用 1 000m，以整公里桩号为起讫点，并考虑以公路交叉及行政区分界为分段点。

参与数据采集人员必须严肃认真，有较丰富的路面养护实践经验，熟悉路面病害类型，以确保数据真实、可靠。

**(三)调查内容**

1. 路面结构强度调查

路表面弯沉是路面整体结构强度的反映。我国沥青路面结构设计指标是标准轴载作用下的路面回弹弯沉，因此，路面结构强度调查的方法是用贝克曼梁弯沉仪或落锤式弯沉仪或自动弯沉仪等测试路表面弯沉。其中，贝克曼梁弯沉仪的应用最为广泛，是我国弯沉测试的标准方法。当采用除贝克曼梁弯沉仪以外的其它仪器(如落锤式弯沉仪)进行弯沉测试时，应建立与贝曼梁弯沉仪测定结果的对应关系，以便于测试结果的分析评价。

为了全面调查分析和评价沥青路面结构强度及剩余使用寿命，除路表弯沉测试外，还应对路面进行钻芯取样和样品试验，测定路面各结构层的厚度、各层材料的回弹模量及路基含水率等，为综合评价路面结构强度和影响路面使用性能因素提供依据。

2. 平整度调查

路面平整度测试方法有：3m 直尺法、八轮平整度仪法、颠簸累计仪法和激光断面仪法等。路网的全面调查宜采用车载式检测设备快速检测；小范围的抽样调查或项目设计可采用连续式平整度仪或 3m 直尺检测。

路面平整度的调查指标为国际平整度指数(*IRI*)，由于不同测试方法的评价指标不一样,因此各种方法的测定结果应建立与国际平整度指数之间的对应关系。

3. 抗滑性能调查

沥青路面抗滑性能采用抗滑系数作为评价指标,并以横向力系数(*SFC*)和摆式仪的摆值(*BPN*)表示。调查测试设备与混凝土路面相同,主要有英国 TRRL 研制的 SCRIM 系统、摆式仪和路面激光测试系统等。

4. 其它调查

(1)交通量调查:通过调查交通量,了解目前道路的平均双向日交通量、交通组成和交通量增长率等。当调查路段有现成的交通量观测数据时,可直接采用;如交通量观测数据不能满足要求时,可用以下方法补测:用人工或仪器将通过规定观测断面的各种类型车辆分车型记录在表格或记数器上,每小时终了,将记录结果整理并登记在规定的表格上。高速公路的交通量观测可结合收费站或监控设施实施观测。

(2)原有路面结构设计参数与施工资料调查:了解路基和路面宽度、路线纵坡、路面横坡、平曲线半径等设计指标。

(3)养护维修情况调查:收集养护技术资料及从使用开始到改建的年限、使用效果等。

(4)路基水温状况调查:路表面排水(积水)状况、积雪(砂)状况等,各种排水设施的运行情况等。

## 三、沥青路面使用技术状况评价方法

沥青路面使用技术状况评价的内容包括:路面破损状况、强度、行驶质量、抗滑性能等。各项评价内容采用的指标及其关系如图 6-10 所示。

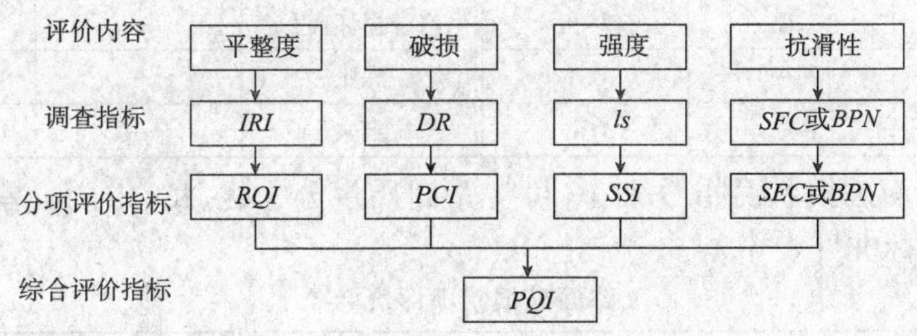


图 6-10　沥青路面技术状况评价内容及其与指标的关系

1. 破损状况评价

沥青路面破损状况采用路面状况指数(*PCI*)进行评价。*PCI* 的计算公式为

$$PCI = 100 - 15 \times DR^{0.412} \tag{6-1}$$

式中:*PCI*——路面状况指数,其数值范围为 0 ~ 100,其值越大,路况越好;

$DR$——路面综合破损率，以百分数计，按式(6-2)计算。

$$DR = \frac{D}{A} \times 100 = \frac{\sum\sum D_{ij} \cdot K_{ij}}{A} \times 100 \tag{6-2}$$

式中：$D$——调查路段内的折合破损面积，$m^2$，$D = \sum\sum D_{ij} \cdot K_{ij}$；

$A$——调查路段的路面总面积，$m^2$；

$D_{ij}$——第 $i$ 类损坏、$j$ 类严重程度的实际破损面积，$m^2$；如为纵、横向裂缝，其破损面积为：裂缝长度(m)×0.2；车辙破损面积为：长度(m)×0.4；

$K_{ij}$——第 $i$ 类损坏、第 $j$ 类严重程度的换算系数，可从表6-4查得。

**路面破损换算系数($K$)** 表6-4

| 破损类型 | 严重程度 | 换算系数 | 破损类型 | 严重程度 | 换算系数 |
|---|---|---|---|---|---|
| 龟裂 | 轻<br>中<br>重 | 0.6<br>0.8<br>1.0 | 车辙<br><br>泛油 | 轻<br>重<br>— | 0.4<br>1.0<br>0.1 |
| 不规则裂缝 | 轻<br>重 | 0.2<br>0.4 | 沉陷 | 轻<br>重 | 0.4<br>1.0 |
| 纵裂 | 轻<br>重 | 0.4<br>0.6 | 波浪 | 轻<br>重 | 0.4<br>0.8 |
| 横裂 | 轻<br>重 | 0.2<br>0.4 | 拥包 | 轻<br>重 | 0.4<br>0.8 |
| 坑槽 | 轻<br>重 | 0.8<br>1.0 | 啃边<br>搓板 | —<br>— | 0.8<br>0.8 |
| 松散 | 轻<br>重 | 0.2<br>0.4 | 磨光<br>修补损坏面积 | —<br>— | 0.6<br>0.1 |
| 麻面 | — | 0.1 | 冻胀 | — | 1.0 |
| 脱皮 | — | 0.6 | 翻浆 | — | 0.1 |

根据路面破损状况指数大小，可将路面质量分为优、良、中、次、差五个等级。各等级评价标准见表6-5。

**路面破损状况评价标准** 表6-5

| 评定等级<br>评价指标 | 优 | 良 | 中 | 次 | 差 |
|---|---|---|---|---|---|
| 路面状况指数 $PCI$ | $PCI \geqslant 85$ | $70 \leqslant PCI < 85$ | $55 \leqslant PCI < 70$ | $40 \leqslant PCI < 55$ | $PCI < 40$ |

2. 路面强度评价

沥青路面强度评价采用强度指数($SSI$)作为指标，按式(6-3)计算。

$$SSI = 路面设计弯沉值/路段代表弯沉值 \tag{6-3}$$

式中路段代表弯沉值可依据《公路沥青路面设计规范》(JTG D50—2006)有关规定进行计算。

路面强度评价标准见表6-6。

**路面强度的评价标准**　　表6-6

| 等级 | | 优 | | 良 | |
|---|---|---|---|---|---|
| 公路等级 | | 高速公路、一级公路 | 其它公路、等级公路 | 高速公路、一级公路 | 其它公路、等级公路 |
| 评价指标 | 强度指数 SSI | $SSI \geq 1.0$ | $SSI \geq 0.83$ | $0.83 \leq SSI < 1.0$ | $0.66 \leq SSI < 0.83$ |
| 等级 | | 中 | | 次 | |
| 公路等级 | | 高速公路、一级公路 | 其它公路、等级公路 | 高速公路、一级公路 | 其它公路、等级公路 |
| 评价指标 | 强度指数 SSI | $0.66 \leq SSI < 0.83$ | $0.5 \leq SSI < 0.66$ | $0.5 \leq SSI < 0.66$ | $0.3 \leq SSI < 0.5$ |
| 等级 | | 差 | | | |
| 公路等级 | | 高速公路、一级公路 | | 其它公路、等级公路 | |
| 评价指标 | 强度指数 SSI | $SSI < 0.5$ | | $SSI < 0.3$ | |

3. 路面行驶质量评价

路面的行驶质量采用行驶质量指数($RQI$)作为评价指标,按式(6-4)计算

$$RQI = 11.5 - 0.75 \times IRI \tag{6-4}$$

式中,$IRI$ 称为国际平整度指数,可由反应类设备测定,测定结果需经试验标定。

国际平整度指数 $IRI$ 与其它设备的标定关系式一般为

$$IRI = a + b \cdot BI \tag{6-5}$$

式中:$BI$——平整度测试设备的测试结果;

$a$、$b$——标定系数,在使用中,可根据当地实际的标定结果确定其取值。

路面行驶质量评价标准见表6-7。

**路面行驶质量的评价标准**　　表6-7

| 评定等级 / 评价指标 | 优 | 良 | 中 |
|---|---|---|---|
| 行驶质量指数 $RQI$ | $RQI \geq 8.5$ | $7.0 \leq RQI < 8.5$ | $5.5 \leq RQI < 7.0$ |
| 评定等级 / 评价指标 | 次 | 差 | |
| 行驶质量指数 $RQI$ | $4.0 \leq RQI < 5.5$ | $RQI < 4.0$ | |

4. 路面抗滑性能评价

路面抗滑性能采用抗滑系数作为评价指标，抗滑系数以横向力系数（*SFC*）或摆式仪的摆值（*BPN*）表示，*SFC* 用式（2-2）计算，评价标准见表 6-8。

路面抗滑能力评价标准　　表 6-8

| 评定等级 / 评价指标 | 优 | 良 | 中 | 次 | 差 |
|---|---|---|---|---|---|
| 横向力系数 *SFC* | $SFC \geq 50$ | $40 \leq SFC < 50$ | $30 \leq SFC < 40$ | $20 \leq SFC < 30$ | $SFC < 20$ |
| 摆　值 *BPN* | $BPN < 42$ | $37 \leq BPN < 42$ | $32 \leq BPN < 37$ | $27 \leq BPN < 32$ | $BPN < 27$ |

5. 路面综合技术状况评价

路面的综合技术状况评价采用 *PQI* 作为评价指标，*PQI* 用前述各分项评价指标加权计算得出。其数值范围为 0～100，值越大，路况越好，按式（6-6）计算：

$$PQI = PCI' \times P_1 + RQI' \times P_2 + SSI' \times P_3 + SFC' \times P_4 \quad (6\text{-}6)$$

式中，$P_1$、$P_2$、$P_3$、$P_4$为相应指标的权重，按 *PCI*、*RQI*、*SSI*、*SFC*（或 *BPN*）的重要性确定，建议值见表 6-9；*PCI'*、*RQI'*、*SSI'*、*SFC'*的赋值见表 6-10。

路面综合技术状况评价标准见表 6-11。

$P_1$、$P_2$、$P_3$、$P_4$ 权重建议值　　表 6-9

| 权　重 | 建　议　值 | | |
|---|---|---|---|
| | 高速公路、一级公路 | 二级公路 | 二级以下公路 |
| $P_1$ | 0.25 | 0.3 | 0.35 |
| $P_2$ | 0.35 | 0.25 | 0.2 |
| $P_3$ | 0.1 | 0.25 | 0.35 |
| $P_4$ | 0.3 | 0.2 | 0.1 |

*PCI'*、*RQI'*、*SSI'*、*SFC'*的赋值　　表 6-10

| 评定等级 / 权值 | *PCI'*、*RQI'*、*SSI'*、*SFC'*（或 *BPN*）评定结果 | | | | |
|---|---|---|---|---|---|
| | 优 | 良 | 中 | 次 | 差 |
| 相应指标的赋值 | 92 | 80 | 65 | 50 | 30 |

路面综合技术状况评价标准　　表 6-11

| 评定等级 / 评价指标 | 优 | 良 | 中 | 次 | 差 |
|---|---|---|---|---|---|
| 路面综合技术状况评价指标 *PQI* | $PQI \geq 85$ | $70 \leq PQI < 85$ | $55 \leq PQI < 70$ | $40 \leq PQI < 55$ | $PQI < 40$ |

## 第三节　沥青路面养护维修对策

通过对路面使用性能各指标的评价,可掌握调查路段的路面技术状况和服务水平,确定相应的路面养护措施,使路面经过合理的养护维修恢复达到行车所需的技术要求和服务水平。

养护维修对策的合理选择,主要应考虑以下3个方面的问题:

(1)路面的现状,即各项使用性能满足使用要求的程度。要依据不能适应的方面和程度,选择相应的对策。

(2)路面需要恢复的程度,即路面通过养护处置,其各项使用性能要达到何种程度。

(3)效益和经济性,应比较分析期内各可能对策方案的经济效益,据此选择最佳方案。为此需要对各项对策的使用效果作出评价,并进行寿命周期费用分析。

沥青路面养护对策应根据公路等级、交通量、分项路况评价结果确定。同时应充分考虑各分项技术指标的关系。虽然4个评价指标各表示路面一方面属性,但它们之间也存在着相互联系。如:当强度系数较小时,往往相对应的破损率、平整度都较差;而抗滑系数较小时,其它指标值不一定小。因此,实际应采取的养护维修对策可在对路面分项技术状况及服务水平调查和评价基础上,结合路面实际状况和养护资金情况,综合论证。

不同技术状况和服务水平的沥青路面可采取如下养护维修方案:

(1)在路面强度满足要求,路面的结构强度指数(*SSI*)为中等以上条件下:对于路面状况指数(PCI)评价为优、良的高速公路及一级公路,或者路面状况指数评价为优、良、中的二级及二级以下公路,以日常养护为主,并对局部破损进行小修;若高速公路及一级公路的路面状况指数评价为中及中以下,或者二级或二级以下公路的路面状况指数评价为次及次以下,应采取中修罩面措施。

(2)对于路面强度不满足要求,路面的结构强度指数*SSI*为中等以下的路面,应采取大修补强措施以提高其承载能力。

(3)若高速公路及一级公路的行驶质量指数(*RQI*)评价为优、良,或者二级及二级以下的公路的行驶质量指数评价为优、良、中时,以日常养护为主;若高速公路及一级公路的行驶质量指数(*RQI*)评价为中及中以下,或者二级及二级以下公路的行驶质量指数评价为次及次以下时,应采取罩面等措施改善路面的平整度。

(4)高速公路及一级公路的抗滑能力不足($SFC<40$)的路段,或二级及二级以

下公路抗滑能力不足( $SFC < 30$ 或 $BPN < 32$ )的路段,应采取加铺罩面层等措施提高路表面的抗滑能力。

(5)路面不适应现有交通量或载重的需要,应通过提高现有路面的等级,或通过加宽等改建措施提高道路的通行能力和服务质量。

在实际养护维修工程中,可根据公路网的资金分配情况和养护工作计划安排,结合各路况分项评价结果和本地区成熟的养护经验,选择具体的养护维修措施。

# 第七章　沥青路面养护维修

沥青路面在通车后，在车辆荷载和气候环境因素的作用下，路面状况随着使用年限的增长，路况逐渐下降，并产生各种形式的变形和破坏病害。为满足公路快速、安全、舒适的运营要求，从路面通车后就应进行日常的养护维修，以保证路面处于良好的服务水平。另一方面，由于近年来我国经济的快速发展，道路交通量日益增大，具有车辆大型化趋势且超载现象严重。许多公路沥青路面建成后，通车不久即发生较为严重的早期变形破坏。路面的变形破坏影响车辆的行驶速度、行车舒适性、交通安全。因此，在公路运营管理中必须重视各种病害的修复处治，根据产生的病害类型、原因，及时地对各种路面破损病害进行维修，防止路面松散、裂缝和拥包等各种病害的产生和进一步发展。通过对路面的日常养护，保持路面的平整度和抗滑能力，防止初期的小病害发展成大的破坏，确保路面具有安全、舒适的行驶性能，延长路面使用寿命。

## 第一节　沥青路面养护维修工程分类与质量要求

### 一、沥青路面养护维修工程分类

沥青路面的养护维修工程可分为日常巡视与检查、小修保养、中修、大修、改建和专项养护工程等，不同类型养护工程的具体内容如下。

1. 日常巡视与检查

(1)检查路面上是否有明显的坑槽、裂缝、拥包、沉陷、松散、车辙、泛油、波浪、麻面、冻胀、翻浆等病害，并判定其危害程度及趋势。

(2)检查路面上是否有妨碍交通或可能损坏路面的堆积物等，若发现妨碍交通和有可能损坏路面的堆积物应及时清除。

2. 小修保养

(1)清扫路面泥土、杂物，排除路面积水、积雪、积冰、积砂，铺防滑料等。

(2)修补路面的泛油、拥包、轻微裂缝、横向裂缝、坑槽、沉陷、波浪、局部网裂、松散、车辙、麻面、啃边等病害。

(3)路缘石或拦水带的刷白、修理和清理边沟、维修护坡道、土路肩培土等。

3. 路面中修

路面中修的基本工作内容是对旧沥青路面局部严重病害进行修复处理，整段铺装、罩面，同时更换路缘石、维修路肩。

4. 路面大修

大修养护工程是指对公路主体及其附属设施已达到服务周期而必须进行的大范围的、周期性的综合维修，使之全面恢复原设计状态的工程项目；或由于水毁、地震、风暴、冰雪、交通事故等造成公路及其附属设施的重大损坏而必须进行修复，保证其正常使用的工程项目。根据路面技术状况及交通要求，大修工程的内容包括路面翻修、补强及相关附属设施的修复，具体实施内容与大修工程对象的破坏原因、破损状况等有关。

5. 路面改建

路面改建的目的是提高路面等级，满足交通量的要求。其工作内容包括对路面进行补强，或设计新的路面结构；若路基太窄，还应对路基加宽；对不适应交通要求、不符合路线标准的路段，通过局部改线，提高公路等级，使其满足交通要求。

6. 专项养护工程

专项养护工程是对公路路基、路面、桥涵、隧道等构造物及收费、监控、通信系统，绿化，交通工程等沿线设施及附属设施的一般性磨损和局部损坏进行的定期维修、加固、更新和完善，以恢复其使用功能的工程项目。

路面养护维修规模不同，要求不同，工作内容和重点也不同。各种破损病害的维修是日常养护、小修保养、中修工程的重要内容，量大、面广，做好路面各种病害的修复对保持路面良好服务水平及保证加铺罩面工程质量具有重要意义。

## 二、沥青路面养护维修质量标准

通过养护维修，提高沥青路面的平整度和抗滑性能，增加其安全舒适性，使路面强度提高，使用寿命延长，从而提高路面使用性能和服务水平。为此，各项路面养护维修技术指标必须达到一定的要求。

1. 路面平整度、抗滑性能及路面状况的养护质量标准

沥青路面平整度、抗滑性能及路面状况的养护质量标准应达到表7-1的要求。

**沥青路面平整度、抗滑性能及路面状况的养护质量标准　　表7-1**

| 序号 | 项目 | | 高速公路、一级公路 | 其它等级公路 |
|---|---|---|---|---|
| 1 | 平整度 | 平整度仪 $\sigma$ | ≤3.5 | ≤4.5(≤5.5或≤7.0)[①] |
| | | 3m直尺(h) | ≤7 | ≤10(≤12或≤15)[②] |
| | | *IRI*(m/km) | ≤6 | ≤8 |
| 2 | 抗滑性能 | 横向力系数 *SFC* | ≥40 | ≥30 |
| | | 摆式仪摆值 *BPN* | — | ≥32 |

续上表

| 序号 | 项　目 | | 高速公路、一级公路 | 其它等级公路 |
|---|---|---|---|---|
| 3 | 路面状况指数 *PCI* | ≥70 | — | 55 |

注：①对其它等级公路的平整度方差 $\sigma$：沥青碎石、贯入式应取低值 4.5，沥青表面处治取中值 5.5，碎砾石及其它粒料类路面取高值 7.0；

②对其它等级公路的 3m 直尺平整度指标：沥青碎石、贯入式应取低值 10，沥青表面处治取中值 12，碎砾石及其它粒料类路面取高值 15。

### 2. 路面强度的养护质量标准

路面强度的养护质量标准应达到表 7-2 的要求。

**沥青路面强度的养护质量标准**　　表 7-2

| 评价指数 | 高速公路、一级公路 | 其它等级公路 |
|---|---|---|
| 路面强度指数 *SSI* | ≥0.8 | ≥0.6 |

### 3. 路面车辙养护质量标准

路面车辙养护质量标准应符合表 7-3 的要求。

**沥青路面车辙养护质量标准**　　表 7-3

| 评价指标 | 高速公路、一级公路 | 其它等级公路 |
|---|---|---|
| 路面车辙深度（mm） | ≤15 | ≥0.6 |

注：一般情况下，其它等级公路对车辙深度不作要求。

### 4. 路拱坡度

沥青路面应保持适度横坡，以利排水，各等级公路沥青路面的路拱坡度应符合表 7-4 的要求。

**沥青路面路拱横坡养护维修要求**　　表 7-4

| 路面类型 | 高速公路、一级公路 | 其它等级公路 |
|---|---|---|
| 路拱坡度 | 1.0～2.0 | — |

注：对于高速公路、一级公路路拱横坡的养护标准，路面结构排水良好的可比表列值低 0.5%，其它等级公路的路拱横坡可视公路等级的情况比相应的设计值低 0.5% 作为养护标准。

沥青路面平整度、抗滑性能、路面状况、强度、车辙及路拱横坡度的养护状况若达不到表 7-1～表 7-4 的规定标准时，应采取适当的措施进行处治修复达到规定的要求。

# 第二节　沥青路面日常养护方法

## 一、一般公路沥青路面的日常养护

1. 日常养护维修的一般原则

(1)找出路面病害产生的原因,根据路面的结构类型、维修季节、气温等实际情况,采取相应养护维修措施。

(2)为防止病害发展和破损面积的扩大,应对各种破损、变形路面病害及时处理,宜早不宜迟。

(3)养护维修应尽量采用机械作业,所使用的沥青混合料应集中厂拌,并采取保温措施以保证适宜的摊铺温度。

(4)对病害的维修应有周密计划,作好材料准备,保证工序之间的衔接。凡需将原路面面层挖除后机械修补作业的坑槽、沉陷、车辙等,宜当日开挖当日修补。若不能及时修补,应挖完后及时喷洒黏层油,避免雨水从开挖的坑槽中下渗。

(5)在病害处治中,凡需挖除原路面面层后重新再铺面层的材料和施工工艺技术要求应符合现行《公路沥青路面施工技术规范》(JTG F40—2004)的规定;凡需挖除原路面后重铺筑基层的材料和施工工艺技术要求应符合现行《公路路面基层施工技术规范》(JTJ 034—2000)的规定。如果病害不是由于面层或基层材料的性质、结构层或级配类型引起,重作时所采用的材料、结构及级配类型等宜与原路面相同。

2. 日常养护维修的工作内容

(1)路况巡查,清扫,保持路面畅通、清洁,具体工作内容为:

①在巡查过程中,发现路面上有杂物,如车辆的泄漏物、从运输车辆上掉下的泥土、杂物,路基边坡的碎落石块、泥土等可能妨害车辆运行安全的阻碍物,要及时清扫,雨后路面有积水的地方要及时排除,保持路面畅通、清洁。

②采用机械方法或人工对沥青路面进行日常清扫,保证路面的清洁。清扫作业频率可以根据路面污染程度、交通量的大小及其组成、气候及环境条件等因素而定;长大隧道内、桥梁上沥青路面的清扫频率应适当增加,并采用机械清扫。

为了防止清扫路面时产生扬尘而污染环境,危及行车安全,机械清扫时宜配备洒水装置,并根据路面的扬尘程度,确定适当的洒水量。

(2)对排水设施进行养护维修,保持路基、路面排水畅通,具体工作内容为:

①雨季汛前,对边沟、涵洞、截水沟、排水沟等排水设施进行全面检查并疏通,若有损坏的排水设施应及时修复、加固,防止水流直接冲刷路基、路面及路肩。

②雨天上路巡查,若发现排水设施被水流冲积物堵塞,应及时排除堵塞并疏

通，以免积水冲刷、渗入路基，影响路基路面的稳定性。暴雨过后应重点检查，对暴雨期间冲刷、损坏的排水设施，应及时修补、加固。

③保持路肩有适当横坡，植草路肩应比路面横坡度大1% ~2%，保证路肩排水顺畅。

④对路肩上出现的坑槽、车辙、缺口应及时修补。由于路表水冲刷及车辆碾压造成的松动、破损应及时修复或更换，保持路肩平整竖实。

(3)对于冬季降雪的地区，应对路面除雪防滑，保证行车安全，具体工作内容为：

①当降雪影响正常通行时，组织人员与机械清除路面积雪。

②在冬季降雪或下雨后，路面出现结冰时，在桥面、陡坡、急弯、桥头引道撒铺防滑料。在环保允许情况下，也可撒布融雪材料(氯化钙、氯化钠等)。

(4)根据当地的季节气候特点和成功养护维修经验，对路面进行季节性预防养护。沥青路面对气温比较敏感，不同季节、不同地区沥青路面的病害类型、特点及产生病害的原因不同。不同季节气候环境下的及路面病害类型如下：

1)春季：气温升高，路基内的水分开始转移，是各种病害集中暴露的季节，典型的路面病害类型有：

①路基含水率较大的路段，随着解冻路基强度下降，在行车作用下路面容易出现裂缝病害；含水率已达饱和、强度和稳定性差的路段，经车辆碾压容易出现翻浆。

②施工质量差的路面，在气温回升时容易变软，矿料经碾压产生松动，油层不稳定，容易出现油包、波浪等。

③秋末冬初低温施工路段，随着温度的上升，容易出现泛油。

④春融季节路面出现网裂后，如不及时处理，容易发展为坑槽。

2)夏季：夏季气候炎热，地面水分蒸发快，是沥青路面各种病害全面发展的季节。路面典型的病害形式有：

①新铺的沥青路面在夏季高温作用下容易出现泛油。

②基层含水率较大或质量差的路段，在行车作用下容易造成路面产生车辙。

③沥青用量过多，矿料过细或沥青黏度差的沥青路面容易出现拥包、波浪、等变形病害。

养护中要充分利用夏季气温高、操作方便的条件，及时处治消除各种病害。

3)秋季：秋季气温逐渐降低，雨水较多。沥青路面的典型病害形式有：

①秋季雨水较多，容易积水的路面，如果有裂缝和基层不密实，易出现坑槽。

②强度不够的路肩受雨水侵蚀或积水影响，在行车碾压下，容易产生啃边。

③基层含水率较大、强度不够，或地基受水浸泡发软的路段，路面稳定受到影响，在行车碾压下易出现网裂。

日常养护应针对秋季的气候和病害特点,及时处理病害,为冬季沥青路面的正常使用打下基础。

4)冬季:冬季气候寒冷,路基路面冻结,是沥青路面性能比较稳定的季节,但由于气温较低,路面容易产生以下病害:

①路面在低温下产生收缩,容易产生横向、纵向裂缝。

②积雪地区做好除雪防滑工作。

日常养护应遵循"预防为主、防治结合"的原则,针对不同季节的气候条件下沥青路面病害原因和特点,及时发现病害,分析产生病害的原因,充分利用有利条件,有针对性地对各种季节性病害进行集中处治。

## 二、高速公路沥青路面日常养护

### (一)高速公路沥青路面日常养护的基本要求

(1)建立完善的巡视检查制度和技术检测系统,建立完善的信息网络,及时、准确地掌握路面状况及相关信息,科学地、客观地评定路面使用品质,有计划、有针对性地安排养护项目。

(2)树立高度的交通服务意识和安全意识,在路面养护作业中,应满足正常行车的需要,尽量避免完全封闭交通。

(3)严格按照有关技术规范和标准进行养护作业,尽量采取机械化养护作业方式,迅速、优质、高效地处理各类路面损坏和障碍,确保路面运行服务质量。

(4)不断探索和应用新材料、新设备、新技术、新工艺,提高养护作业的时效性、机动性、安全性和可靠性。

(5)对于高速公路沥青路面上出现的各类病害,必须及时、快速处理。当发现直接危及正常交通和行车安全的病害,应立即修复或采取临时过渡措施后再按规范有关要求进行修复。

(6)应根据实际需要配置适用的机具设备,建立适当的材料储备,并组织可靠的养护材料供应网络,以确保路面养护作业正常进行。

(7)从事高速公路路面养护作业的人员,必须事前接受专门的安全教育和养护作业规程的培训。

(8)文明施工,施工现场应设置安全标志,警示标志,并保证正常使用;运料和废渣车辆应设车盖,避免废渣、材料等泄漏污染路面,影响交通安全和环境。

### (二)高速公路沥青路面日常养护工作内容

1. 巡视检查

高速公路沥青路面巡视检查的任务是及时发现路面上可能影响交通的路障及其附属设施的损坏情况,向养护部门提供有关信息,以便养护部门及时、合理地安排维修和清理,尽快恢复路面正常使用状态。巡视检查分为日常巡查、定期巡查、特殊巡查和专项巡查四类，各类巡查的内容、频率、方法等见表7-5。

高速公路日常巡查工作内容 表7-5

| 巡查种类 | 巡查工作内容 | 巡查频率 | 巡查方法 | 巡查装备 |
|---|---|---|---|---|
| 日常巡查 | 检查沥青路面及附属设施的完好程度，发现各类路面病害及可能诱发病害的因素，发现可能妨害交通的路障 | 每天一次，双向全程 | 车行为主，人工观测、目测及手工测量，辅以摄影或摄像 | 有明显标识、装备有黄色警示灯的巡查车、摄像或摄影器材，卷尺及检查锤等工具 |
| 定期巡查 | 检查整个养护单元中包括沥青路面在内的全部养护项目 | 每月一次，双向全程 | 步行检查路段不少于1km，其余车行，定性与定量检测相结合，重要情况应摄像或摄影 | 有明显标识、装备有黄色警示灯的巡查车、摄像或摄影器材，卷尺及检查锤等工具。当参加人员较多时，可增加配备满足需要的普通车辆 |
| 特殊巡查 | 主要是在暴雨、台风、大雾、严重冰冻及其它可能危及沥青路面正常使用状态或妨害高速公路正常交通的灾害性气候时进行的巡查 | 在灾害天气到来之前进行预防性巡查，在灾害天气中进行应急性巡查，在灾害天气过后进行补救性巡查 | 车行为主，行车速度适当降低，发现异常情况立即向应急抢险中心报告 | 巡查车和配备与上相同，夜间巡查时，应配备照明设备 |
| 专项巡查 | 根据实际情况确定对某些数量较多且危害较大的路面病害或路面状况发生异常变化的特殊路段进行较为细致的检查 | 步行与车行结合，定位、定量观测，重要情况予以摄影或摄像 | — | 与日常巡查相同，并配备与检测内容相适应的检测仪器 |

巡查作业中，巡查人员应强化自身保护意识，按规定穿着安全标志服。巡查作业中应由专人记录巡查情况，巡查结束后尽快整理、汇总巡查记录，并通知有关部门采取相应的养护措施。

应每天记录当地的天气预报和实际天气情况。在多风、多雨、多雾、多雪、多冰冻季节，应随时注意天气的变化，必要时应与当地的气象台、站保持联系，随时获取最新气象信息，以便及时采取相应措施。

各项巡视检查、专项调查和技术检测的结果，均应及时进行整理和初步分析，并输入公路路面管理系统，由该系统每年一次对路面的技术状况和使用品质进行综合评价，作为制定下一年度养护工作计划的依据。当在各类巡查或专项检测中发现路面某一方面的技术状况和使用品质明显下降时，应及时通过系统作出路况阶段性评价，并及时采取相应的养护对策。

2. 清扫

对尘土、落叶、杂物等造成的路面污染,应进行日常清扫,保持良好的路面运行环境。

日常清扫应以机械作业为主,对清扫机械无法扫及的路面死角,由人工辅助清扫。

日常清扫的作业频率应根据路面污染程度而定,一般为每日一次全程清扫,桥面、隧道内沥青路面及收费广场应适当加大清扫频率,清扫时间应尽量避开流量高峰时段。

除了定期的日常清扫作业外,应根据以下路面污染的特殊情况,及时进行特殊情况下的路面清扫保洁作业:

(1)路面上有妨碍正常交通的杂物。

(2)意外事件、事故等因素造成路面污染。

(3)沥青路面被油类物质或化学物品污染。

3. 排障和清理

为了及时处理并尽量减轻因不可抗拒因素和突发事件所造成的损害,高速公路管理机构应建立完善的应急抢险机制(图 7-1)。全天候值班,随时掌握、分析各类有关信息,做好各种应急抢险准备工作,一旦发生险情,快速作出反应,指挥应急抢险工作。

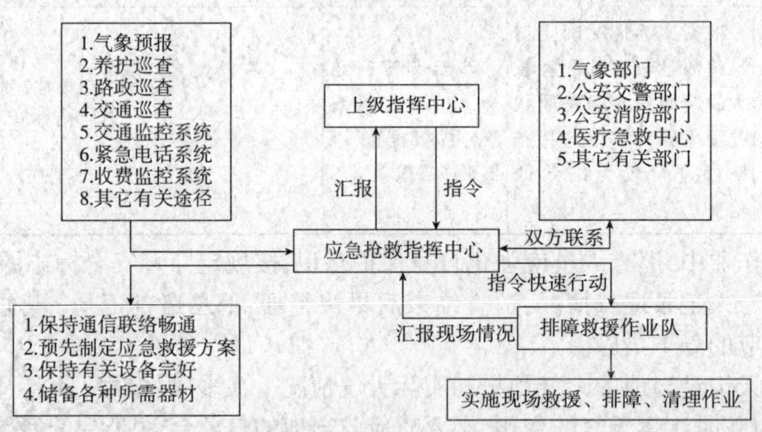


图 7-1 应急抢险机制及功能框图

应根据实际需要配置必要的排障、抢险、救援设备和可靠的通信指挥设施,对排障、抢险、救援人员应进行专门的业务培训,并预先制定排障、抢险、救援作业程序。一旦出现妨碍正常交通、危及行车安全的路面险情和障碍物,应急抢险指挥中心应立即组织人员、设备,按程序进行排障、抢险、救援工作,迅速排除路障和路面险情,恢复正常交通。

排障作业结束后，尽快清理现场，清扫路面，发现路面及附属设施受到损坏应及时修复。

4. 排水

排水包括排水设施的维护、修复与疏通，路面积水的清扫，其工作内容如下：

（1）对中央分隔带集水井、横向排水管、路侧拦水缘石及泄水槽、桥面泄水孔等路面排水系统应经常进行清理和疏通，发现损坏部位及时修复。

（2）经常检查沥青路面的排水情况，检查时间一般以在雨间或雨后1～2h为宜。发现路面明显积水的部位，应分析原因，分别采取下列不同措施：

①对未破损，但造成雨后明显积水的行车道路面局部沉陷部位，应及时清扫并予以整平。

②对设置有路侧拦水带及泄水槽的路段，如因拦水带开口及泄水通道的位置不妥而造成路面积水时，应及时调整。

③对因横坡不合理而造成积水的路段，应采取临时措施，尽量减少行车道积水，并在罩面及翻修工程中彻底整治。

（3）在雨季到来之前，应对全部路面排水系统及路堤、边沟、涵管、泵站、集水井、沉淀池等所有排水设施进行全面检查和疏通，修复损坏部位，处理水毁隐患，确保雨季排水畅通。雨季期间应加强排水设施的养护管理，及时维修疏通损坏的排水设施，处理路面水毁部位，减轻雨季的水害损失。

5. 除雪和防冻

（1）根据当地历年气象记录资料、气象预测资料、路面结构、沿线条件等，事先制定切合实际情况的除雪和防冻工作计划，制定适用于各种不同的气温、降雪量和积雪深度条件下的除雪与防冻作业规程，落实相应的除雪、防冻作业人员与机具设备，并按实际需要储备防冻、防滑材料。

（2）在严寒降雪季节到来后，应随时监测气象变化情况，一旦降温、降雪，立即按计划部署相应的除雪和防冻作业，特别注意桥面、坡道、弯道、匝道、收费广场等重点区段，尽量减少积雪和冰冻对行车安全造成的危害，缩短影响正常交通的时间。

路面除雪应以机械作业为主，人工作业为辅。在降雪过程中，当路面积雪厚度超过1cm时，即可开始除雪作业。一般以铲为主，除雪机械的作业方向宜与正常行车方向相同，行驶速度为30～50km/h，从路面左侧向右侧依次进行。当降雪量较大，难以在降雪过程中清除全部积雪时，应在雪停后及时清除路面全部积雪。

（3）当路面上的压实雪、融化的雪水、未及时排除的雨水可能形成冰冻层时，应及时采取防冻防滑措施。

当气温低于0℃时，在大、中型桥面、桥头引道纵坡大于2.5%的路段或平面曲线半径小于500m的匝道范围内，应撒布盐、盐水、盐砂混合料或其它融雪剂等防冻防滑材料。撒布的时间和频率宜与除雪作业同步。待雪停后，应将残留在路面上的防冻防滑材料与积雪一并清除干净。

除雪和防冻是严寒冰冻地区沥青路面冬季养护管理的重要工作，作业应不分昼夜快速进行。作业现场必须实行统一指挥，并落实与作业形式相适应的安全作业措施和交通控制措施。

## 第三节　沥青路面预防性养护

### 一、预防性养护的理念

当沥青路面正常使用几年后，表面在交通、气候、日照等因素的作用下，开始氧化并逐步出现轻微车辙、轻微疲劳龟裂、剥落、细集料损失等轻微路面病害。在这一时期，路面处于基本完好状况，但由于轻微裂缝的存在，路面水经过裂缝或细集料损伤处进入到沥青混合料中，将加速路面的损坏。如果不及时养护处理，会导致网裂、龟裂、坑洞等破坏病害的发生和快速发展，路况快速恶化，使路面使用寿命大大缩短。如果在这个时期及时地采取养护措施阻止路面的轻微裂缝、集料散失和磨光等病害的进一步发展，阻止水分对路面的侵蚀，路面的使用寿命将会大大延长。预防性养护就是基于路面早期的病害发展机理过程及对使用寿命影响而提出的一种路面养护理念和方法，即在道路技术状况衰减和轻微病害发展的初期，应用适当的技术措施择机对路面进行养护，最大限度地延缓路面技术状况退化和初期病害的发展，延长路面使用寿命的养护方法。在路面尚处于良好状况或者只有某些病害先兆时实施预防性养护实质上是一种周期性的强制保养措施，它并不考虑路面是否已经有了某种损坏。预防性养护理念的核心在于防患于未然，通过一些前置的措施方法，使道路及其构造物内部和外部的病害隐患与不利的条件得到遏制、改善，保证其在正常的运营条件下，实现或延长设计使用寿命。预防性养护在许多国家得到广泛运用，并已取得成功经验和显著的成效。2000年AASHTO（美国国家公路运输管理协会）对预防性养护（Preventive Maintenance）的定义是：“公路预防性养护是一种有成本效益的措施的计划性策略，它针对已建的公路系统以及其附属设施，延缓其发生破坏的时间，并保持或提高系统功能性能状况，但不增加结构承载力”。我国的沥青路面预防性养护的定义是：通过定期的路况调查，及时发现路面轻微破损与病害迹象，分析研究其产生原因，对症采取保护性养护措施，以防止微小病害进一步扩大，减缓路面使用性能的恶化速度，使路面始终保持良好的服务状态的一种养护方法、养护理念。预防性养护可以延长路面的使用寿命，提高路面的服务效能，节约养护维修资金，是一项具有显著费用与效益比的养护技术方法,通常用于尚未发生损坏或只有轻微病害的路面。

## 二、预防性养护类型及选择

沥青路面预防性养护类型主要有以下几种:

(1)路面表面处理:对路表面处理的目的是封缝、封水、抗滑、改善平度,恢复表面功能,方法有雾封层、还原剂封层、稀浆封层、微表处、石屑封层和薄层罩面等。

(2)路面裂缝填补:裂缝填补的目的是封水,防止水分通过裂缝渗入路面,并波及基层和路基,方法有采用填缝料对裂缝填封。

(3)路面局部修补:防止破坏病害扩大成为大的坑槽破坏,保持路面完好。

(4)加铺罩面:加铺罩面的目的是恢复表面功能,封缝、封水,防止水分下渗对路面的进一步破坏,方法有加铺超薄磨耗层、超薄层罩面等。

路面预防性养护方案选择是一个复杂的过程,不同的预防性养护方法适用的路面技术状况不同,工程投资也不同。在选择预防性养护方法时,应考虑以下因素:

(1)路面技术状况:通过路况调查充分了解路面的各种服务性能指标(平整度、抗滑性能、路面状况、强度等)和路面的病害类型、破损程度;通过对路面病害的具体原因分析,研究破损程度及范围;根据病害类型和程度以及服务性能指标判断该路段路面是否适合于预防性养护。

(2)采用方法的特点及针对性:根据路面状况、平整度、抗滑性能、强度四项使用性能指标优、良、中、次、差的评价结果、四项指标评价等级之间的不同组合及主导的路面病害类型,选择合适的养护对策:在水损坏频繁的路段,方案应重视防水,避免水损坏,采用雾封层或微表处对表面防水处理,同时完善排水系统、防水层的布置,充分发挥排水设施功效,对面层空隙率过大引起水损坏的路段,宜尽早采取罩面等措施;或采用改性沥青稀浆封层、SMA 薄层罩面等,改善沥青老化、松散、剥落和裂缝等路况,提高路面平整度、抗滑性等行使质量,延长路面使用寿命。

## 三、雾封层预防性养护技术

雾封层是采用专用的雾封层洒布车在沥青面层上喷洒一层薄的、高渗透性乳化沥青或还原剂,以形成一层防水薄层将路面细微裂缝、空隙封闭,以隔水、防渗、抗老化、保护路面,最大限度地减少路面水损坏的预防性养护方法,是一种直接、经济和有效的预防性养护措施。由于雾封层所用材料流动性较大,可渗入到路面裂缝中,从而可以恢复路表沥青黏附力,填补微小裂缝和空隙,更新和保护氧化的旧沥青路面,防止路表水下渗,加深沥青路面的颜色,防止路面松散,延长路面使用寿命,推迟采用造价更高的养护措施,节约养护维修费用,提高路面的经济效益。

1. 雾封层技术的应用条件

雾封层一般用于沥青路面材料轻度到中度损失或松散、填补细微裂缝和空隙、更新和保护老化的旧沥青路面、防止开级配混合料路面的松散、改善路面外观等。交通量大或小的沥青路面预防性养护均可使用雾封层。

2. 雾封层的材料性能要求

雾封层是用喷洒的方式将预防性养护材料喷涂到路面上。常用的材料一般是乳化沥青和水,或加有添加剂的改性乳化沥青或具有特殊配方的雾封层液体沥青。用于沥青路面预防性养护的喷洒涂刷型再生剂应具备以下基本性能:

(1)抗老化:喷涂到路表面后,能使表面经过紫外线长时间照射且部分已老化的沥青路面恢复一定的柔性,并保护未老化部分沥青,延缓或防止路面的进一步老化。

(2)防渗:路面在车辆荷载及各种自然因素作用下,空隙率加大,产生许多细小的裂纹,地表水将会通过这些细小的裂纹和空隙渗入路面,对路面产生侵蚀和水损害破坏,使路面结构强度下降,因此用于预防性养护的喷涂材料必须能防止水分侵入路面。

(3)抗滑和耐磨:路面喷涂上预防性养护材料后将使路面表面的构造深度降低,降低车轮与路面间的摩阻力,影响行车的安全。因此,采用的预防性养护材料和方法不能使路面的抗滑性能明显降低,当喷洒养护涂层后路面的抗滑性下降,应采取撒细砂等措施增加路面抗滑性,以确保行车的安全。

3. 雾封层技术施工要点

雾封层采用专门的沥青洒布车一次性施工,在路面表面形成一超薄喷洒层(图7-2),要求喷洒层与下面层接触紧密、均匀,并具有良好的抗磨耗能力。

(1)施工前准备:

①封闭交通,设置交通安全标志。

图7-2 雾封层的施工现场

②清扫路表,清除表面杂物,并用风机吹干。

③对容易被污染的交通标志或其它设施进行遮盖保护,减少污染。

④喷洒机械设备到位,操作人员就位。

(2)将已经按要求在施工前制备好的喷洒材料(乳化沥青、还原剂等)装进沥青洒布机的储存罐内。

(3)保持洒布车辆的匀速行驶,开动开关,喷洒乳化沥青。喷洒中控制洒布量,雾封层的一般喷洒量为0.23~0.45L/m$^2$。

(4)乳化沥青雾封层刚刚喷洒后路面呈现咖啡色,随着乳化沥青破乳,路面开始变黑，说明雾封层已经进入硬化阶段，待完全硬化后，路面呈黝黑色，这时可开放交通。

## 四、同步碎石封层预防性养护技术

同步碎石封层，是用专用设备即同步碎石封层车将碎石及黏结材料(改性沥青或改性乳化沥青)同步铺洒在路面上，通过压路机碾压形成的单层沥青碎石磨耗层。这种技术将喷洒沥青与撒布碎石两道工序集中在一台车上同时完成，可以使碎石颗粒立即与刚喷洒的流动性好的热沥青(120～140℃)或乳化沥青相接触，使喷洒到路面上的高温黏结料在不降温的条件下即时与碎石结合，使碎石能更深地埋入黏结剂内；同时能更好地渗入到路面裂缝中，使其具有更好的整体性和封水性能。该技术20世纪80年代起源于法国，90年代传播到整个欧洲各国及美国。目前作为一种路面养护技术，已在欧美各国被广泛采用。

1. 同步碎石封层技术的特点

(1)良好的防水性。根据同步碎石封层的结构特点，其整体力学特征是柔性的，因此能增加路面抗裂性能、封填路面的网裂、减少路面反射裂缝，提高路面防渗水性能。

(2)良好的防滑性。同步碎石封层中的集料直接与轮胎接触，粗糙度高，增大了与轮胎之间的摩擦系数，因此可显著提高路面的附着性和防滑性。

(3)良好的耐磨性和耐久性。同步撒铺的碎石和沥青形成的沥青结合料，碎石颗粒的2/3的高度陷入沥青，增大了两者的接触面积，因此使同步碎石封层具有良好耐磨性和耐久性。

(4)施工速度快。同步碎石封层施工工序简单、施工速度快，可及时限速开放交通。

(5)性价比高。同步碎石封层的性能(使用年限)价格比明显优于其他表面处治方法，可以大大降低道路的维修养护成本。

2. 同步碎石封层的材料要求

同步碎石封层所用原材料主要是沥青黏结料和碎石两种，材料选择需要考虑公路等级、路面类型、交通量、气候和材料供应能力等各种因素：

(1)沥青。用于同步碎石封层的沥青无特殊要求，在保证沥青合适的洒布温度、洒布量的前提下，普通沥青、重交沥青、乳化沥青、改性沥青都可用于同步碎石封层。但为保证质量，施工中必须严格控制沥青用量。沥青过少时封层可能会出现严重的碎石脱粒；沥青过多时，则会出现泛油现象。因此施工中要根据交通量、路面状况、施工季节等调整和确定合适沥青用量，一般情况下交通量大的道路沥青用量宜减少，秋季施工的沥青用量比夏季应适当增加。

(2)石料。石料是同步碎石封层的重要组成部分之一。它主要承受车辆的荷载作用,并为行车提供抗滑作用,根据路面平整度和抗滑性能要求,应严格控制所用石料的粒径范围,选用材质优良的石料。同步碎石封层一般要求使用经过反击破碎(或锤击破碎)所得到的碎石,针片状含量应严格限制在15%以下,几何尺寸要好,强度高,不含杂质和石粉,压碎值不大于14%,并严格经过水洗风干。

3. 同步碎石封层技术施工要点

(1)作业前要对原路面进行认真清扫,以免尘土影响沥青的黏结作用。

(2)选用技术性能先进的同步碎石封层机。同步碎石封层机应具有结构合理的沥青喷洒装置,能对沥青喷洒量及均匀性精确调节与控制;先进合理的沥青控制系统;能精确调节和控制碎石的撒布量及均匀性;确保沥青喷洒与碎石撒布保持一致。大面积施工前应进行试验段施工,确定撒布施工技术参数。

(3)通过调整喷嘴高度调节沥青膜厚度,使沥青膜厚度适宜。

(4)根据采用的沥青调整合适的沥青温度,使用改性沥青时,沥青温度应控制在160~170℃,确保雾状喷洒形成均匀、等厚的沥青膜。

(5)同步碎石封层机应以适宜的作业速度匀速行驶,并使在此行驶条件下碎石和沥青的撒布率相匹配。撒布过程中若发现石料撒布不均匀,局部石料堆积或有空挡,应停下来分析原因,重新调整车速、沥青喷洒量和碎石撒布率等施工参数,直至三者均匀协调为止,不均匀的部位应用人工处理找匀。

(6)一般沥青路面预防性养护进行一次同步碎石封层即可。对于平整度较差的旧沥青路面可采用二次封层。第一次用6~10mm、10~14mm粗碎石作为下封层找平;第二次用2~4mm细碎石嵌缝。两次封层后用轮胎压路机碾压,也可通过自然行车碾压。沥青路面若有10cm以上的车辙、沉陷等病害时,可采用不同粒径碎石多次封层的施工方法进行处治。

(7)封层作业过程中要保证足够数量的轮胎压路机,以便在热沥青温度降低之前或乳化沥青破乳后能及时完成碾压定位工序。

## 五、微表处预防性养护技术

微表处是采用专用机械设备将聚合物改性乳化沥青、粗细集料、填料、水和添加剂等按照设计配比拌和成稀浆混合料摊铺到原路面上,并很快开放交通的具有高抗滑和耐久性能的预防性养护薄层。这是一种性状与稀浆封层相似但性能有所不同的路面封层技术。根据"微表处"封层的材料组成和结构性能,其主要作用有以下几方面:①提高沥青路面的抗滑性能,改善行车的安全性;②填补深度不太大的不平整坑凼和车辙;③防止地表水在路面早期微裂缝中进一步下渗,延缓局部病害的进一步发展,延长路面使用寿命;④对于多处挖补造成的路面补丁较多的路段,加铺微表处封层可以美化路面。因此,微表处是一种用来预防早期病害进一步发展、提高路面使用性能和对已破坏路面进行修复的预防性养护措施。

### (一)微表处封层的使用条件

由于微表处厚度薄,是非受力结构层,主要作用是恢复路表功能和封水,是在旧路面性能满足一定要求条件下才能应用的路面预防性养护措施。在确定采用微表处方案前,应对路面状况及路面结构进行调查,包括调查测试旧路面的弯沉、平整度、摩擦系数、各种破损病害类型及数量;对旧路面状况进行评价,根据评价结果确定采用微表处是否合适,以及应采用的微表处级配类型。一般情况下,使用微表处封层的旧路面应满足以下要求:

(1)原路面必须有足够的结构强度。原路面整体结构强度不足,结构性破坏严重、平整度差、裂缝多的路面不应采用微表处封层。

(2)原路面深度 10mm 以下的车辙可直接采用微表处封层;对于深度 10 ~ 15mm 的车辙可以先用微表处进行车辙填充,然后再铺设微表处封层,也可采用双层微表处填充;深度 15 ~ 25mm 的车辙可以采用多层微表处填充;深度 25mm 以上的车辙,不宜采用微表处处理,应采用薄层罩面。

(3)由于微表处结构层厚度薄,在路面结构体系中,只能作为表面保护层和磨耗层,而不起承重性的结构作用。因此只有对原路面的结构性破坏和严重的变形破损病害进行了全面处理后才能加铺微表处,包括:对原路面局部破损(如坑槽、松散等)进行彻底挖补处治,对宽度大于 5mm 的裂缝进行灌缝处理,对拥包、推挤等隆起型病害也应进行修复或清除处理。

(4)微表处技术一般应用于高速公路和一级公路的预防性养护,并侧重于防止路面地表水渗入、车辙发展、提高路面抗滑性能等恢复路面服务功能的预防性养护。

### (二)微表处的材料与要求

1. 乳化沥青

微表处必须选用阳离子型聚合物改性的乳化沥青,改性剂剂量(改性剂有效成分占纯沥青的质量百分率)不宜小于 3%。用于微表处的乳化沥青性能应满足表 7-6 的要求。

微表处用乳化沥青的质量要求　　表 7-6

| 试验项目 | 单　位 | 指标要求 | 试验方法 |
|---|---|---|---|
| 筛上剩余率(1.18mm 筛) | % | ≤0.1 | T0652 |
| 电荷 | — | 阳离子正电(+) | T0653 |
| 恩格拉黏度 E25 | — | 3 ~ 30 | T0622 |
| 沥青标准黏度 C25.3 | s | 12 ~ 60 | T0621 |
| 蒸发残留物含率 | % | ≥60 | T0651 |

续上表

| 试验项目 | | 单位 | 指标要求 | 试验方法 |
|---|---|---|---|---|
| 蒸发残留物性质 | 针入度(100g,25℃,5s) | 0.1mm | 40~100 | T0604 |
| | 软化点 | ℃ | ≥53 | T0606 |
| | 延度(5℃) | cm | ≥20 | T0605 |
| | 延度(15℃) | cm | — | |
| | 溶解度(三氯乙烯) | % | ≥97.5 | T0607 |
| 贮存稳定性 | 1d | % | ≤1 | T0655 |
| | 5d | % | ≤5 | |

2. 矿料

微表处的矿料由不同规格的粗细集料、矿粉等掺配而成。微表处用粗集料、细集料的质量应符合表7-7的要求。碎石集料与改性乳化沥青应具有良好的黏附性,坚硬、多棱角、耐久、不含黏土等有害物质。

**微表处用粗细集料质量要求** 表7-7

| 材料名称 | 项目 | | 标准 | 试验方法 | 备注 |
|---|---|---|---|---|---|
| 粗集料 | 石料压碎值 | 不大于(%) | 26 | T0316 | |
| | 洛杉矶磨耗损失 | 不大于(%) | 28 | T0317 | |
| | 石料磨光值 | 不小于(*BPN*) | 42 | T0321 | |
| | 坚固性 | 不大于(%) | 12 | T0314 | |
| | 针片状含率 | 不大于(%) | 15 | T0312 | |
| 细集料 | 坚固性 | 不大于(%) | 12 | T0340 | >0.3mm部分 |
| 矿料 | 砂当率 | 不小于(%) | 65 | T0334 | 合成矿料中<4.75mm部分 |

3. 填料

微表处矿料中可以掺加矿粉、水泥、消石灰等填料。填料应干燥、疏松,无结团,并符合《公路沥青路面施工技术规范》(JTG F40—2004)和《公路改性沥青路面施工技术规范》(JTJ 036—98)中的相关要求。矿粉的主要作用是改善矿料级配。水泥、消石灰等具有化学活性的填料的主要作用是调整稀浆混合料的可拌和时间、成浆状态和成型速度等。填料的掺加量必须通过混合料配合比设计试验确定。

4. 添加剂

添加剂主要是破乳调节剂,作用是调节稀浆混合料可拌和时间、破乳速度、开放交通时间等施工性能,并在一定程度上改变混合料的路用性能。常用的添加剂包括无机盐类添加剂、有机类添加剂等。对于阳离子乳化沥青混合料,无机盐类添加剂一般会延长可拌和时间,延缓成型。未经试验验证的添加剂不得在施工中采用,以免对混合料路用性能产生不利影响。

5. 水

微表处用水不得含有有害的可溶性盐类、能引起化学反应的物质和其它污染物,一般采用可饮用水。

6. 矿料级配

按照矿料级配的不同,微表处级配可以分为Ⅱ型和Ⅲ型,分别以:MS－2和MS－3表示。两型微表处的矿料级配要求见表7-8。MS－3型微表处,公称最大粒径为9.5mm,适用于高速公路、一级公路的罩面和车辙填充。MS－2型微表处,公称最大粒径为4.75mm,适用于中等交通量高速公路,一、二级公路的罩面。

**微表处的矿料级配要求**　　表7-8

| 级配类型 | 通过下列筛孔(mm)的质量百分率(%) | | | | | | | |
|---|---|---|---|---|---|---|---|---|
| | 9.5 | 4.75 | 2.36 | 1.18 | 0.6 | 0.3 | 0.15 | 0.075 |
| MS－2 | 100 | 90~100 | 65~90 | 45~70 | 30~50 | 18~30 | 10~21 | 5~15 |
| MS－3 | 100 | 70~90 | 45~70 | 28~50 | 19~34 | 12~25 | 7~18 | 5~15 |

注:填料计入矿料级配。

## (三)微表处的配合比设计

微表处混合料的配合比设计,应充分考虑使用要求、原路面状况、交通量、气候条件等因素,选择适当的微表处类型,确定施工方案(是否分层摊铺、是否车辙填充等)。微表处可以单层铺筑,也可以双层铺筑。单层微表处的材料用量范围可参照表7-9。

**单层微表处的材料用量范围**　　表7-9

| 项　目 | MS－2 | MS－3 |
|---|---|---|
| 养生后的厚度(mm) | 4~6 | 8~10 |
| 矿料用量(kg/m$^2$) | 6.0~15.0 | 10.0~22.0 |
| 油石比(沥青占矿料的质量百分率)(%) | 6.5~9.0 | 6.0~8.5 |
| 水泥、消石灰用量(占矿料的质量百分率)(%) | 0~3 | |
| 外加水量(占干矿料的质量百分率)(%) | 根据混合料稠度确定 | |

微表处的配合比设计方法与步骤:

(1)按表7-8不同级配类型微表处的性能及道路条件,选择级配类型和级配范围,计算各种集料的配合比例,使合成级配在要求的级配范围内。

(2)根据经验初选(改性)乳化沥青、填料、水和添加剂的用量,进行拌和试验和黏聚力试验。可拌和时间试验温度应考虑最高施工温度,黏聚力试验的温度应考虑施工中可能遇到的最低温度。

(3)根据拌和试验及黏聚力试验结果和稀浆混合料的外观状态,选择3个认为合理的混合料配比,按表7-10中规定进行稀浆混合料的性能试验,如不符合要求,适当调整各种材料的配合比例再试验,直至符合要求为止。

也可将初选的3个混合料配比分别变化不同的油石比,按照表7-10的要求重复试验,并分别将不同沥青用量的湿轮磨耗值及砂黏附量绘制成图关系曲线。以1h湿轮磨耗值接近表7-10中要求的沥青用量作为最小油石比$P_{bmin}$,砂黏附量接近表7-10中要求的油石比为最大油石比$P_{bmax}$,得出油石比的可选择范围$P_{bmin}$~$P_{bmax}$。

微表处稀浆混合料技术指标　　表7-10

| 试验项目 | | 标准 |
|---|---|---|
| 可拌和时间(25℃) | 不小于(s) | 120 |
| 黏聚力试验 | 不小于(N·m)<br>30min(初凝时间)<br>60min(开放交通时间) | <br>1.2<br>2.0 |
| 负荷车轮黏附砂量 | 不大于(g/m²) | 450 |
| 湿轮磨耗损失<br>浸水1h<br>浸水6h | <br>不大于(g/m²)<br>不大于(g/m²) | <br>540<br>800 |
| 轮辙变形试验的宽度变化率 | 不大于(%) | 5 |
| 配伍性等级 | 不小于 | 11 |

选择适宜油石比的原则是:在该油石比情况下混合料的各项技术指标均可以满足要求。对微表处混合料,以所选择的油石比检验混合料浸水6d湿轮磨耗指标,用于车辙填充的还应增加检验负荷车轮试验的宽度变化率指标,不符合要求时应调整油石比重新试验,直至符合要求为止。

(4)根据经验及配合比设计试验结果,在充分考虑原路面状况、气候及交通等因素的基础上综合确定混合料配比。

(5)通过混合料设计,提出混合料设计报告,内容包括:

①乳化沥青技术指标。

②集料技术指标、矿料配合比和矿料设计级配。

③稀浆混合料配合比和技术指标。

**(四)微表处的施工**

微表处封层必须采用微表处摊铺车施工。微表处摊铺车是将材料的储存—供给装置、拌和装置、摊铺装置等设备装配在一台车辆上的施工机械。微表处摊铺车的拌和箱必须为大功率双轴强制搅拌式,摊铺槽必须带有两排布料器,摊铺机必须具有精确计量系统并可记录或显示矿料、乳化沥青等用量。当采用微表处修补车辙时，还必须配有专用的V字形车辙摊铺槽。

微表处施工的气候条件要求：

(1)施工、养生期内的气温应高于10℃，最好为10～25℃。

(2)不得在雨天施工。施工中遇雨或者施工后混合料尚未成型就遇雨时，应在雨后将无法正常成型的材料铲除。

(3)严禁在过湿或积水的路面上进行微表处封层施工。

1. 施工准备

(1)微表处施工前，应对原路面技术状况进行检测，确认原路面满足微表处铺筑前对旧路面的处治要求。

(2)洒黏层油。原路面为沥青路面时，一般不需喷洒黏层油。

(3)对材料进行施工前的质量检测：

①施工用的乳化沥青、矿料、水、填料等应进行质量检测，符合要求后方可使用。

②粗集料中的超粒径颗粒必须筛除。

③以1%的含水率间隔，检测矿料在含水率0～7%情况下的单位体积干矿料质量，得出矿料的"含水率—单位体积干矿料质量"的关系曲线，用于摊铺车设定。

④测定矿料含水率。

(4)对施工机具进行施工前检查和标定：

①各种施工机械和辅助工具均应备齐，并保持良好工作状态。

②摊铺车在以下情况下必须进行标定：新机器第一次使用时；机器每年的第一次使用时；开工前；原材料改变和配比发生较大变化时。

通过摊铺车的标定，得出摊铺车各料门开度或泵的设定等与各材料出料量的关系曲线，出具标定报告。

2. 铺筑试验段

微表处正式施工前，应选择合适路段摊铺试验段。试验段长度不小于200m，通过试验段的摊铺，确定施工工艺。

根据试验段的摊铺情况，在设计配合比的基础上作小范围调整，确定施工配合比。施工配合比的油石比不应超出设计油石比+0.2%、-0.3%的范围。矿料级配不应超出表7-8规定的相应级配类型的各筛孔通过率上下限，且以矿料设计级配为基准，施工配合比的矿料级配中各筛孔通过率不应超过表7-11规定的允许波动范围。当施工配合比的油石比或者矿料级配的调整幅度超出上述规定时，必须重新进行混合料设计。通过试验段得出施工配合比，确定施工工艺参数，并作为正式施工依据。

微表处施工矿料级配控制要求　　表7-11

| 级配类型 | 通过下列筛孔(mm)的质量百分率(%) | | | | | | | |
|---|---|---|---|---|---|---|---|---|
| | 9.5 | 4.75 | 2.36 | 1.18 | 0.6 | 0.3 | 0.15 | 0.075 |
| MS-2 | 100 | 90~100 | 65~90 | 45~70 | 30~50 | 18~30 | 10~21 | 5~15 |
| MS-3 | 100 | 70~90 | 45~70 | 28~50 | 19~34 | 12~25 | 7~18 | 5~15 |
| 允许波动范围 | — | ±5% | ±5% | ±5% | ±5% | ±4% | ±3% | ±2% |

3. 微表处的施工

微表处封层施工程序与要求如下：

(1)彻底清除原路面的泥土、杂物等。

(2)施画导线,以保证摊铺车顺直行驶,有路缘石、车道线等作为参照物的,可不施画导线。

(3)摊铺车摊铺稀浆混合料。

①根据施工路段的路幅宽度,调整摊铺槽宽度,应尽量减少纵向接缝数量,在可能的情况下,宜使纵向接缝位于车道线附近。

②将符合要求的各种材料装入摊铺车内。

③将装好料的摊铺车开至施工起点,对准控制线,放下摊铺槽,调整摊铺槽使其周边与原路面贴紧。

④按生产配合比和现场矿料含水率情况,依次或同时按配比输出矿料、填料、水、添加剂和乳液,进行拌和。

⑤拌好的混合料流入摊铺槽并分布于摊铺槽适量时,开动摊铺车匀速前进,需要时可打开摊铺车下边的喷水管,喷水湿润路面。

⑥摊铺速度以保持混合料摊铺量与搅拌量基本一致为准。施工时保持摊铺槽中混合料的体积为摊铺槽容积的1/2左右。

⑦当摊铺车内任何一种材料快用完时,应立即关闭所有输送材料的控制开关,让搅拌器中的混合料搅拌完,并送入摊铺槽摊铺完后,摊铺车停止前进,提起摊铺槽,将摊铺车移出摊铺点,清洗摊铺槽。施工中不得随意抛掷废弃物。

⑧当改性乳化沥青蒸发残留物含量和矿料含水率发生变化时,必须调整摊铺车的设定,确认材料配比符合设计配比后才可继续施工。

⑨采用双层摊铺或者微表处车辙填充后再做微表处罩面时,首先摊铺的一层应至少在行车作用下成型24h,确认已经成型后方可在上面再进行第二层摊铺。当采用压路机碾压时,可根据实际情况缩短第一层的成型时间。

⑩微表处车辙填充时,应调整摊铺厚度,使填充层横断面的中部隆起3~5mm,形成冠状,以考虑行车压密作用。

(4)手工修复局部施工缺陷。

稀浆混合料摊铺后的局部缺陷,应及时使用橡胶耙等工具进行人工找平。找平的重点是:个别超粒径粗集料产生的纵向刮痕,横、纵向接缝等。

(5)初期养护。

微表处混合料摊铺后一般不需要压路机碾压。在用于硬路肩等缺少或者没有行车碾压的场合时,或者为了满足某些特殊需要,可使用6~10t轮胎压路机对已经破乳并初步成型的稀浆混合料进行碾压。

(6)开放交通。

在混合料能够满足开放交通的要求后应尽快开放交通。

### (五)微表处施工质量控制

微表处施工控制包括施工前的材料质量检测、设备检查以及施工过程中的质量控制两部分,其控制要求如下。

1. 施工前的材料质量检测和设备检查

施工前必须提供原材料的检测报告、稀浆混合料设计报告和复核报告,并确认符合要求;必须提供摊铺机标定报告。在确认材料、设备等没有发生变化和符合要求后,方可施工。

施工前材料的质量检查应以同一料源、同一批并运至生产现场的相同规格品种的集料、(改性)乳化沥青等为一"批"进行检查。检查频率和要求见表7-12。矿料级配和砂当量指标不能满足设计要求的,必须重新进行混合料设计或者重新选择矿料。

**微表处和稀浆封层施工前的材料质量检查与要求**　　　　表7-12

| 材　料 | 检查项目 | 要求值 | 检验频率 |
|---|---|---|---|
| (改性)乳化沥青 | 表7-6要求的检测项目 | 符合设计要求 | 每批来料一次 |
| 矿料 | 砂当量 | | |
| | 级配 | | |
| | 含水率 | 实测 | 每天一次 |

注:矿料级配符合设计要求,是指实际级配不超出相应级配类型要求的各筛孔通过率的上下限,且以矿料设计级配为基准,实际级配中各筛孔通过率不得超过表7-11规定的允许波动范围。

施工前应对摊铺车的性能、标定和设定以及辅助施工车辆配套情况、性能等进行检查。

当(改性)乳化沥青蒸发残留物含量和矿料含水率发生变化时,必须调整摊铺车的设定,确认材料配比符合设计配比后才可施工。

2. 施工过程的质量控制

施工中应对稀浆混合料进行抽样检测，抽检项目、频率、允许误差及方法见表7-13。

微表处施工过程中的检验要求　　表 7-13

| 项　目 | 要　求 | 检验频率 | 检 验 方 法 |
| --- | --- | --- | --- |
| 稠度 | 适中 | 1 次/100m | 经验法 |
| 油石比 | 施工配合比的油石比 ±0.2% | 1 次/d | 三控检验法 |
| 矿料级配 | 满足施工配合比的矿料级配要求 | 1 次/d | 摊铺过程中从矿料输送带末端接触集料进行筛分 |
| 外观 | 表面平整、均匀，无离析，无划痕 | 全线连续 | 目测 |
| 摊铺厚度 | -10% | 5 个断面/km | 钢尺测量或其它有效手段，每幅中间及两侧各 1 点，取平均值作为检测结果 |
| 浸水 1h 湿轮磨耗 | 不大于 540g/m$^2$（微表处）<br>不大于 800g/m$^2$（稀浆封层） | 1 次/7 个工作日 | — |

**（六）微表处施工常见外观质量问题与处治方法**

微表处常见的外观质量问题主要有泛油、接缝或边界不整齐、表面划痕、表面不均匀等。这些外观质量问题不但关系到行车舒适性，而且间接反映出微表处内在质量的优劣，影响微表处的使用效果。当施工过程中出现这些外观质量问题时，应及时找出原因，采取措施进行整改，减小损失，确保工程质量。以下是微表处施工中常见的外观质量问题类型及处治方法。

1. 泛油

微表处产生泛油的原因主要有以下几种：

（1）设计油石比过大。微表处混合料设计油石比的确定必须充分考虑当地的气候条件、交通量大小、原路面状况和材料情况等因素。当微表处用于高温地区或者重载、大交通量道路时，应采用相对较低的设计油石比；当微表处采用的石料坚硬致密、基质沥青标号较高或者原路面表面光滑、致密时，设计油石比应该低一些。因此，为了避免设计油石比过大而导致泛油，必须针对每一个工程的所处环境条件、交通量情况、材料、原路面状况等因素进行配合比设计，确定合适的油石比。

（2）微表处摊铺机标定或设定有误。微表处摊铺车采用的是体积计量方式，施工前必须根据材料的比重和摊铺机的标定结果，将设计得出的各组分材料质量百分率换算成摊铺车的设定。因此，摊铺车的标定和设定是否正确，直接关系到混合料实际油石比是否与设计油石比相符。为了防止摊铺车标定或设定有误造成的实际油石比与设计油石比不符，施工时，必须采用工程实际使用的材料进行摊铺车标定；施工过程中应每天检测集料的含水率，并根据含水率的变化调整摊铺车的设定。

(3)假泛油。所谓"假泛油"是施工中混合料稠度太稀，细料和沥青上浮，在表面形成富油带的现象。细料和沥青上浮，必然造成底部沥青含量的减少，影响微表处与原路面的黏结。为此，微表处施工过程中应严格控制用水量，尽量将混合料的稠度调整到最佳状态。

2. 接缝或边界不整齐

与热拌热铺的沥青混凝土相比，微表处的接缝比较明显，但只要接缝和边界整齐，并不影响路面美观。但是，如果接缝或边界出现明显的参差不齐，则不但影响美观，而且也影响微表处的质量。接缝或边界不整齐的形式和原因主要有以下几种：

(1)纵向边界不直。产生纵向边界不直的原因主要有两种情况，一是混合料的稠度过稀，出现"跑浆"现象，造成纵向边界参差不齐；另外一种情况是摊铺车行进速度太快，与混合料的产出量不协调，导致摊铺槽中缺料而形成纵向边界缺陷。因此，在施工过程中，要严格控制用水量，将混合料的稀浆状态调整到最佳，并选择合适的摊铺车行进速度。

(2)纵向搭接不平整。国际稀浆封层协会微表处技术指南规定纵向接缝搭接宽度不应超过76.2mm，接缝处高出量不应超过6mm。为使纵向接缝处与周围平滑连接，施工时可由专门人员站在摊铺车上，用铁锹等工具将搭接部分抹平；同时可以适当调低摊铺槽搭接一侧的高度，减小搭接处混合料的摊铺厚度。

(3)横向接缝不美观。主要原因是由于每一车料在摊铺开始和结束时，混合料的稠度还没有调整到最佳状态，混合料不均匀，影响接缝外观效果。处理方法是将摊铺起步和终止时2～4m长度范围内的混合料铲除。

3. 表面划痕

微表处表面出现划痕的原因及处理方法：

(1)混合料中有超粒径颗粒，卡在摊铺槽后缘，在摊铺槽的拖动下形成长的划痕。超粒径颗粒可能是集料中混入的大粒径石料，也可能是摊铺槽中破乳结团的混合料块。避免划痕问题的根本办法是严把集料的质量关，超粒径颗粒必须在装到摊铺车前筛除。同时，为了防止破乳成团的混合料造成表面划痕，摊铺过程中应经常变换螺旋布料器的旋转方向，适当加快布料器转动速度，防止局部混合料破乳成团。

(2)摊铺槽后缘的橡胶刮板不清洁，留有破乳结硬的混合料，使得刮出的微表处表面有深度较浅的多条划痕。为了避免这种现象，每一车材料摊铺完毕后，应认真清洗摊铺槽，特别应刮除橡胶刮板上的残余混合料。

(3)摊铺厚度过小形成的划痕。

4. 表观不均匀

表观不均匀的形式和原因主要有以下3种：

(1)中间表观细两边表观粗。这种不均匀现象是由于原路面存在较严重的车辙，车辙中间深、两侧浅的断面形状，使得微表处呈中间深两侧浅的厚度分布，厚度大的地方因粗骨料下沉而表观偏细，厚度小的地方因粗骨料裸露在表面而表观偏粗。车辙深度越大，这种现象也就越明显。

(2)中间表观粗两边表观细。产生这种表观不均匀现象是由于混合料的成浆状态不好，细粉料与改性沥青形成的稀浆与粗集料离析，混合料从搅拌器出口出后粗骨料下沉，从摊铺槽中部摊铺出来，而稀浆被螺旋布料器输送到槽的两边，从而形成中间粗两边细的现象。

(3)一边表观粗一边表观细。产生这种表观不均匀现象的主要原因是摊铺机操作手的熟练程度不够。

5. 摊铺厚度不足

产生摊铺厚度不足的主要原因是由于摊铺槽的高度调整不合适。此外，当原路面完全丧失宏观构造深度的情况下进行单层微表处摊铺，也会出现“不挂料”的情况，使摊铺厚度也难以保证。对于这种路面，应采用两层摊铺，第一层摊铺厚度可以很薄，起到增加原路面挂料能力的作用。

## 第四节　沥青路面变形、破损病害维修方法

### 一、维修施工基本程序和要求

沥青路面变形、破损病害类型主要有：裂缝、车辙、坑槽、沉降、拥包、泛油、磨光、松散等几种类型。这些路面变形、破损病害的维修既是日常养护的工作内容，同时也是加铺罩面、大、中修改造工程中不可缺少的旧路面处治内容。一般情况下，同类病害处治方法基本相同，但是，不同等级公路其服务水平要求不同，养护维修的要求也有差异。高速公路对路面使用性能和服务水平要求高，维修处治方法和质量要求又不同于一般道路沥青路面，包括设计、维修施工、材料要求、施工程序和管理等。例如病害修补工程的开挖宽度至少应保证有一个车道的宽度，不能打补丁，以保证修补后行车的舒适性，维修施工应安全、文明、环保，保证道路的正常运营。因此，在进行不同等级公路沥青路面各种病害的处治方案设计和施工时，既要遵循这些病害的基本维修处治方法和施工程序，又要针对具体路面结构、路面病害形成原因、交通条件采取相应的维修处治措施、施工质量控制要求、施工组织和

交通管理方案,以使病害维修达到预期的效果。

为保证沥青路面病害维修的质量,必须进行严格的施工程序管理和质量控制,沥青路面变形破损病害的施工基本程序和要求(如图7-3~图7-6所示):

图7-3　油面划线与切割

图7-4　油面铣刨

图7-5　切割需要处治的基层

图7-6　破碎需要处治的基层

(1)交通控制。根据维修病害路段的规模和长度,合理制定交通控制管理方案,包括施工车辆进出路径、双向车辆行驶路径、安全警示标志设置、管理人员等。

(2)根据设计文件及现场情况,确认各种破损病害类型和位置。

(3)根据设计图纸和现场变形、破损病害部位,画出需要开挖、铣刨的裂缝、破损坑凼、车辙等范围,画线应顺直。无论裂缝走向如何,原则上画线应平行或垂直于行车方向,使开挖铣刨的面积形状呈规则的矩形。

(4)切割开挖、铣刨的范围。用切割机沿着画好的线进行切割,原则上切割深度以结构层厚度控制;且切割深度必须足够,以免由于切割深度不够使得铣刨或开挖影响完好部分的路面结构层强度。

(5)铣刨:用铣刨机铣去破损的第一层油面。要求铣刨范围的线条应平顺规则,深度合适,边缘整齐,铣刨完成后清理废料。

(6)确定是否需要进行下一层的铣刨。用铣刨机铣刨去破损的上面结构层后,根据铣刨后的下面层的强度和破损情况决定是否进行下一层的切割、开挖。对于小面积的裂缝、坑凼可以直接根据下层的破碎、裂缝、渗水情况由施工技术员现场确定;对于大面积的行车道车辙、沉降、疲劳开裂的修补,是否进行下一结构层的铣刨应对铣刨后的下层顶面进行弯沉测试,然后根据设计要求和下层顶面的弯沉测试结果、下层的破碎、裂缝、渗水情况等综合确定是否进行下层的开挖及开挖范围。

(7)若判定结果需要进行下一层的开挖处治,为避免补坑处的不均匀沉降,应进行错台开挖,错台宽度15~20cm或根据设计要求确定。下一层铣刨开挖范围应向里缩小一错台宽度范围,仍然需要先画线确定切割铣刨的范围,其画线和切割的要求与上层相同。切割深度必须足够,线条应平顺规则,边缘整齐。特别是对于基层的切割,必须达到足够的深度要求,以免开挖过程中把周围的路面结构拉松,影响路面整体强度。

(8)开挖:视施工场地和条件用挖掘机或其它开挖机械开挖。

(9)若路面破损严重,甚至路基渗水湿软,则必须继续开挖,直到把湿软路基土清除。

(10)废料清理和运输。

(11)按设计要求,分层回填恢复、压实各结构层。

(12)沥青面层压实完成后,应视情况,用热沥青或乳化沥青灌入新铺沥青面层与旧路面间连接部位的防水。

上述施工过程可归纳为以下流程图(图7-7):

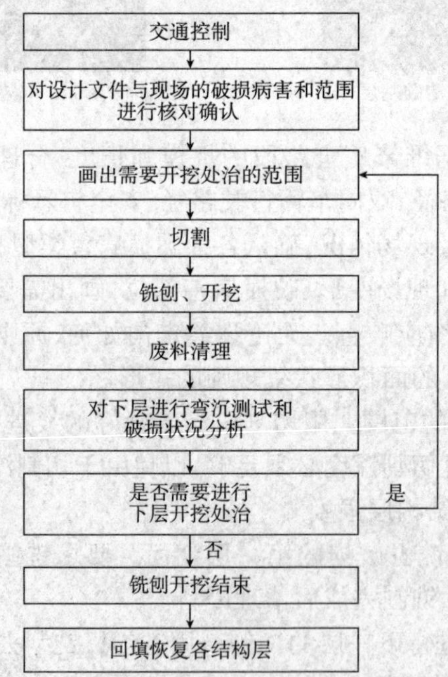


图7-7 沥青路面变形破损病害处治施工基本程序

## 二、单条裂缝的维修

单条裂缝是沥青路面常见的破坏病害形式,若不及时进行修补,将会引发路面的进一步开裂、坑槽、松散等破坏，使路基、路面的强度和稳定性降低，路面使用寿命缩短。沥青路面产生单条裂缝的原因复杂，在养护维修中应针对裂缝产生的原因、形式和严重程度，采取以下措施进行处治：

(1)在高温季节全部或大部分愈合的轻微裂缝，可不加处理。

(2)在高温季节不能愈合的轻微裂缝，可采用以下方法之一进行处治：

①沿裂缝涂刷少量稠度较低的沥青，防止水的下渗和裂缝进一步扩大。

②将有裂缝的路段清扫干净，并均匀喷洒少量沥青(在低温、潮湿季节宜喷洒乳化沥青)，再撒一层粒径2～5mm干燥洁净的石屑或粗砂，最后用轻型压路机将矿料压入路面。

(3)对于路面或基层温缩与干缩或路基不均匀沉降引起的纵向或横向裂缝，在未形成明显错台条件下，可视裂缝的宽度、裂缝发展情况采取以下措施和步骤分别予以处治。

1)缝宽在5mm以内，裂缝边缘轮廓清晰，尚未发展出支缝的裂缝：

①采用开槽机扩缝。

②清除缝中杂物及尘土。

③用沥青灌缝机将稠度较低的热沥青(缝内潮湿时应采用乳化沥青)灌入缝内，灌入深度约为缝深的2/3。

④填入干净石屑或粗砂，并捣实。

⑤将溢出缝外的沥青及石屑、砂清除。

2)缝宽在5mm以上，尚未发展出支缝的裂缝：

①除去已松动的裂缝边缘材料，清除缝中杂物及尘土。

②用热拌沥青混合料(沥青砂或沥青石屑)填入缝中，捣实。缝内潮湿时应采用乳化沥青混合料填缝。

3)对于已经发展出支缝，但表面尚未出现明显唧浆或沉陷变形的单条裂缝或间距在10m以内的连续多条裂缝：

①根据现场裂缝发展情况、破损部位，画出需要开挖、铣刨的裂缝范围。

②铣刨沥青面层：开挖宽度为裂缝两边各开挖至少100cm。

③清走铣刨沥青混凝土面层废料，用高压风机清扫基层顶面废料。

④贴防水卷材：铺贴工艺与混凝土接缝的卷材铺贴工艺相同。在裂缝上对中铺贴至少50cm宽的防水卷材，卷材的实际宽度根据每一条缝的走向确定，卷材边缘到局部裂缝边缘的最小间距不得小于25cm，且尽可能地保证居中的位置。若用热熔型卷材，则应用喷灯必须使卷材背面的改性沥青熔化，边熔化边铺贴，黏贴必须紧密，不得出现折皱、气泡，否则必须重新黏贴。

⑤铺筑沥青混合料：卷材铺筑完后恢复沥青混凝土面层，铺筑沥青混合料时，

开挖侧面和底面应先涂上黏层油,并确保边部碾压密实。

4)对于已经发展出支缝,并伴有唧浆或沉陷变形的单条裂缝或间距在10m以内的连续多条裂缝(包括出现在桥的搭扳末端、涵顶以及半刚性基层强度不足的地方的裂缝)可采取以下方法处治:

①根据现场裂缝发展方向、破损部位,画出需要开挖、铣刨的路面范围。

②对铣刨范围进行切割:用切割机沿着画好的线进行切割,原则上切割深度以结构层厚度控制;且切割深度必须足够,以免由于切割深度不够使得铣刨或开挖影响完好部分的路面结构层强度。

③铣刨开挖:铣刨沥青面层,把废料清除后检查基层破损状况,对有破损严重并有唧浆的基层,应继续对破损的基层进行切割和开挖。

④挖除基层后,采用贫混凝土或水泥稳定碎石(砂砾)换填,贫混凝土及水泥稳定碎石的材料及混合料性能应满足表7-14~表7-18的要求。

**贫混凝土的集料级配组成范围** 表7-14

| 粒径(mm) | 通过下列筛孔(mm)的质量百分率(%) | | | | | | |
|---|---|---|---|---|---|---|---|
| | 31.5 | 26.5 | 19 | 16 | 9.5 | 4.75 | 2.36 |
| 4.75~26.5 | 100 | 95~100 | 60~75 | 30~50 | 10~30 | 0~10 | 0~5 |

**贫混凝土设计强度标准值(单位:MPa)** 表7-15

| | |
|---|---|
| 7d抗压强度 | 5.0 |
| 28d抗压强度 | 8.0 |
| 28d弯拉强度 | 1.5 |

**悬浮密实型水泥稳定碎石集料级配组成范围** 表7-16

| 层　位 | 通过下列方孔筛(mm)的质量百分率(%) | | | | | | | |
|---|---|---|---|---|---|---|---|---|
| | 37.5 | 31.5 | 19.0 | 9.5 | 4.75 | 2.36 | 0.6 | 0.075 |
| 基层 | — | 100 | 90~100 | 60~80 | 29~49 | 15~32 | 6~20 | 0~5 |
| 底基层 | 100 | 93~100 | 75~90 | 50~70 | 29~50 | 15~35 | 6~20 | 0~5 |

**骨架密实型水泥稳定碎石集料级配组成范围** 表7-17

| 层　位 | 通过下列方孔筛(mm)的质量百分率(%) | | | | | | |
|---|---|---|---|---|---|---|---|
| | 31.5 | 19.0 | 9.5 | 4.75 | 2.36 | 0.6 | 0.075 |
| 基层 | 100 | 68~86 | 38~58 | 22~32 | 16~28 | 8~15 | 0~3 |

**水泥稳定碎石基层(底基层)施工质量要求** 表7-18

| 项　目 | 指标要求 |
|---|---|
| 压实度(%) | ≥98 |
| 抗压强度(MPa) | ≥3.0 |

用于换填的贫混凝土强度不宜过高，最大水灰比为0.7。当采用水泥稳定碎石换填时，为避免水泥稳定碎石的收缩开裂，应严格控制原材料质量、材料级配，水泥剂量不超过5%，7d无侧限抗压强度控制在3.0～4.5MPa；并采用中心站集中拌和，以保证混合料质量。

选择贫混凝土与水泥稳定碎石作为换填材料的条件是换填部分的面积是否能满足压路机的压实作业要求。对于换填面积小，不能满足压路机操作行驶空间，不能用压路机压实的换填基层、底基层，为减小压实不足引起的沉降，宜采用贫混凝土进行换填；对于换填面积较大，面积满足压路机行驶压实作业的换填基层、底基层，可以采用水泥稳定碎石换填，或视换填深度和原路面结构情况，采用与原路面结构相同的结构层次和材料换填，或下部底基层甚至换填土基采用水泥含量较低（2%～3%）的水泥稳定碎石，基层用强度较高的水泥稳定碎石（水泥含量5%左右）换填。

⑤在处治唧浆基层时，如果发现路基有地下水出露，应增设盲沟进行排水。

⑥处治合格后再恢复沥青路面结构层。铺筑沥青混合料之前，开挖的侧面应先涂上黏层油，并确保边部碾压密实。

（4）对于有明显错台、由路基不均匀沉降引起的单条裂缝，应挖除下沉的路基重新回填或用灌浆处治方法对下沉部位注浆，然后挖除旧的破坏路面，重新填筑基层面层到与未下沉路面齐平；同时应认真处理新旧路面的接缝部位，使新补路面平直整齐，与旧路面平顺联接，整齐美观。

**三、网状裂缝的修补**

路面局部强度低（包括土基强度或路面强度），在车辆荷载反复作用下，路面将产生网状疲劳裂缝，或由于对单条裂缝的养护维修不及时，在车辆荷载和水的作用下，也会使沥青路面产生局部的网状裂缝破坏。由于网状裂缝的破损面积较大，渗水通道多，这种破坏除面层的破坏外，常伴随有基层的破坏和土基的湿软变形。因此，对网状裂缝的修补深度范围必须根据现场开挖情况，确定从基层或底基层甚至土基开始处治，对不同原因和破损严重程度不同的网状裂缝采取不同的处治方法。

（1）由于土基、基层强度不足或路基翻浆等引起的严重龟裂，应先处治好基层后再重作面层。处治这种网状裂缝的步骤和方法如下：

①确定需要开挖、铣刨的网状裂缝范围。

②切割开挖、铣刨的范围。用切割机沿着切割线进行切割，切割深度以结构层厚度控制。切割深度必须足够，以免由于切割深度不够使得铣刨或开挖影响完好部分路面结构层强度。

③铣刨：用铣刨机铣刨破损的第一层油面，铣刨完成后清理废料。

④确定是否需要进行下一层的铣刨。用铣刨机铣刨破损的上面结构层后,根据铣刨后的下面层的强度和破损情况决定是否进行下一层的切割、开挖。对于小面积的网状裂缝的下挖可以由施工技术员直接根据下层的破碎、渗水情况现场确定;对于大面积的疲劳网状裂缝是否进行下一结构层的铣刨应对铣刨后的下层顶面进行弯沉测试,然后根据设计文件要求和下层顶面的弯沉测试结果、下层的破碎、裂缝、渗水情况等综合确定是否进行下层的开挖。

⑤若需要进行下一层的开挖,为避免补坑处的不均匀沉降,应进行错台开挖,错台宽度 15 ~ 20cm 或根据设计文件要求确定。下一层铣刨开挖范围应向里缩小一错台宽度范围。切割铣刨范围的确定方法和切割要求与上层相同。

⑥开挖:视施工场地条件用铣刨机或其它开挖机械开挖。

⑦废料清理和运输。

⑧若路面破损严重,甚至路基渗水湿软,则必须继续开挖,直到把湿软的路基土清除。

⑨按要求分层回填、压实各结构层。对于开挖面积较小,无法用压路机压实的基层、垫层或换填软基,可以采用小型冲击夯进行夯实;或采用贫混凝土进行换填,以尽量减小换填部分压实不足引起的沉降变形。

⑩摊铺沥青层结构。

(2)因沥青性能不好、或路面设计使用年限较长、油层老化等原因出现的不同严重程度的大面积裂缝(包括网裂),如基层强度尚好时,通过技术经济比较,可采取以下方法修补:

①对路面状况较好,但有少量网状裂缝,可采用 6 ~ 8mm 乳化沥青稀浆封层或单层热沥青表处罩面。

②加铺沥青混合料上封层,或先铺设土工合成材料后,再在其上加铺沥青混合料上封层。

③对网裂严重,坑洞较多,修补面积较大的路面,可挖出沥青面层后重铺。

在采取这些罩面之前,必须对原老化网裂的旧路面进行处治,其程序和方法与局部网状裂缝的处治修复方法相同,处治完成后再作罩面。

## 四、坑槽修补

对由水损害、局部路面疲劳网裂破损、松散、唧泥等引起的路面坑槽,可根据产生坑槽的原因和规模不同采取以下措施修补(图 7-8):

1. 路面基层完好,仅面层有坑槽

①按照“圆洞方补、斜洞正补”的原则,划出所需修补坑槽的轮廓线。

②沿所划轮廓线开凿至坑底稳定部分,其深度不得小于原坑槽的最大深度。

③清除槽底、槽壁的松动部分及粉尘、杂物,并涂刷黏层沥青。

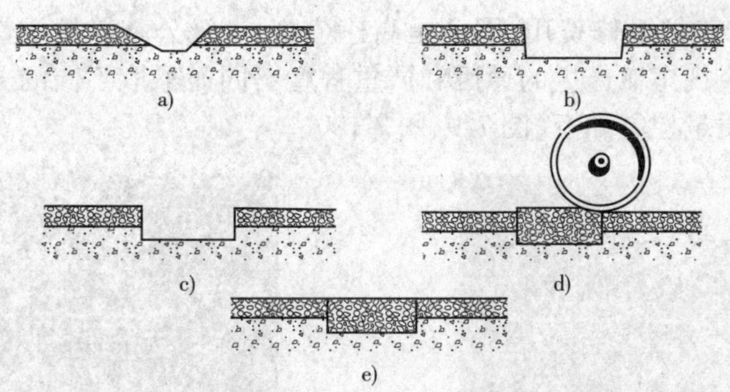


图 7-8　路面坑槽修补操作示意图

a)未处理坑槽;b)作标记切割和清理后坑槽;c)洒布沥青黏层;d)摊铺沥青混合料并压实;e)压实后的坑槽表面略高于周围路面

④填入沥青混合料(在潮湿或低温季节,宜采用乳化沥青拌制的混合料或冷铺混合料)并整平。

⑤用小型压实机具将填补好的部分压(夯)实。

新填补的部分应略高于原路面。如果坑槽较深(7cm 以上),应根据厚度将沥青混合料分 2 次或 3 次摊铺和压实。

在有条件的情况下也可以采用热补法对坑槽进行修补。即用热修补养护车的加热板加热坑槽处路面,翻松被加热软化的铺装层,喷洒乳化沥青,加入新的沥青混合料,然后摊铺,压路机压实成型。

2. 基层局部强度不足等使基层破坏而形成的坑槽

基层局部强度不足等使基层破坏而形成的坑槽应先处治基层(基层处治方法与材料要求与裂缝基层处治相同),然后再修复面层。

3. 坑槽的临时应急性修补

对交通量较小的路段在低温寒冷或阴雨连绵的季节,无法采用常规方法,也无条件采用合适的材料修补坑槽时,为防止坑槽面积的扩大,可采取临时应急性修补措施对坑槽进行处治。临时应急性修补一般是用热拌混合料或冷拌常温混合料填满坑槽,整平后稍作压实即可。这种方法一般不对坑槽作切边处理,而只是清理松散集料,清扫修补的坑槽。用冷拌常温混合料应急性修补的坑槽一般最多只能维持 4 ~5 个月,在气候好转后应对坑槽进行彻底、永久性。

永久性坑槽修复处治所用的新填补沥青混合料应尽量采用与原路面同结构的沥青混合料,且无论是底面,或是四周,均应采取措施使其与原路面结合紧密,形成整体,从放样开槽到清底拌和,以至最后的铺筑压实,每一环节均应严格掌握。

## 五、车辙的维修

车辙是高速公路常见的病害,常产生积水,影响行车的安全舒适,同时使路面寿命缩短，增加养护维修费用，因此是高速公路、一级公路养护维修的重要内容。对车辙的维修应视车辙产生的原因和严重程度不同而采取不同的养护维修措施，其维修方法和质量控制如下（图 7-9、图 7-10）：

图 7-9 车辙处治中的基层修复

图 7-10 恢复沥青面层结构

（1）车道表面因车辆行驶推移而产生的车辙，应将出现车辙的面层铣刨清除，然后重铺沥青面层。

（2）路面受横向推挤形成的横向波形车辙，如果已经稳定，可将凸出的部分削除，在波谷部分喷洒或涂刷黏结沥青，再填补沥青混合料并找平、压实。

（3）因面层与基层间有不稳定的夹层而形成的车辙，应将面层挖除，清除夹层后，重作面层。恢复的沥青面层结构和材料应与原路面结构相同，也可以采用沥青玛蹄脂碎石混合料（SMA）或 SBS 改性沥青混合料、或聚乙烯改性沥青混合料来修补车辙。沥青混合料级配、拌和碾压与新铺沥青路面的要求相同。

（4）由于基层强度不足、水稳性能不好，使基层局部下沉而造成的车辙，应先处治基层，处治换填基层（底基层、土基）的材料根据施工作业面确定。若作业面能满足压路机的压实作业要求，可以用与原结构相同材料进行换填。但是若原结构基层材料强度增长较慢，应改用强度增长较快的材料（如水泥稳定级配碎石或砂砾）换填。若作业面较小，不能满足压路机作业面要求，可以采用小型压路机压实，并采用贫混凝土换填，然后按原面层结构分层摊铺、碾压恢复沥青面层结构。沥青混合料级配、拌和碾压与新铺沥青路面的要求相同。

### 六、沉陷路面维修

高速公路由于渠化交通及重车的作用，常使主车道的面层、基层、底基层产生较大塑性变形，导致基层的破坏而产生很深的车辙甚至沉陷；有的沉陷是由于路基压实不足而在车辆荷载和自重作用下产生压密变形。这些沉陷在车辆荷载的反复作用下会导致路面局部产生网裂、唧浆等较深的坑凼，严重影响行车的安全和舒适。对不同原因引起的较大面积的沉陷可以采取以下方法进行维修。

（1）因路基不均匀沉降而引起的局部路面沉陷，若土基沉降已稳定，但由于沉降过大，基层和底基层已开裂破坏，甚至有渗水、唧浆等，部分土基有湿软现象，则必须从土基开始处治，方法如下：

①根据路面现场沉陷情况，确定需要处治的沉陷范围。

②标出沉陷范围，然后用切割机切割。

③铣刨沥青面层，挖除需要处治的基层、底基层及湿软的土基，并清除废料。

④换填基层和土基：若换填的湿软土基深度较小（<20cm），则直接采用与换填基层相同的材料（4%～5%水泥稳定级配砂砾或碎石）换填；若换填的湿软土基深度较大（>20cm），则土基部分可以用3%水泥稳定级配砂砾（或级配碎石）换填，底基层和基层用4%～5%水泥稳定级配砂砾（或级配碎石）换填。

为保证换填压实质量，若换填范围不能满足压路机正常压实的作业面，这时可用冲击夯压实，从土基到基层的分层压实厚度不超过15cm，基层采用贫混凝土换填。

⑤基层养生。

⑥在基层强度达到设计强度后，按要求恢复沥青面层结构。沥青面层的混合料级配类型和技术指标按养护维修设计提出的沥青混合料级配和技术指标控制，也可以采用原设计的沥青面层混合料级配类型和技术指标控制。

(2)若土基沉降已稳定，基层和底基层有明显沉降和开裂破坏，则可用以下方法对基层和面层进行换填处治：

①根据现场情况，确定需要处治的沉陷范围。

②标出沉陷范围后用切割机切割开挖边界。

③铣刨沥青面层，观测基层破损情况，若基层已开裂破损，则继续切割、铣刨、开挖基层，基层铣刨开挖后，观测底基层的湿软情况，确定是否开挖底基层。

④开挖完破损变形的面层、基层（底基层）后，回填基层（底基层）到原基层顶面，回填材料采用4%～5%水泥稳定级配砂砾（或级配碎石）或贫混凝土（修补面积≤50$m^2$）换填。

⑤基层铺筑完成后，养生。

⑥恢复沥青面层结构。

(3)沉陷主要由于面层、基层、底基层和土基的过大压缩累计变形引起，但基层未破坏，可用以下方法只对沥青面层进行处治：

①根据现场情况，确定需要处治的沉陷范围。

②标出沉陷范围，用切割机切割开挖边界。

③对沉陷路段两头与原路面结合处进行铣刨，铣刨厚度应≥3cm，以保证3cm的最小摊铺厚度。

④恢复沥青面层结构，结构厚度和混合料根据原路面结构及沉降的深度确定，恢复的路面结构厚度和混合料类型原则上与原路面结构相同。但是，若最大沉陷

深度 <7cm,则可以只铺筑一层细粒式沥青混凝土 AC－13C;若最大沉陷深度大于7cm,则沥青混合料应分两层铺筑。下面层采用中粒式沥青混凝土 AC－16C,最小铺筑厚度不小于 4cm;上面层采用细粒式沥青混凝土 AC－13C,最小厚度不小于 3cm。

施工前,应将原路面和铣刨面清理干净,再清理表面洒布改性乳化沥青黏层油,施工时应保证混合料充分压实以及与邻近路面的顺适衔接。

(4)桥涵时台背因填土不密实而出现的不均匀沉陷,可视情况选择以下处理方法:

①挖除沥青面层,在沉陷部分加铺基层后重作面层。

②对于台背填土密实度不够的,应重新作压实处理,台背死角处的压实宜采用夯实机械夯实或采用注浆加固方法对沉降部位进行处理后加铺基层,重作面层。

## 七、拥包病害的修补

根据沥青路面产生拥包的原因不同,可以采取以下措施:

(1)施工时操作不慎将沥青漏洒在路面上形成的拥包,将拥包除去却可。

(2)已趋于稳定的轻微拥包,可采用机械刨削或人工将拥包挖除。如果除去油包后,路表不平整,可刷少量沥青,再撒上适当粒径的矿料后扫匀、整平。

(3)因面层沥青用量过多或细料集中而产生的较严重拥包,应用机械或人工将拥包全部除去,并低于路面约 10mm。然后扫尽碎屑、杂物及粉尘后再用热沥青混合料填平并压实。

(4)如果路面连续多处出现拥包且面积较大,但基层仍属稳定,则可以采用人工或机械刨削方法将有拥包的路面面层全部挖除,然后重作面层。

(5)因基层局部含水率过大,使面层与基层间结合不良而被推移变形造成的拥包,应把拥包连同面层挖除,将水分晾晒干,或用水稳定性较好的材料更换已变形的基层,再重作面层。

(6)由于基层局部强度不足或水稳性不好,使基层松软而导致的拥包,应将面层和基层完全挖除。如土基中含有淤泥,还应将淤泥彻底挖除,换填新料并夯实。在地下水位较高的潮湿路段,应采取措施引出地下水并在基层下面加铺一层水稳性好的材料,最后重作面层。

## 八、波浪与搓板的维修

不同原因引起的波浪与搓板应采取不同的方法维修。

(1)由面层引起的波浪或搓板,根据其严重程度不同,按下述方法维修:

①路面仅有轻微波浪或搓板,可在波谷部分喷洒沥青,然后均匀撒布适当粒径的矿料,找平后压实。

②波浪(搓板)的波峰与波谷高差起伏较大时,应顺行车方向将凸出部分铣刨

削平，并低于路表面约10mm。在削除的部分喷洒热沥青，然后再均匀撒布一层粒径不大于10mm的矿料，扫匀，找平，并压实。

③严重的大面积波浪或搓板，应将面层全部挖除，然后重铺沥青面层。

(2)若波浪(搓板)是由面层与基层间的联结强度不足引起，即面层与基层之间存在不稳定的夹层，面层在行车荷载作用下推移变形而形成的波浪(搓板)，可以采取以下方法维修：

①划出需要维修的波浪(搓板)范围。

②切割并挖除变形破损的沥青面层。

③清除基层表面不稳定的夹层物、泥土等。

④喷洒黏结沥青。

⑤重铺面层，采用的沥青混合料应尽量与原路面的相同。

(3)对于基层局部强度不足，或稳定性差等原因造成的波浪(搓板)，由于薄沥青面层的平整度在很大程度上是取决于基层的平整度，基层的波浪或搓板势必要反映到面层上。因此，对于薄沥青面层因基层局部强度不足，或稳定性差等引起的波浪(搓板)应先将基层的缺陷处治好，再重作面层以根除基层引起的波浪(搓板)。

## 九、麻面与松散的维修

麻面与松散属于同一类病害，只不过麻面的松散程度比较轻微。麻面不仅影响路面的外观，也是造成路面松散破坏的主要原因之一。因为路面出现小麻面后，上层石料之间就有相互移动的余地，在汽车荷载的作用下也就容易被振动脱落而浮散在路表上。在行车的作用下，搓动被沥青黏着的石料，促使其脱落。此外，小麻面中常常积水，使石料表面沥青膜剥离，油石之间的黏结力减弱，石料松动脱出，导致路面松散破坏。为避免松散病害的发生，当出现麻面时应及时予以处理，不同原因引起的麻面与松散可采取以下方法维修：

(1)因嵌缝料散失出现轻微麻面，而沥青面层不贫油。可在高温季节撒适当的嵌缝料，并用扫帚扫匀，使嵌缝料填充到石料的空隙中。

(2)对于大面积麻面，应喷洒稠度较高的沥青，并撒适当粒径的嵌缝料，同时应使麻面部分中部的嵌缝料稍厚，周围与原路面接口要稍薄，定型要整齐，并碾压成型。

(3)因沥青用量偏少或低气温施工造成的沥青面层松散，应采用以下方法处治：

①先将路面上已松动的矿料收集起来。

②待气温升至15℃以上时，按0.8~1.0kg/$m^2$的用量喷洒沥青，再均匀撒上3~6mm的石屑或粗砂(5~8$m^3$/1 000$m^2$)。

③用轻型压路机压实。

(4)对于较大面积的麻面和松散,可在对松散路面处理后,加铺稀浆封层。

(5)对于因油温过高,沥青老化失去黏结性而造成的松散,或因沥青与石料间的黏附性不良而造成的松散,应将松散部分全部挖除后,重作面层。对于因沥青与石料间的黏附性不良造成的松散病害的重铺面层,在选择集料时应尽量采用与沥青黏结性能好的石料,或采用石灰浆处理粗骨料等抗剥离措施,以提高沥青与矿料的黏附力,并增加混合料的水稳性。

**十、泛油病害的维修**

不同原因引起的泛油病害可以采用以下方法进行处治。

(1)轻微泛油。可撒上3~5mm粒径的石屑或粗砂,并用压路机或控制行车进行碾压。

(2)泛油较严重。可先撒5~10mm粒径的碎石,用压路机碾压稳定后,再撒3~5mm粒径的石屑或粗砂,并用压路机碾压或控制行车碾压。

(3)面层含油量高,且已形成软层的严重泛油。可视情况采用以下方法处治:

①先撒一层10~15mm粒径(或更大的)碎石,用压路机将其强行压入路面,待基本稳定后,再分次铺撒5~10mm粒径的碎石,并碾压成型。

②将含油量过高的软沥青面层铣刨清除后,重作面层。

处治泛油应注意以下事项:

①处治时间应选择在泛油路段出现全面泛油的高温季节。

②撒料应顺行车方向撒,先粗后细;做到少撒、薄撒、匀撒、无堆积、无空白。

③禁止使用含有粉粒的细料。

④采用压路机或引导行车碾压,使所撒石料均匀压入路面。

⑤如采用行车碾压,应及时将飞散的粒料扫回,待泛油稳定后,将多余浮动的石料清扫并回收。

**十一、啃边维修**

啃边病害主要发生于低等级公路沥青路面。不同原因产生的啃边病害处治方法如下:

(1)因沥青路面面层边缘破损而形成啃边,应将破损的沥青面层挖除,在接茬处涂刷适量的黏结沥青后,用沥青混合料进行填补,再整平压实。修补后的路面边缘应与原路面边缘齐顺。

(2)因基层松软、沉陷而形成的沥青路面边缘破损,应先对路面边缘基层局部加强后再恢复面层。

为防止路面出现啃边,宜采取以下措施:

①加强路肩养护,保持路肩稳定。随时注意填补路肩上的车辙、坑洼或沟槽;

经常保持路肩与路面衔接平顺,保持路肩应有的横坡,以利排水。

②设硬路肩或用砂石、工业废渣等改善、加固路肩,使路肩平整、坚实。

③在路面边缘增设路缘石,或适当加宽基层,将路面基层加宽20~25cm。设置路缘石时,必须注意不得阻滞路表水和结构层中水的排出。

④在平交道口或曲线半径较小的路面内侧,可适当加宽路面。

## 十二、磨光维修

对石料棱角被磨掉,路表面过于光滑,摩擦系数低于要求值,抗滑性能低的磨光路段,其处治的基本方法是作封层或罩面处理。封层可以采用层铺法施工的单层表面处治,也可以采用乳化沥青稀浆封层或微表处。在封层与罩面前,应先处治好原路面上的各种病害,若原路表面有沥青含量过多的薄层,应将其刮除后洒黏层油。罩面及封层的技术要求应符合公路沥青路面施工技术规范的规定。

## 十三、冻胀和翻浆路段路面的维修

土质、气温、水、路面结构和行车荷载作用是造成路面冻胀和翻浆的5大因素,其中土质、气温和水是主要因素。因此,处治冻胀和翻浆的首要任务是对水进行处理,并结合路基土质和水源情况,采取加强路基排水、设置隔离层或盲沟、换土、改善路面结构等综合措施进行处治。

(1)因基层水稳定性不良或含水率过大造成的路面翻浆:应挖去面层及松软基层,用水稳定性好的材料换填基层和垫层(透水性良好的砂砾、碎石或工业废渣进行换填),最后恢复面层。

(2)低温季节施工的石灰稳定类基层,在板体强度未形成时因雨水渗入,使其上层发生翻浆的,应将翻浆部分挖除,重作石灰稳定基层或换用其它材料予以填补,然后重作面层。

(3)对于因冬季基层中的水结冰引起冻胀,春融季节时冻融引起的翻浆,可以根据情况采取以下方法处治:

①加深边沟,并在翻浆路段两侧路肩上交错开挖宽度30~40cm的横沟,其间距为3~5m,沟底纵坡不小于3%。沟深应根据解冻情况,逐渐加深,直至路面基层以下。横沟的外口应高于边沟的沟底。如路面翻浆严重,除挖横沟外,还应顺路面边缘设置纵向小盲沟。交通量较小的路段也可挖成明沟。但翻浆停止后,应将明沟填平恢复原状。

②局部发生翻浆的路段,采用打石灰梅花桩或水泥砂砾桩的办法予以改善。

# 第八章　旧沥青路面的再生利用技术

## 第一节　概　　述

公路建设需要消耗大量的沥青、碎石、水泥、砂等筑路材料，路面使用一定的年限后将进行养护和大修、改建，原先用于铺筑路面的大量材料将变成废料。当这些废料挖出后全部弃入自然界时，将占地堆弃、产生污染和材料资源浪费等环境问题。沥青路面再生技术，是将需要翻修或者废弃的旧沥青路面，经过翻挖回收、破碎、筛分，再与新集料、新沥青材料适当配合，重新拌和，形成满足路用性能要求的再生沥青混合料，用于铺筑路面中、下面层或路面基层的整套工艺技术。对旧沥青路面再生利用具有以下意义：①通过沥青再生技术对旧路面沥青混凝土再生循环利用，将其循环应用于公路新路面建设和养护，变废为宝，可以避免废弃路面材料堆放对土地的占用和对环境的污染；②对沥青混凝土的循环利用，使旧沥青混凝土中的未完全老化的沥青、碎石、砂等再次得到应用，可以减少沥青路面施工和养护中新拌沥青混合料对新沥青资源和砂石材料资源的消耗，减少砂石料开采对自然环境的破坏；③对旧沥青路面进行回收利用，降低路面维修改造成本，节约工程费用，缩短施工期，提高沥青路面施工的进度和安全性。因此，旧沥青路面的再生利用对于节约工程投资、保护环境具有重要的经济效益和社会环境效益。

沥青路面再生利用技术始于美国。1915 年在美国首先进行了再生利用的试验研究，并取得了大量的应用经验和研究成果。1981 年，美国交通运输研究委员会编制出版了《路面废料再生指南》；美国沥青协会分别于 1981 年和 1983 年出版了《沥青路面热拌再生技术手册》、《沥青路面冷拌再生技术手册》。这些技术指南和手册对指导和推广旧沥青路面再生利用技术起到了重要的作用。前苏联也是对旧沥青路面再生利用技术进行较早研究的国家，1966 年出版了《沥青混凝土废料再生利用技术的建议》；1979 年出版了《旧沥青混凝土再生混合料技术标准》，介绍了旧沥青路面的各种再生方法及应用范围。日本从 1976 年开始对再生沥青混合料应用技术进行研究，日本道路协会于 1984 年出版了《路面废料再生利用技术指南》。在欧洲国家中，联邦德国对沥青路面再生利用技术研究的发展速度较快，不仅首先将厂拌再生沥青混合料应用于高速公路路面养护，而且到 1978 年已经将全部废旧沥青路面材料加以利用。纵观欧、美、日国家对再生沥青混合料应用技术的研究及其发展状况,目前这些国家从再生混合料拌制工艺到与之配套的施工设备研制和施工质量控制等,已经形成了一套完整的沥青再生利用技术。

我国从20世纪70年代开始对旧沥青路面再生利用技术进行了试验研究,山西、湖北、河北、上海等省市的公路养护单位在国内较早进行了旧沥青混凝土路面回收利用的研究。但是自20世纪90年代以来新公路的建设成为公路建设的重点,旧沥青路面再生利用技术的研究应用处于停滞状态。但近年来,随着大量公路的建成通车及一些早期修建的沥青路面相继进入维修养护期,沥青混凝土路面再生利用技术又重新引起广泛重视。一些公路科研、养护管理单位和生产部门对旧沥青路面再生利用技术进行了较深入的研究,并在沥青再生剂及再生沥青路面修筑技术方面取得了一定的成果。但与国外相比,我国的旧沥青路面再生利用技术基本上处于初始阶段。目前我国还没有研制出得到广泛应用的具有自主知识产权的再生剂及沥青路面再生机械设备,也没有建立起再生沥青混合料性能评价方法和指标体系等。目前主要是结合国内路面工程特点,对国外旧沥青路面再生利用技术进行引进、消化、吸收和推广应用。随着我国大量高速公路的建成通车及部分高速公路路面逐渐进入中修、大修期,沥青路面的再生利用越来越受到重视,已成为国内沥青路面养护维修的重要研究课题。在目前国外较成熟的旧沥青路面再生利用技术基础上,结合我国路面结构、材料和交通特点的旧沥青路面混合料再生利用技术的研究将是今后相当长时期内路面养护维修技术的主要研究方向。

## 第二节　厂拌热再生利用

### 一、旧沥青路面厂拌热再生利用技术的特点及应用范围

所谓厂拌热再生(central plant hot recycling)是将回收沥青路面材料运至沥青拌和厂(场、站),经破碎、筛分,以一定的比例与新集料、新沥青、再生剂等混合拌制成热拌再生混合料铺筑路面的技术。厂拌热再生利用具有以下特点:

(1)厂拌热再生沥青混合料是在试验确定的废旧沥青混合料中的沥青含量与性能及其矿料级配比例基础上,确定出满足有关沥青混合料要求的新混合料级配、再生剂数量及新料添加数量的热拌沥青混合料。因此,再生沥青混合料具有良好的技术性能。

(2)由于加入了新的沥青和集料,满足了沥青混合料的级配和性能要求,厂拌热再生沥青混合料摊铺碾压成型的沥青混合料路面性能与新沥青混合料的路面基本相同,能较好地恢复路面的承载能力,其施工质量标准不会因为使用了废旧混合

料而降低。

(3)厂拌热再生沥青混合料性能可以根据再生料的应用工程条件进行配制,使其满足相应工程要求,一般情况下再生沥青混合料可用于各等级公路的沥青面层、中、下面层或柔性基层。

## 二、厂拌热再生旧沥青混合料的性能要求

回收的旧沥青混合料是热再生沥青混合料的主要材料。由于旧沥青路面经长期行车作用和自然因素的作用,使原沥青混合料的性质发生变化,包括:

(1)由于光照、氧化作用,沥青逐渐老化,使沥青的油分减少,胶质和沥青质增加,导致沥青的针入度降低,软化点上升,延度降低。

(2)由于废旧沥青混合料在铣刨刀具的作用下,路面材料被刨起,使路面材料被破碎;沥青路面在车轮荷载的冲击、振动、挤压作用下,矿料颗粒接触点处将产生挤压应力和剪切应力,当超过砂石材料的极限强度时矿料颗粒将发生碎裂而破坏;矿料颗粒之间的摩擦和车轮作用使粒料表面产生磨损等。这些因素将使回收料中的粉料增加,混合料的级配发生改变。

因此,为了使回收料再生并满足路面要求,在进行再生沥青路面混合料设计之前,必须对废旧路面的材料性能,如旧料中沥青的含量及性质、旧料的级配组成及技术指标等进行全面了解。从废旧沥青路面铣刨料中选取具有代表性的样品,进行抽提筛分试验,确定回收的废旧沥青和旧集料性质,为新添料性质、级配以及旧料添加比例提供依据。

表 8-1 是在进行再生混合料配合比设计前,对回收旧沥青混合料性能进行质量检测的项目及要求。

厂拌热再生回收旧沥青路面材料的性能检测项目与质量要求　　表 8-1

| 材　料 | 检测项目 | 技术要求 | 试验方法 |
|---|---|---|---|
| 回收旧沥青路面材料 | 含水率 | 实测 | 《公路沥青路面再生技术规范》(JTG F41—2008) |
| | 回收旧沥青路面材料级配 | 实测 | |
| | 沥青含量 | 实测 | |
| | 砂当量(%) | >55 | |
| 回收旧沥青路面材料中的沥青 | 针入度(0.1mm) | >20 | 抽提,《公路工程沥青及沥青混合料试验规程》(JTJ 052—2000) |
| | 60℃黏度 | 实测 | |
| | 软化点 | 实测 | |
| | 15℃延度 | 实测 | |

续上表

| 材　料 | 检 测 项 目 | 技 术 要 求 | 试 验 方 法 |
| --- | --- | --- | --- |
| 回收旧沥青路面材料中的粗集料 | 针片状颗粒含量、压碎值 | 实测 | 抽提,《公路工程集料试验规程》(JTG E42—2005) |
| 回收旧沥青路面材料中的细集料 | 棱角性 | 实测 | |

旧沥青路面材料(RAP)可选用冷铣刨、机械开挖等方式回收,不同的回收沥青路面材料要分开堆放、不得混杂,减少材料变异。在使用前必须经过预处理,处理方法包括使用推土机、装载机等机具将一个料堆的回收沥青路面材料充分混合,然后用破碎机或其它方式进行破碎,使回收沥青路面材料最大粒径小于再生沥青混合料最大公称粒径,不应有超粒径材料。

经过预处理的回收沥青路面材料可用装载机等将其转运到堆料场均匀堆放,转运和堆放过程中应避免离析。

根据再生混合料的最大公称粒径合理选择筛孔尺寸,将处理后的回收沥青路面材料筛分成不少于两档的材料。

## 三、厂拌热再生沥青混合料配合比设计

### (一)配合比设计的任务

(1)确定回收旧料的合理掺配比例。

(2)根据旧料沥青的老化程度确定是否要掺加再生剂,并确定其掺加的剂量。

(3)确定旧沥青和新沥青的配合比,使调配而成的再生沥青具有适合的黏度,在性能上获得改善并满足路用要求。

(4)根据回收旧料级配情况及再生沥青路面结构类型确定再生混合料的集料级配及新旧集料的配合比例。

(5)检验再生沥青性能并确定再生混合料最佳油石比。

(6)根据路用要求,检验再生混合料的路用技术性能。

### (二)厂拌热再生沥青混合料的配合比设计方法

厂拌热再生沥青混合料配合比采用马歇尔试验设计方法。根据配合比设计的任务与要求,通过目标配合比设计、生产配合比设计和生产配合比验证三个阶段,确定回收沥青路面材料的掺配比例、新材料的品种及添加比例、矿料级配、最佳沥青用量等参数。设计的步骤和方法如下:

1. 确定再生沥青混合料的级配

在进行再生混合料组成设计之前,首先要确定再生沥青混合料的级配类型。再生混合料的级配类型应考虑再生混合料应用的公路等级、层位、气候、交通特点,

结合回收旧沥青混合料的技术性能检测结果,参考借鉴已有的工程经验综合论证确定。一般再生混合料集料级配可采用全新混合料级配,不另立新的级配标准。因此,热再生沥青混合料的级配应满足现公路沥青路面施工技术规范规定的相应热拌沥青混合料的级配范围要求。

2. 确定回收旧沥青路面材料的掺配比例

回收旧沥青路面材料掺配比例是指旧料占整个再生混合料的质量百分率。厂拌热再生混合料中回收沥青路面材料的掺配比例取决于回收旧沥青混合料的性能、再生混合料的应用层位、性能要求及拌和设备的类型。一般回收沥青路面材料与新材料的典型掺配比例为10:90~30:70;当采用连续式拌和设备时,回收沥青路面材料与新材料的掺配比例最大可达50:50。

为确定回收旧沥青路面材料的合理掺加比例,应依据回收旧沥青路面材料的性能检测试验取得的有关旧沥青混合料的沥青及集料的性能,考虑以下因素后综合论证确定。

(1)若再生沥青混合料直接用于高等级公路路面面层,要求再生混合料具有良好的品质,回收旧料的掺配率宜取较低值;若用于低等级公路路面,则旧料掺配率可取较高值;若将再生沥青混合料用于铺筑路面下层,上面加铺新沥青混合料面层,则可适当放宽对再生混合料的质量要求,回收旧料掺配率可取高值。

(2)若旧沥青老化严重,黏度很高,沥青质含量又多,流变指数很小,则说明旧沥青品质很差,必须使用富芳香分油料作再生剂,否则,再生效果将很差;如果原沥青路面是采用优质沥青铺筑的,虽经多年使用,但旧沥青老化不严重,或者即使黏度变得很高,但仍具有良好的流变性质,则可取用较高的旧料掺配率。

(3)当旧料的沥青含量较低,再生利用时必须添加较多的新沥青,再生沥青的性质主要取决于新沥青的性质。旧回收料可近似作为集料看待,在可调整的级配范围内,可以使用较多的回收旧料。若回收旧料的集料是风化软质石料,或者集料过粗,或细料过多,则宜取用较低的掺配率。

(4)当回收的沥青路面材料中旧沥青含量很低、沥青严重老化时(针入度<10(0.1mm)),旧沥青与新沥青由于性质相差悬殊,很难相容。对于这种沥青老化严重的回收沥青路面材料不宜进行厂拌热再生。

实践证明,回收沥青路面材料的掺加比例≤20%是最成熟的技术,可以优先使用;如果回收沥青路面材料的老化程度较轻(沥青针入度≥30(0.1mm))、质量变异性控制较好、设备的生产能力允许,则回收沥青路面材料的使用比例可以放宽至30%。若回收沥青路面材料掺配比例超过以上比例,则需要进行室内试验与试验段验证,并作论证后确定旧料掺配比例。

3. 选择新的沥青标号

厂拌热再生沥青混合料的再生沥青目标标号应根据公路等级、混合料使用层位、道路所处气候、交通条件等因素，选取与当地同等条件道路一致的沥青标号作为再生沥青目标标号。当掺配的回收旧沥青混合料比例较大时，也可以根据实际情况适当降低沥青目标标号一个等级。

拌制再生混合料时，添加新沥青材料的目的在于补充混合料所需的结合料，使混合料总的沥青结合料含量达到最佳状态；同时，在某种程度上调节旧沥青的黏度，改善旧沥青的性质。可根据回收混合料的性质、掺配比例及再生沥青目标标号，参考表8-2确定。

**厂拌热再生沥青混合料的新沥青选择**　　表8-2

| 回收沥青等级 / 回收旧沥青混合料(RAP)含量(%) | P≥30 | P=20~30 | P=10~20 |
| --- | --- | --- | --- |
| 沥青选择不需要变化 | <20 | <15 | <10 |
| 选择新沥青标号比正常高半个等级，即针入度10(0.1mm) | 20~30 | 15~25 | 10~15 |
| 根据新旧沥青混合调合法则确定 | >30 | >25 | >15 |

4. 再生剂的选择与用量确定

(1)再生剂的选择。当回收旧沥青的针入度小于沥青路面要求的沥青最稠的针入度，即旧沥青针入度小于40(0.1mm)时，宜考虑使用再生剂。选择再生剂时，应根据再生混合料的性能要求，遵循以下原则选择再生剂的品种和黏度。

①再生剂的品种选择。若根据再生混合料使用要求，只要求再生剂能够软化旧沥青，调节其黏度，而不要求改善其性能。在这种情况下，可选用各种低黏度的油料作再生剂，如润滑油、机油、抽出油及其废料，而可以不考虑其芳香分或饱和分的含量大小。

若根据再生混合料使用要求，不但要求再生剂能够调节旧沥青的黏度，而且要求对旧沥青的路用性质有所改善，则必须根据旧沥青中沥青质含量的多少，选取芳香分含量足够多的油料作再生剂。

②再生剂的黏度选择。黏度较低的再生剂具有较强的渗透能力，老化脆硬的旧路面材料，宜选用黏度较低的油料作再生剂。反之，则可选用黏度相对较高的油料作再生剂。

(2)再生剂用量的确定。再生剂的用量与旧沥青黏度、再生混合料的设计黏度以及再生剂本身的黏度有关。旧沥青用再生剂调配后的黏度，根据混合料设计要求确定。再生剂(或新沥青)的黏度或用量可以用下式经验算后求得，即

$$\lg\lg\eta_{mix} = (1-\alpha)\lg\lg\eta_{old} + \alpha\lg\lg\eta_{new} \tag{8-1}$$

式中：$\eta_{mix}$——混合后沥青的60℃黏度，Pa·s；

$\eta_{old}$——混合前旧沥青的60℃黏度,Pa·s;

$\eta_{new}$——混合前新沥青或再生剂的60℃黏度,Pa·s;

$\alpha$——新沥青的比例,$\alpha = \frac{P_{nb}}{P_b}$;

$P_b$——再生混合料的沥青总用量,%;

$P_{nb}$——新沥青用量,%。

5. 估算新沥青用量$P_{nb}$及其占总沥青用量的比例

(1)估算再生混合料的沥青总用量$P_b$,当回收沥青材料掺量不超过20%时,热再生混合料的总沥青用量与未掺加回收沥青混合料基本一致,可以按式(8-2)估算

$$P_b = 0.035a + 0.045b + Kc + F \tag{8-2}$$

式中:$P_b$——热再生沥青混合料中估算的总沥青用量,%;

$K$——系数,当0.075筛孔通过率为6~10%时,$K=0.18$;当0.075筛孔通过率等于或小于5%时,$K=0.2$;

$a$——2.36mm筛孔以上集料的比率,%;

$b$——通过2.36mm筛孔且留在0.075mm筛孔上集料的比率,%;

$c$——通过0.075mm筛孔矿料的比率,%;

$F$——常数,$F=0\sim2.0$,取决于集料的吸水率,缺乏资料时取0.7。

(2)估算新沥青用量$P_{nb}$

再生混合料的新沥青用量$P_{nb}$可用式(8-3)计算

$$P_{nb} = P_b - P_{ob} \times n/100 \tag{8-3}$$

式中:$P_b$——热再生沥青混合料的总沥青用量,%;

$P_{ob}$——回收旧沥青混合料中的沥青含量(不同档的回收旧沥青混合料的沥青含量需要分别计算后再相加),%;

$n$——回收旧沥青混合料的掺配比率,%。

6. 再生混合料集料的配合比设计

再生混合料集料的配合比设计任务是根据回收旧沥青混合料的集料级配及再生混合料的级配要求,确定旧集料和各档新集料的配合比率。因此,集料配合比设计时,应首先了解旧集料中粗细集料的比率,把旧集料的颗粒级配与设计级配范围进行比较分析,从而确定满足设计级配要求的各档新集料的大致比率。若出现反复调整其配合比都不能符合设计级配要求的情况,则应采取其它措施,如调整新集料本身的级配,或调整旧料掺配比例;若调整旧料的掺配比率,则应对前面的再生沥青混合料的沥青黏度等指标重新验算,看其调整后是否满足要求。

7. 确定再生混合料的最佳沥青用量

沥青混合料的沥青含量是沥青结合料占整个混合料的质量百分率,而油石比是沥青与混合料中的集料质量之比。沥青混合料的最佳沥青含量,是指保证混合

料具有良好路用性能所必须的沥青含量,内容包括:能够保证混合料压实后具有足够的强度和稳定性;能够充分裹覆集料表面,填充集料空隙并留有一定空隙;能够保证沥青路面在冬季低温下有足够的柔韧性而不开裂;能够有利于拌和、压实,具有良好的施工和易性等。

热再生沥青混合料的最佳沥青用量的确定方法有经验公式估算法(如美国沥青协会的经验公式和日本沥青路面设计规范的经验公式)和马歇尔试验法两种。根据我国《公路再生沥青沥青路面再生技术规范》(JTJ F41—2008),热再生沥青混合料的最佳沥青用量采用马歇尔试验方法确定;试验方法与普通热拌沥青混合料相同,但考虑再生混合料中加热旧料的特点,应对成型过程中的温度参数进行控制。

再生沥青混合料马歇尔试验成型、测试要点:

(1)初步预估设计沥青含量

再生沥青混合料的新沥青用量,可先采用经验公式(8-3)计算预估,并结合经验再加以调整,即可初步确定再生混合料的设计新沥青含量 $P_{nb}$。将 $P_{nb}$ 作为制备再生混合料马歇尔试件沥青用量范围的中值,再按 0.5% 递增和递减,即用 $P_{nb}$、$P_{nb}\pm0.5$、$P_{nb}\pm1.0$ 这 5 个沥青用量水平分别制备 3~5 个马歇尔试件。

(2)马歇尔试件的制备方法

①将回收旧沥青路面材料置于烘箱中加热至 110℃,加热时间不宜超过 2h,以免回收沥青路面材料的进一步老化。

②根据新沥青的黏温曲线确定混合料的拌和与成型温度,新集料加热温度宜高出拌和温度 10~15℃。

③再生混合料拌和时的投料顺序是:将回收旧沥青路面材料、粗细集料倒入预热的拌和机中拌和,然后加入新沥青(或再生剂),最后加入单独加热的矿粉,继续拌和至均匀为止。总拌和时间一般为 3min。

④将一个试件所需混合料倒入预热的试模中,然后击实成型。其方法与热拌沥青混合料相同。

(3)试件成型后在室温下静置至次日,然后进行稳定度、流值测试。测试前,要测定试件密度,以便计算试件的空隙率。密度的测定准确与否,对所求空隙率影响极大,以致影响再生混合料用油量的取值。

根据马歇尔试验测试指标曲线确定满足不同指标要求的最佳沥青用量范围,计算确定最佳的新沥青用量。

## 四、厂拌热再生沥青混合料拌和设备

厂拌热再生沥青混合料沥青路面施工所用的机械设备除了拌和设备与热拌沥青混合料路面施工所用的拌和设备有所不同之外,其它设备基本相同。厂拌热再生沥青混合料的拌和设备可分为间歇式和连续式两种。这两种拌和设备的性能特点如下。

1. 滚筒式连续拌和设备

早期的滚筒式连续拌和设备是将加热搅拌的烘干筒延长并分为两部分:前半部分为烘干区,后半部分拌和区,烘干和拌和工序在一个滚筒内完成,使烘干和拌和的过程得以连续进行,具有低能耗、高效率、易维修、便于搬移等优点。但这种连续式拌和设备有以下缺点:

(1)残余含水率和烘干效率控制不严,使热集料中残余含水率常常高达1% ~2%。

(2)由于喷洒沥青也是在同一滚筒内完成,过高的排气温度使沥青中的轻质油分在接触火焰或燃气过程中冒蓝烟,并使沥青老化。

(3)冷料供给由皮带称控制,精确度不高,使集料、沥青计量不够准确。

(4)采用自落式拌和方式,滚筒本身的长度较短,使混合料拌和不充分、拌和不均匀,易出现花白料。

(5)集料配比依靠冷料仓来控制,精度不高,集料控制不严。

(6)排气含有相当数量的粉尘,加重了环境污染,必须使用二级除尘系统。

这些缺点使早期的连续式拌和设备的使用受到了限制。进入20世纪80年代初以后,连续式滚筒拌和设备有了重大的改进,包括:①在结构上,加长了滚筒以增大加热空间,加密了搅拌叶片的布置,加深了叶片的宽度以及在侧面加上挡板等,从而形成了均匀而多层撒布料帘。这样既改善了集料与燃气之间的热交换,又阻止了火焰直接喷向沥青;②把沥青喷管从燃器端伸入改为从滚筒后部伸入,并采用多孔喷射,防止了沥青老化;③在燃气上加强了热辐射,避免火焰直接燃烧;④在计量上引入计算机控制系统,可精确控制集料和沥青的比例。通过以上的改进,滚筒式连续拌和设备在结构和技术性能上大大改善,可以使旧料的掺配率达到60%以上。图8-1是双层滚筒式连续再生拌和机总体构造示意图。该设备由新集料供料系统、回收旧沥青路面材料供料系统双滚筒烘干搅拌筒、除尘装置、刮板输料机、储料仓和电控系统组成。设备的关键是采用了双层滚筒结构,在烘干筒内加热烘干新集料,在夹套里加热旧料,通过安装在内筒外壁的搅拌叶桨,在加热和强制搅拌条件下完成新旧料的连续拌和与输出。其生产工艺流程如下:

①新集料经冷料仓计量配比后由传送带运输机连续输入滚筒内层加热烘干,加热温度根据旧料添加比率确定,一般为160 ~240℃。旧料添加比率越高,要求新料的加热温度越高。

②经加热的新集料从燃烧器一端的内筒壁的缝隙中进入外筒的夹套内腔,夹套提供大的搅拌空间;经打散、筛分计量的旧沥青混合料经输送装置从一端进入外筒内腔;在滚动过程中,利用内筒外壁上安装的搅拌叶桨对新旧料进行搅拌并发生

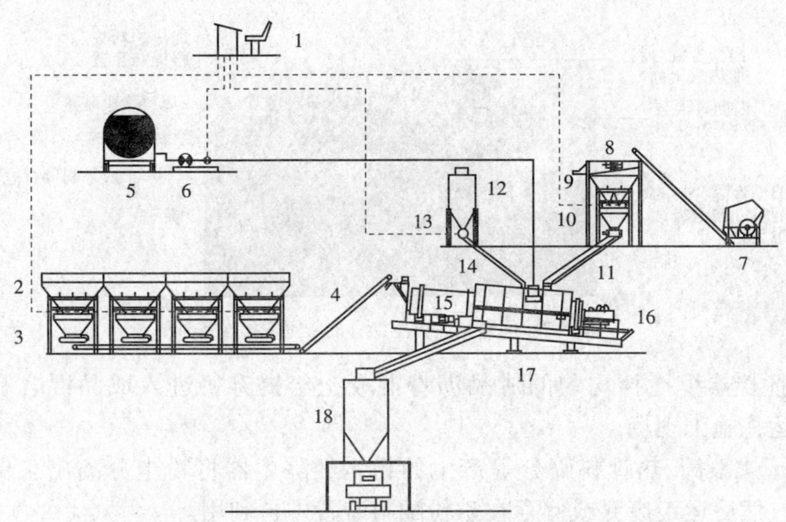


图 8-1　双层滚筒式连续热再生沥青混合料拌和设备构造及工艺流程

1-控制台;2-新集料;3-新集料计量斗;4-新集料输送机;5-沥青喷洒泵;6-沥青流量计;7-再生料破碎机;8-振动筛;9-再生料斗;10-再生料计量斗;11-再生料输送机;12-粉料仓;13-粉料计量斗;14-粉料螺旋输送机;15-烘干筒;16-燃烧器;17-搅拌筒;18-成品料仓

热交换而均匀加热;再生剂、沥青、矿粉也在外筒适当的位置加入外筒内腔继续搅拌,使各种新旧料均匀混合裹覆。

③内层集料加热时集料是从集料烘干滚筒进料端向燃烧器端移动,而夹套内搅拌的料是从燃烧器端由低向高朝尾部出料口移动,至出料口搅拌结束,自动落入输送装置进入成品仓储存。

2. 间歇式拌和设备

如图 8-2 所示,间歇式沥青混凝土搅拌机主要由以下各部分组成:新集料输送装置;旧料配料与输送装置;干燥筒;热集料输送装置;振动筛;热骨料储存保温装置;热骨料称量装置;石粉储存、输送和计量装置;拌和装置;控制室;沥青储存输送装置;成品料储存仓;粉料提升机;粉料储存仓;除尘装置。其生产工艺如下:

(1)粗配的不同规格的冷骨料用皮带输送机输送进入滚筒内,将骨料烘干并加热到足够的温度,加热后的热骨料被提生机输送进入热骨料筛分装置进行筛分并储存,经精确计量后的热骨料输送进入搅拌器搅拌。

(2)经处理符合要求的旧沥青混合料经计量装置输送进入干燥筒内加热,然后按设计比例精确计量后进入搅拌器与新料混合。

(3)在储存仓里的矿粉经计量配料装置称量后进入搅拌器搅拌。

(4)在保温罐里新添加的沥青经沥青计量供给装置计量后进入搅拌器搅拌。

(5)混合的新旧料、沥青、矿粉在搅拌器里搅拌混合。

图 8-2　间歇式热再生沥青混凝土搅拌设备

(6)搅拌器里搅拌均匀的成品沥青混凝土经提升机进入成品混合料储仓储存,等待运往施工现场。

(7)干燥滚筒、热骨料筛分等产生的粉尘经除尘器将粉尘分离出来储存在粉尘储仓里,然后运走废弃或储存在矿粉配料装置中再利用。

对于旧料不需要加热而直接进入搅拌器的间歇式拌和机而言,其生产再生沥青混合料与新沥青混合料的不同之处在于新集料经过干燥筒加热后分批投入搅拌器内,而旧料却不经过干燥筒加热按规定配合比直接加入搅拌器。在搅拌器内,旧料与新集料发生热交换,旧料升温,然后加入沥青或再生剂,继续拌和直至均匀后出料。由于旧料是通过吸收新集料的热量而升温的,故再生混合料的出料温度与旧料的掺配率、新集料经干燥筒加热后的温度、旧料本身的温度等因素有关。为保证再生混合料能达到足够高的温度,首先必须提高新集料的加热温度,通常是采取使集料过热,如将新集料过热至200~250℃。其次是限制旧料的掺配率,若旧料掺配率太大,就可能使混合料温度下降太多,不但影响拌和质量,而且影响混合料的摊铺和压实。所以采用这种拌和工艺,其旧料掺配率一般不超过40%。此外,为使旧料充分吸收新集料的热量而升温,必须延长混合料在搅拌器内的拌和时间,使新旧沥青充分混融。

间歇式拌和设备拌和采用冷料配料、湿料烘干、热料筛分、批量计量、强制拌和的施工工艺,使二次级配和批量计量能比较精确地控制各粒径集料的配比和沥青用量,从而能保证较为精确的集料级配和油石比。由于热料再筛分,对砂石料规格一致性的要求也可较低。分批拌和易于改变混合料配方,机动灵活。

## 五、厂拌热再生沥青混合料路面施工

厂拌热再生沥青混合料路面施工,是将铣刨破碎的废旧沥青路面材料经过添加再生剂及新集料后在厂拌设备中加热拌和使之恢复路用性能,然后重新铺筑成沥青路面的工艺过程。其施工程序如下:

1. 废旧料铣刨、破碎、运输、筛分

(1)采用铣刨或机械开挖等方式对沥青路面材料进行回收,在铣刨回收过程中应尽量减少材料变异。

(2)对回收沥青路面材料预处理与堆放:不同的旧沥青路面材料应分别回收,分开堆放、不得混杂。存放时不得混入基层废料、水泥混凝土废料、泥土等杂物,并应尽量避免长时间的堆放,料仓中的回收沥青路面材料应及时使用。

(3)破碎、筛分。用推土机、装载机等机具将一个料堆的回收沥青路面材料充分混合,然后用破碎机或其它方式进行破碎(图8-3),破碎时应使回收沥青路面材料最大粒径小于再生沥青混合料最大公称粒径,不应有超粒径材料,未经预处理的旧收沥青路面材料不能直接使用。

图8-3 用破碎机对铣刨料进行二次破碎

筛分时根据再生混合料的最大公称粒径合理选择筛孔尺寸,将处理后的回收沥青路面材料筛分成不少于两档的材料。

2. 混合料拌制

(1)拌和设备的选择。厂拌热再生混合料可以选用间歇式拌和设备或连续式拌和设备进行拌制,拌和设备必须具备回收沥青路面材料的配料装置和计量装置。回收沥青路面材料料仓数量应不少于两个,料仓内的回收沥青路面材料含水率不应大于3%。若使用间歇式拌和设备,当回收沥青路面材料掺量大于10%时,宜增加回收沥青路面材料烘干加热系统。

(2)掺加再生剂。若需要添加再生剂,可以将要掺加的再生剂(常用的有润滑油、机油、玉米油等)预先喷洒掺拌在沥青旧料中,静止数小时或1~3d,使再生剂渗入,软化旧料;也可在拌制再生混合料时,将再生剂喷洒入旧料。

(3)施工配料。按再生混合料的组成设计,将旧料、新集料、新沥青及再生剂(如有需要)进行配料。

(4)再生沥青混合料的拌和。拌和时必须严格控制加热温度、掺配工艺和剂量,切实控制拌和温度。厂拌热再生混合料的生产温度与拌和时间应根据拌和设备的加热干燥能力、回收沥青路面材料含水率和掺配率、再生混合料的级配、新沥青的黏温曲线等综合确定,以不加剧回收沥青路面材料的再老化,提高生产能力,降低能耗,并生产出均匀稳定的沥青混合料为原则。使用间歇式拌和设备时,应适当提高新集料的加热温度,但最高不宜超过200℃;干拌时间一般比普通热拌沥青混合料延长5~10s,总拌和时间比普通热拌沥青混合料延长15s左右。再生混合料的出料温度应比普通热拌沥青混合料高5~15℃。

3. 摊铺、压实和初期养护

再生沥青路面的摊铺、压实和初期养护等工艺和质量要求与一般热拌沥青混合料路面相同。但由于再生混合料的特点，厂拌热再生沥青混合料的摊铺温度宜比热拌沥青混合料高 5～15℃，压实温度宜比热拌沥青混合料高 5～10℃，见表 8-3。

掺配不同比例新、旧料的再生混合料加热温度与拌和时间　　表 8-3

| 项　目 | 10%旧料 | | 20%旧料 | | 30%旧料 | |
|---|---|---|---|---|---|---|
| | 含水率 2% | 含水率 3% | 含水率 2% | 含水率 3% | 含水率 2% | 含水率 3% |
| 新集料加热温度(℃) | 174 | 177 | 199 | 205 | 230 | 241 |
| 拌和时间(s) | 5 | | 10 | | 20 | |

4. 施工质量控制

厂拌热再生混合料路面的施工质量要求，应满足公路沥青路面施工技术规范的热拌沥青混合料路面的规定。施工过程中对回收沥青路面材料质量按表 8-4 的项目进行检查。

施工过程中回收沥青路面材料的质量检查　　表 8-4

| 检查项目 | 要求值 | 检查频率 |
|---|---|---|
| 级配 | 符合设计要求 | 每天 1 次 |
| 含水率(%) | <3 | 每天 1 次 |

## 第三节　就地冷再生利用

### 一、沥青路面就地冷再生的特点及应用范围

沥青路面就地冷再生是采用专用的再生设备，对沥青路面进行现场冷铣刨，破碎和筛分(必要时)，掺入一定数量的新集料、再生结合料(乳化沥青或泡沫沥青)、活性填料(水泥、石灰等)、水，经常温拌和、摊铺、碾压等工序，一次性实现旧沥青路面再生的技术。它包括沥青层就地冷再生和全深式就地冷再生两种方式。仅对沥青材料层进行的就地冷再生称为沥青层就地冷再生，既包括沥青层又包括非沥青材料层的再生，称为全深式就地冷再生。

沥青路面就地冷再生是国外 20 世纪 80 年代后期发展起来的一种路面翻修新技术，目前已成为道路维修改造的重要方法之一。这种技术具有以下优点：

(1)全部旧料就地再生，减少了新料的用量和开采，降低路面材料的运输成本，减少环境污染、节约能源。

(2)用就地再生路面作为底面层，在其上加铺其他面层的工作量将相应减少，因而可以缩短路面维修周期，简化施工程序，降低施工成本。

(3)消除了旧路面不规则裂缝,避免新铺路面产生反射裂缝。

(4)由于冷再生层作基层,可以根据交通量和养护再生目标采用不同的加铺路面结构,包括直接铺一层稀浆封层、加铺一层热沥青混合料磨耗层、加铺两层或三层热拌沥青混合料面层等路面结构组合方案。

(5)可降低路面维修成本,保持路面结构的完整性,提高路面养护维修质量。

由于就地冷再生技术是在旧路面上全部利用基础上进行的加铺改造,因此,这种技术只适用于所有路面高程不受限制的公路、城市道路及停车场等路面的翻修改造。在公路沥青路面翻修改造中,沥青路面就地冷再生技术主要适用于一、二、三级公路沥青路面的就地再生利用,且再生层的下承层应完好,并满足所处结构层的强度要求;若用于高速公路时应进行论证。对于一、二级公路,再生层可作为下面层、基层;对于三级公路,再生层可作为面层、基层,用作上面层时应在表面加铺稀浆封层、碎石封层、微表处等做上封层。

就地冷再生层的压实厚度,使用乳化沥青、泡沫沥青时不宜大于160mm,且不宜小于80mm;使用水泥、石灰时不宜大于220mm,且不宜小于150mm。当使用水泥、石灰等作为全深式就地冷再生结合料时,沥青层厚度占再生厚度的比例不宜超过50%,且再生层只可作为基层。

## 二、就地冷再生技术的种类

就地冷再生技术根据新添再生黏结料的种类可以大致分为掺水泥类、掺沥青类和水泥沥青综合类。目前使用的再生黏结料有水泥、沥青(乳化沥青或泡沫沥青)、石灰、粉煤灰等,应用较多的主要有水泥和沥青两种。这些再生黏结料可以单独掺加也可以按比例同时添加,采用何种再生添加料及添加的比例可根据旧路面材料性能经过试验确定。

### 1. 水泥类就地冷再生

采用水泥作稳定材料的再生方法,施工中水泥有以下3种添加方式:

(1)将固态粉状水泥撒布在再生机前的被再生路面上,当再生机经过时,可将其与被切削下的旧路铺层材料一同进行拌和。

(2)用专用水泥稀浆搅拌输送车按比例连续地将水泥与水拌和成稀浆,通过计量控制系统直接喷洒进再生机拌和罩壳内,以保证水泥用量的精确性,同时也可以防止因刮风而损失水泥材料和对环境的影响。

(3)采用专用的水泥撒布车布料,撒布车作为再生机组的一部分。

由于被再生道路的情况不同,所采用的再生添加剂的添加量也各不相同甚至差别很大。不论采用粉状水泥或稀浆方式添加,水泥用量一般为2%~4%(质量百分率)。

### 2. 沥青类就地冷再生

沥青类就地冷再生方法是采用乳化沥青作稳定剂的再生方法,也可采用泡沫沥青作稳定剂。泡沫沥青是将少量的水和空气注入热沥青中，水遇到高温沥青被迅速气化，使热沥青产生微细泡沫，体积迅速膨胀至原来的 15 ~ 20 倍，从而形成泡沫沥青。泡沫沥青的生产原理如图 8-4 所示。由于泡沫沥青发泡过程中沥青的黏度显著降低，用于旧沥青路面再生时可以很容易地分散在集料中，与冷集料充分混合，而不必对集料进行加热。因此泡沫沥青的使用条件与乳化沥青相似，而再生性能优于乳化沥青，所以在现场冷再生工程中泡沫沥青得到广泛应用。采用泡沫沥青作为稳定材料时，泡沫沥青由再生机上的泡沫沥青输送及喷洒系统产生并直接喷洒进再生机的拌和罩壳内，一般还需加入少量水泥(1% ~2%)，以使再生层获得所需强度的同时，提高表层质量，防止裂缝发生。乳化沥青和泡沫沥青通过主机上的计量控制系统自动添加。

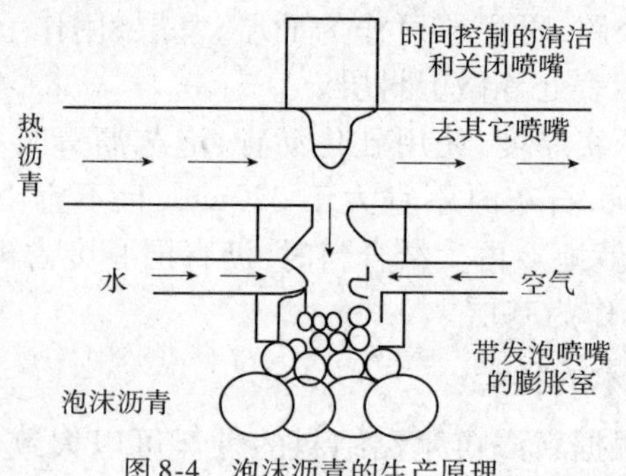


图 8-4 泡沫沥青的生产原理

再生层应先用平地机整型，然后用振动压路机压实，最后再用轮胎压路机最终压实，从而可获得良好的表面特性。

3. 水泥、沥青综合就地冷再生

综合类就地冷再生是使用水泥和乳化沥青作为再生剂的就地冷再生方法。使用水泥加上乳化沥青可以减少乳化沥青的用量，节省工程投资。另一方面，乳化沥青的加入可以减低水泥稳定层的刚性，从而减少反射裂缝。

**三、就地冷再生沥青路面的材料及要求**

就地冷再生沥青路面所用材料除旧沥青路面材料外，沥青层就地冷再生应使用乳化沥青、泡沫沥青等作为再生结合料；全深式就地冷再生既可使用乳化沥青、泡沫沥青等沥青类的再生结合料，也可使用水泥、石灰等无机结合料作为再生结合料。就地冷再生添加剂水泥、乳化沥青、泡沫沥青、石灰、粉煤灰、水等材料的性能要求如下：

1. 旧沥青路面材料

沥青层就地冷再生和全深式冷再生旧沥青路面材料性能检测项目与质量要求见表 8-5、表 8-6。

沥青面层就地冷再生的旧路面材料性能检测项目与质量要求　　表 8-5

| 材　料 | 检 测 项 目 | 技 术 要 求 | 试 验 方 法 |
|---|---|---|---|
| 回收旧沥青路面材料 | 含水率 | 实测 | 《公路沥青路面再生技术规范》(JTG F41—2008)附录 A |
| | 回收旧沥青路面材料级配 | 实测 | |
| | 沥青含量 | 实测 | |
| | 砂当量(%) | >50 | |
| 回收旧沥青路面材料中的沥青 | 针入度 | 实测 | 抽提,《公路工程沥青及沥青混合料试验规程》(JTJ 052—2000) |
| | 60℃黏度 | 实测 | |
| | 软化点 | 实测 | |
| | 15℃延度 | 实测 | |
| 回收旧沥青路面材料中的粗集料 | 针片状颗粒含量、压碎值 | 实测 | 抽提,《公路工程集料试验规程》(JTG E42—2005) |
| 回收旧沥青路面材料中的细集料 | 棱角性 | 实测 | |

全深式就地冷再生的旧路面材料性能检测项目与质量要求　　表 8-6

| 检 测 项 目 | 技 术 要 求 | 试 验 方 法 |
|---|---|---|
| 含水率 | 实测 | 《公路沥青路面再生技术规范》(JTG F41—2008)附录 A |
| 级配 | 实测 | |
| 沥青含量 | 实测 | |
| 塑性指数 | 实测 | 《公路土工试验规程》(JTG E40—2007) |

2. 乳化沥青

就地冷再生宜采用中裂型或者慢裂型乳化沥青,性能应满足表 8-7 的要求,并应在常温下使用,使用温度不应高于 60℃。

就地冷再生用乳化沥青质量要求　　表 8-7

| 试 验 项 目 | | 单　位 | 质 量 要 求 | 试 验 方 法 |
|---|---|---|---|---|
| 破乳速度 | | — | 慢裂或中裂 | T 0658 |
| 粒子电荷 | | — | 阳离子(+) | T 0653 |
| 筛上残留物(1.18mm 筛)不大于 | | % | 0.1 | T 0652 |
| 黏度 | 恩格拉黏度 $E_{25}$ | | 20~30 | T 0622 |
| | 25℃赛波特黏度 $V_S$ | S | 7~100 | T 0623 |
| 蒸发残留物 | 残留分含量不小于 | % | 62 | T 0651 |
| | 溶解度不小于 | % | 97.5 | T 0607 |
| | 针入度(25℃) | 0.1mm | 50~300 | T 0604 |
| | 延度(15℃)不小于 | cm | 40 | T 0605 |

续上表

| 试验项目 | | 单位 | 质量要求 | 试验方法 |
|---|---|---|---|---|
| 与粗集料的黏附性,裹覆面积不小于 | | — | 2/3 | T 0654 |
| 与粗、细粒式集料拌和试验 | | — | 均匀 | T 0659 |
| 常温储存稳定性 | 1d 不大于 | % | 1 | T 0655 |
| | 5d 不大于 | | 5 | |

注:恩格拉黏度和赛波特黏度指标任选其一检测。

3. 泡沫沥青

就地冷再生使用的泡沫沥青性能应满足表 8-8 的要求。

泡沫沥青技术要求　　表 8-8

| 项　目 | 技术要求 | 试验方法 |
|---|---|---|
| 膨胀率不小于 | 10 | 《公路沥青路面再生技术规范》(JTG F41—2008)附录 E |
| 半衰期(s)不小于 | 8 | |

4. 水泥、石灰和水

(1)水泥:水泥作为再生结合料或者活性添加剂,可以采用普通硅酸盐水泥、矿渣硅酸盐水泥、火山灰硅酸盐水泥。强度等级为 32.5 或 42.5,水泥的初凝时间应在 3h 以上,终凝时间宜在 6h 以上,不应使用快硬水泥、早强水泥。水泥应疏松、干燥,无聚团、结块、受潮变质。

(2)石灰:作为再生结合料或者活性添加剂,可以采用消石灰粉或者生石灰粉,技术指标应符合现行《公路路面基层施工技术规范》的规定。石灰在野外堆放时间较长时,应覆盖防潮。

(3)水:制作乳化沥青、泡沫沥青用水以及冷再生用水均应采用可饮用水。使用非饮用水时应进行检验,所含化学物质不影响产品和工程质量时方可使用。

## 四、就地冷再生沥青混合料的性能要求

1. 乳化沥青冷再生混合料的性能要求

乳化沥青冷再生混合料的设计级配及混合料的性能应满足表 8-9、表 8-10 的要求。

乳化沥青冷再生混合料的级配范围　　表 8-9

| 筛孔尺寸(mm) | 各筛孔的通过率(%) | | | |
|---|---|---|---|---|
| | 粗粒式 | 中粒式 | 细粒式 A | 细粒式 B |
| 37.5 | 100 | — | — | — |
| 26.5 | 80 ~ 100 | 100 | — | — |
| 19 | 90 ~ 100 | 100 | — | — |

续上表

| 筛孔尺寸(mm) | 各筛孔的通过率(%) | | | |
|---|---|---|---|---|
| | 粗粒式 | 中粒式 | 细粒式 A | 细粒式 B |
| 13.2 | 60~80 | — | 90~100 | 100 |
| 9.5 | — | 60~80 | 60~80 | 90~100 |
| 4.75 | 25~60 | 35~65 | 45~75 | 60~80 |
| 2.36 | 15~45 | 20~50 | 25~55 | 35~65 |
| 0.3 | 3~20 | 3~21 | 6~25 | 6~25 |
| 0.075 | 1~7 | 2~8 | 2~9 | 2~10 |

**乳化沥青冷再生混合料技术要求**　　表 8-10

| 试验项目 | | 技术要求 |
|---|---|---|
| 空隙率(%) | | 9~14 |
| 劈裂试验(15℃) | 劈裂强度(MPa)不小于 | 0.40(基层、底基层)、0.50(下面层) |
| | 干湿劈裂强度比(%)不小于 | 75 |
| 马歇尔稳定度试验(40℃) | 马歇尔稳定度(kN)不小于 | 5.0(基层、底基层)、6.0(下面层) |
| | 浸水马歇尔残留稳定度(%)不小于 | 75 |
| 冻融劈裂强度比 *TSR*(%)不小于 | | 70 |

注:(1)任选劈裂试验和马歇尔稳定度试验之一作为设计要求,推荐使用劈裂试验。

(2)空隙率宜控制在 12% 以内。

乳化沥青冷再生混合料中,乳化沥青添加量是指折合成纯沥青后占混合料其余部分干质量的百分率,一般为 1.5% ~3.5%,水泥等活性填料剂量一般不超过 1.5%。

2. 泡沫沥青冷再生混合料的性能要求

泡沫沥青冷再生混合料设计级配及再生混合料性能应满足表 8-11、表 8-12 的要求。

**泡沫沥青冷再生混合料的级配范围**　　表 8-11

| 筛孔尺寸(mm) | 各筛孔的通过率(%) | | |
|---|---|---|---|
| | 粗粒式 | 中粒式 | 细粒式 |
| 37.5 | 100 | — | — |
| 26.5 | 85~100 | 100 | — |
| 19 | — | 90~100 | 100 |

续上表

| 筛孔尺寸(mm) | 各筛孔的通过率(%) | | |
|---|---|---|---|
| | 粗粒式 | 中粒式 | 细粒式 |
| 13.2 | 60~85 | — | 90~100 |
| 9.5 | — | 60~85 | 60~80 |
| 4.75 | 25~65 | 35~65 | 45~75 |
| 2.36 | 30~55 | 30~55 | 30~55 |
| 0.3 | 10~30 | 10~30 | 10~30 |
| 0.075 | 6~20 | 6~20 | 6~20 |

**泡沫沥青冷再生混合料技术要求** 表 8-12

| 试验项目 | | 技术要求 |
|---|---|---|
| 劈裂试验(15℃) | 劈裂强度(MPa)不小于 | 0.40(基层、底基层)、0.50(下面层) |
| | 干湿劈裂强度比(%)不小于 | 75 |
| 马歇尔稳定度试验(40℃) | 马歇尔稳定度(kN)不小于 | 5.0(基层、底基层)、6.0(下面层) |
| | 浸水马歇尔残留稳定度(%)不小于 | 75 |
| 冻融劈裂强度比 *TSR*(%)不小于 | | 70 |

注:任选劈裂试验和马歇尔稳定度试验之一作为设计要求,推荐使用劈裂试验。

泡沫沥青冷再生混合料中,泡沫沥青添加量是指折合成纯沥青后占混合料其余部分干质量的百分率,一般为 1.5% ~3.5%,水泥等活性填料剂量一般不超过 1.5%。

3. 无机结合料稳定冷再生混合料的性能要求

无机结合料稳定冷再生混合料的级配应满足表 8-13 的级配范围要求。应用时应根据再生混合料的使用层位选择不同的级配:当冷再生混合料用于高速公路和一级公路基层时,再生混合料级配应满足表中 1 号级配范围要求,用作底基层时宜满足 2 号级配范围要求;用于二级及二级以下公路时,再生混合料级配宜满足 3 号级配范围要求。

**无机结合料稳定冷再生混合料级配范围** 表 8-13

| 筛孔尺寸(mm) | 各筛孔的通过率(%) | | |
|---|---|---|---|
| | 1 | 2 | 3 |
| 37.5 | — | 100 | 90~100 |
| 31.5 | 100 | — | — |

续上表

| 筛孔尺寸(mm) | 各筛孔的通过率(%) | | |
|---|---|---|---|
| | 1 | 2 | 3 |
| 26.5 | 90~100 | — | 66~100 |
| 19 | 72~89 | — | 54~100 |
| 9.5 | 47~67 | — | 39~100 |
| 4.75 | 29~49 | 50~100 | 28~84 |
| 2.36 | 17~35 | — | 20~70 |
| 1.18 | — | — | 14~57 |
| 0.6 | 8~22 | 17~100 | 8~47 |
| 0.075 | 0~7 | 0~30 | 0~30 |

无机结合料稳定冷再生混合料的性能应满足表8-14的技术要求。

无机结合料稳定冷再生混合料技术要求　　表8-14

| 检测项目 | | 再生结合料类型 | | | |
|---|---|---|---|---|---|
| | | 石　灰 | | 水　泥 | |
| | | 高速公路和一级公路 | 二级及二级以下公路 | 高速公路和一级公路 | 二级及二级以下公路 |
| 无侧限抗压强度(MPa) | 基层不小于 | 3~5 | 2.5~3 | — | 0.8 |
| | 底基层不小于 | 1.5~2.5 | 1.5~2.0 | 0.8 | 0.5~0.7 |

## 五、就地冷再生沥青混合料的配合比设计

1. 乳化沥青和泡沫沥青冷再生混合料的配合比设计

目前,全球范围内尚没有普遍认可的冷再生沥青混合料的配合比设计方法,而成型方法对冷再生混合料的各项设计指标有显著影响。我国已有的冷再生工程中有采用马歇尔击实成型,也有采用旋转压实成型的。根据这两种成型设备的应用情况,现行《公路沥青路面再生技术规范》(JTG F41—2008)中乳化沥青和泡沫沥青冷再生混合料的配合比设计仍采用马歇尔试验法,设计程序如下:

(1)根据旧路面结构与强度调查结果和路面破损情况,确定是否适合采用就地冷再生。

(2)对旧沥青路面结构材料取样进行性能试验,包括对旧沥青的性能指标和矿料级配进行评价。

(3)根据对沥青面层、基层材料性能测试结果的评价以及路面结构组合,确定再生方式,即确定采用沥青层就地冷再生或全深式就地冷再生方式对旧路面结构进行再生。同时,确定再生添加结合料的类型,即采用乳化沥青或泡沫沥青,是否添加水泥或石灰等。

(4)确定再生混合料的级配范围。根据公路等级、性质、交通特点、材料性能试验结果,参考表 8-9、表 8-11 及表 8-13 确定再生混合料的级配范围。

(5)矿料级配设计。根据旧沥青路面材料的级配及再生混合料的级配要求,确定不同新集料的掺加比例,使合成的级配满足再生混合料的级配范围要求。

(6)确定合成矿料的最佳含水率。参照公路土工试验规程的方法,对合成矿料进行击实试验,确定最佳含水率。若使用乳化沥青,试验用量可定为 4%;若采用泡沫沥青,可定为 3%。然后变化含水率进行击实试验,混合料的最大干密度所对应的含水率即为最佳含水率。

(7)确定乳化沥青或泡沫沥青的最佳用量。保持最佳含水率不变,以预估的沥青用量为中值,按照一定间隔变化形成 5 个乳化沥青(或泡沫沥青)用量,按以下方法制备马歇尔试件:

①向拌和机内加入足够的拌和均匀的含回收沥青路面材料的混合集料(约 1150g)。

②加入预先计算得到的加水量,拌和均匀,拌和时间一般为 1min。

③按照计算的乳化沥青(或泡沫沥青)用量加入乳化沥青(或泡沫沥青),拌和均匀,拌和时间一般为 1min。

④将拌和均匀的混合料装入试模,放到马歇尔击实仪上进行击实。乳化沥青试样双面各击实 50 次,泡沫沥青试样双面各击实 75 次。

⑤将试样连同试模一起侧放在 60℃的鼓风烘箱中养生至恒重,养生时间一般不少于 40h。

⑥将试模从烘箱中取出,乳化沥青试样应立即放到马歇尔击实仪上进行击实,双面各击实 25 次,然后侧放在地面上,在室温下冷却 12h,再脱模;泡沫沥青试样则可直接侧放冷却 12h 后脱模。

⑦测试各组油石比试件的马歇尔性能指标,包括试件的毛体积相对密度测试、15℃条件下的劈裂试验和浸水 24h 的劈裂试验或马歇尔稳定度和浸水马歇尔稳定度试验。

⑧根据劈裂强度试验和浸水劈裂强度试验结果或马歇尔稳定度和浸水马歇尔稳定度试验结果,并结合工程经验,综合确定最佳乳化沥青或泡沫沥青用量。

2. 无机结合料稳定冷再生混合料的配合比设计

无机结合料稳定冷再生混合料的配合比设计可按公路路面基层施工技术规范

的水泥（石灰）稳定土混合料设计方法进行设计。

## 六、就地冷再生沥青混合料路面施工

1. 就地冷再生设备及要求

沥青路面现场冷再生机械主要由沥青路面铣刨装置、喷撒装置、行走系统和控制系统等组成。就地冷再生设备应具有以下性能：

(1)铣刨装置的切削深度可精确控制。

(2)工作宽度不应小于2.0m。

(3)喷洒计量精确可调，并与切削深度、施工速度、材料密度等联动；喷嘴在工作宽度范围内均匀分布，各喷嘴可独立开启与关闭。

(4)使用泡沫沥青时，还应具备泡沫沥青喷撒系统装置。

2. 就地冷再生施工程序

现场冷再生施工一般包括新旧料和添加剂的加入、新旧料拌和再生、再生料的摊铺和压实成型四个工序，如图8-5所示。具体施工程序如下：

图8-5　现场冷再生施工工艺流程

1-新料的加入；2-加入添加剂；3-新旧料拌和再生；4-压实成型

(1)原材料性能检测并满足要求。

(2)综合考虑施工季节、气候条件、再生作业段宽度、施工机械和运输车辆的效率和数量、操作熟练程度、水泥终凝时间等因素，确定每个作业段长度。

(3)添加新集料：为满足再生路面的性能要求，还应加入一定比例的新集料，主要有砂、碎石（石灰石、卵石、砾石）等。粒度范围大致为0～40mm，添加量差别较大，视具体情况而定。

新集料的添加方式按再生机的不同分为两种：根据再生厚度、宽度、干密度等计算每平方米新集料用量及水泥用量，用自卸汽车间隔一定距离在旧铺层上卸成料堆，用位于再生机前的平地机进行预先摊铺，或用自卸汽车把新集料直接卸入再生机的接料斗，由再生机进行连续自动计量添加。

(4)新旧材料的拌和：按照设定再生深度对路面进行铣刨，并与预先撒布的新集料和预先撒布与动态加入的乳化沥青、水泥及其它添加剂和水加以拌和。由于再生添加剂的不同，再生混合料拌和工艺过程也不同：

①再生添加剂为乳化沥青和水泥的拌和方法。

在旧的沥青路面上预先撒布干水泥，用水车和乳化沥青罐车将水和乳化沥青输送到冷再生机的转子罩内，与旧料和水泥进行充分均匀的拌和。或预先将水泥和水混合成水泥稀浆，用水泥稀浆罐车和乳化沥青罐车与再生机协同作业，将水泥稀浆与乳化沥青输送到再生机的转子罩内，在转子罩内与旧料进行充分均匀的拌和。

图 8-6 是水泥和乳化沥青就地冷再生方法施工示意图。

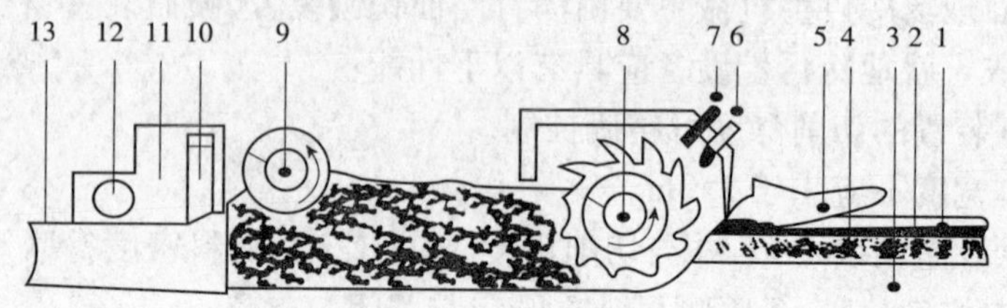


图 8-6　水泥和乳化沥青综合再生施工图

1-预撒的水泥；2-预撒的集料；3-路面基层；4-沥青路面面层；5-破碎器；6-水喷嘴；7-乳化液喷嘴；8-切削和拌和转子；9-分料螺旋；10-振捣器；11-变频振捣整平板；12-振捣装置；13-稳定并预压实后的基层

②再生添加剂为水泥的拌和方法。

在旧沥青路面上预先撒布干水泥，用水车将水输送到冷再生机的转子罩内，在转子罩内与旧料进行充分均匀的拌和。为了撒布均匀，水泥采用专用撒布机撒布。水泥的撒布量根据材料试验确定。也可以预先将水泥和水混合成水泥稀浆，用水泥稀浆输送罐车与再生机协同作业，将水泥稀浆输送到再生机的转子罩内，在转子罩内与旧料进行充分均匀的拌和。

在铣刨、拌和过程中，再生机必须缓慢、均匀、连续地进行再生作业，不得随意变更速度或者中途停顿，再生施工速度宜为 4 ~ 10m/min。

(5)摊铺。采用带有摊铺装置的再生机进行摊铺时，摊铺机必须缓慢、均匀、连续不断地摊铺，摊铺速度宜控制在 2 ~ 4m/min 范围内。混合料不应出现明显离析、波浪、裂缝、拖痕，当发现摊铺后的混合料出现这些现象时应分析原因，及时采取措施予以消除。

(6)压实。根据再生层厚度、压实度等的需要，配备足够数量、吨位的钢轮压路机、轮胎压路机，按照试验段确定的压实工艺进行碾压，保证压实后的再生层符合压实度和平整度的要求。

碾压过程中，再生层表面应始终保持湿润，初压时混合料的含水率应比最佳含水率大 1% ~ 2%。碾压过程中，如水分蒸发过快，应及时洒水，当出现弹簧、松散、起皮等现象时，应及时翻开重新拌和，使其达到质量要求。

沥青路面就地冷再生施工必须采用流水作业法，使各工序紧密衔接，尽量缩短从拌和到完成碾压之间的延迟时间。

(7)接缝处理。单幅再生至一个作业段终点后，将再生机和罐车等倒至施工起点，进行第二幅施工，直至完成全幅作业面的再生。

纵向接缝的位置应避开快、慢车道上车辆行驶的轮迹。纵向接缝处相邻两幅作业面间的重叠量不宜小于100mm。

(8)养生及开放交通。使用乳化沥青、泡沫沥青就地冷再生路面必须进行养生,养生时间不宜少于7d。

使用无机结合料的全深式就地冷再生,碾压完成并经过压实度检查合格后的路段,应立即进行养生。养生可采用湿砂覆盖、乳化沥青、洒水等方法。养生时间不宜少于7d,养生期内再生层表面应保持潮湿状态。养生期内禁止除洒水车辆以外的其他车辆通行。

在再生层上进行加铺层施工前,应将再生层表面清扫干净。如果再生层上为无机结合料稳定材料层,应洒少量水湿润表面;如果其上为沥青层,应立即实施透层和封层;如果其上是水泥混凝土层,应尽快铺设,避免再生层暴晒开裂。

## 第四节　就地热再生利用

### 一、沥青路面就地热再生的特点及应用范围

1. 沥青路面就地热再生的特点

当沥青路面使用一定时间后,其表面在车辆荷载、气温、水等环境条件作用下,产生表面磨光、细微裂缝、推挤变形等不同程度的病害,但面层材料未出现严重老化,且下基层坚实完好。这种情况下,只要对面层作一定深度范围的沥青路面处理而不必进行大修就可以恢复路面技术性能。就地热再生是采用专用的再生设备,对一定深度范围内的旧沥青混凝土路面进行加热、铣刨,就地掺入一定数量的新沥青、新沥青混合料、再生剂等,经热态拌和、摊铺、碾压等而成为新沥青路面的再生技术。图8-7是沥青路面就地热再生的基本原理和程序。

这种再生技术有以下主要特点:

①旧料现场热再生利用不需要搬运废料及废弃物堆放。

②旧料全部再利用,可以节省新沥青混凝土的用量,经济效益显著。

③与其它维修工艺相比,施工产生的振动、噪声比其他施工方法要小,可以夜间作业。影响交通及沿途居民的程度小,施工结束即可开放交通。

④由于使用专用机组机械化施工,此工艺适用于大工程量维修作业。

根据施工工艺,沥青路面现场热再生方法可分为复拌再生和加铺再生两种:

(1)复拌再生是将旧沥青路面加热、铣刨,就地掺加一定数量的再生剂、新沥青、新沥青混合料,经热态拌和、摊铺、压实成型的再生方法。复拌再生方法的新沥青混合料掺加比率一般控制在30%以内,可以改善骨料级配、沥青含量及旧沥青针入度,达到改善沥青路面结构综合性能指标的目的,并能够形成全断面的再生面

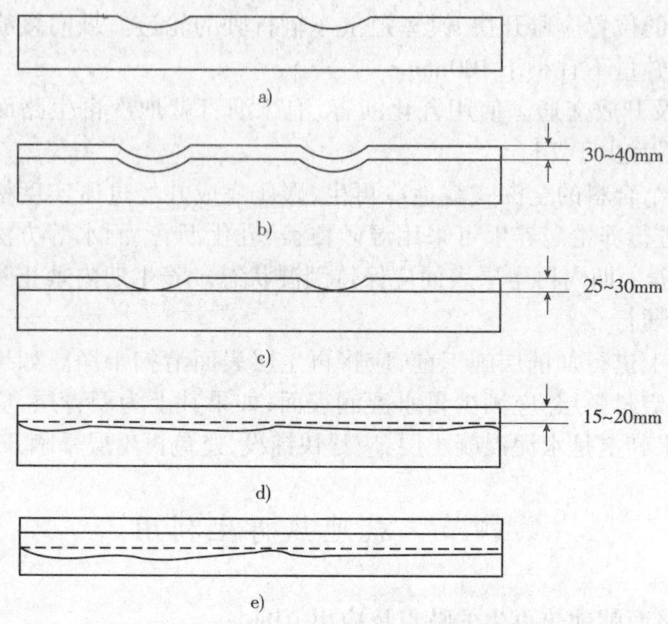


图 8-7　就地热再生基本原理及施工工艺示意图

a)原路面;b)加热深至 30 ~ 40mm;c)翻松至 25 ~ 30mm;d)整平加铺 15 ~ 20mm 厚的新沥青混凝土;e)压实后的路面

层。这种方法适用于维修中等程度破损的路面,修复后可以恢复沥青路面的原有性能。

(2)加铺再生是将旧沥青路面加热、铣刨,就地掺加一定数量的新沥青混合料、再生剂,拌和形成再生混合料,利用再生复拌机的摊铺装置(第一熨平板)摊铺翻松的再生混合料,利用再生复拌机的第二摊铺装置(第二熨平板)同时将新沥青混合料摊铺于再生混合料之上,两层一起压实成型。由于加铺再生的最上层使用的是新沥青混凝土,可以提高路面抗滑能力,修正车辙,改善路拱和提高路面结构强度。因此,这种方法适用于破损较严重路面(如出现大面积坑槽)的维修翻新和旧路升级改造施工,修复后形成与新建道路性能完全相同的全新路面。

2. 应用范围

(1)沥青路面就地热再生是一种预防性养护技术,适用于仅存在浅层轻微病害的高速公路及一、二级公路沥青路面表面层的就地再生利用,再生深度一般为 20 ~ 50mm;原路面沥青的 25℃针入度不低于 20(0.1mm),再生层可用作上面层或者中面层。

(2)再生时原路面整体强度满足设计要求,原路面病害主要集中在表面层,通过再生施工可得到有效修复。

(3)原路面上有稀浆封层、微表处、超薄罩面、碎石封层的,不宜直接进行就地热再生。若要进行再生,则在就地热再生前,应先将其铣刨掉,并经充分试验分析后,做出针对性的材料设计和工艺设计。

(4)若原路面为改性沥青,再生前应进行试验,根据试验结果经论证后再确定是否采用就地热再生。

## 二、就地热再生沥青混合料设计

(1)确定设计级配范围,根据旧沥青路面的级配类型和级配试验结果,确定再生沥青混合料的级配范围。

(2)矿料级配设计:就地热再生混合料一般需要掺加新沥青混合料,以改善原路面矿料级配。因此,掺加的新沥青混合料的矿料级配应根据旧沥青路面材料的矿料级配和拟定的设计级配范围确定。当再生混合料配合比不能满足确定的设计级配范围要求时,可综合考虑再生厚度、新沥青混合料掺配比例、再生沥青性能、再生混合料性能等调整级配范围。

(3)确定再生剂用量:根据旧沥青再生的目标标号,将再生剂按一定间隔的等差数列比例掺入旧沥青,测定再生沥青的三大指标,绘制变化曲线,用内插法初步确定再生剂的用量。原则是在满足再生沥青技术指标要求的前提下尽量少用再生剂。

(4)马歇尔试验:成型不同油石比的再生沥青混合料马歇尔试件,测试不同油石比试件的毛体积相对密度、吸水率、最大理论相对密度以及马歇尔稳定度和流值等马歇尔试验指标参数。

(5)确定最佳新沥青用量:用热拌沥青混合料配合比设计方法确定最佳新沥青用量。新沥青用量与新集料的比值即为掺加的新沥青混合料的油石比。

热再生沥青混合料的配合比设计程序如图 8-8 所示。

## 三、就地热再生沥青路面施工

### (一)沥青路面就地热再生机械

沥青路面现场热再生机械由再生加热机、再生机、压路机等组成,如图 8-9 所示。

#### 1. 再生加热机

加热机的作用是对旧沥青路面进行就地加热,使路面材料软化并达到施工温度要求。加热机主要由燃烧系统、加热装置、燃料罐、液压系统、动力传动系统等组成。要求其具有热效率高,加热温度可调,加热能力足够,不使沥青老化,经济性好。加热机按结构可分为集中燃烧式和分散燃烧式;按燃料和加热方式又可分为红外线辐射式、热风循环式和红外线热风并用式三种。

#### 2. 路面再生机

按再生施工工艺不同,路面再生机可分为复拌机和重铺机两种。

(1)复拌机。复拌机外形类似于沥青混合料摊铺机,主要由以下部分组成:新混合料供给装置（料斗、刮板输送器）、辅助加热装置（远红外加热器）、添加剂洒布装置、翻松装置、新旧混合料搅拌装置、再生混合料摊铺装置（熨平器）、行走系统、动力及其传动装置和自动控制系统组成。作业时，复拌机与加热机保持一定距离，并紧跟其后，运料卡车把新混合料卸在接料斗中。复拌机在行进过程中一边把新沥青混凝土输送到搅拌器，一边翻松旧路面，同时将旧沥青混凝土收集到中央，随后输入搅拌器与新沥青混凝土拌和成再生混合料，经熨平、压实后，形成新沥青路面。

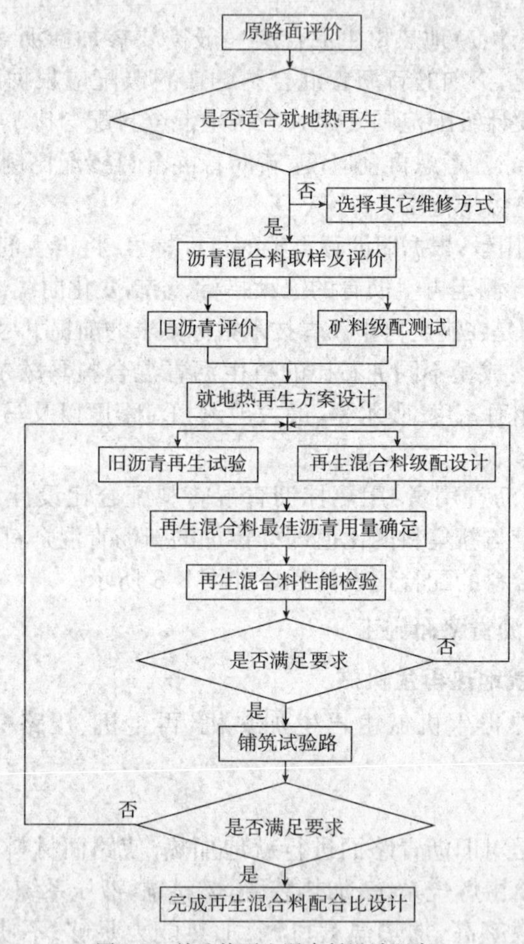


图 8-8　就地热再生混合料设计程序

图 8-9　沥青路面热再生机组及工艺流程

(2)重铺机。重铺机由新沥青混凝土供给装置、翻松装置、旧沥青混凝土摊铺装置、新沥青混凝土摊铺装置、行走装置、动力及传动装置等组成。整体结构与复拌机相近,只是复拌机设置了搅拌装置,而重铺机设置了两组熨平装置。即:翻松材料摊铺装置(亦称第一组熨板),设在翻松装置后面,主要把翻松的材料摊铺整平;新沥青混凝土摊铺装置(亦称第二组熨平板),是最终的摊铺装置,重铺再生法、复拌再生法均设有该装置,结构形式与沥青混凝土摊铺机完全相同。

**(二)复拌再生法的施工工艺**

复拌再生法的施工工艺流程如图8-10所示。

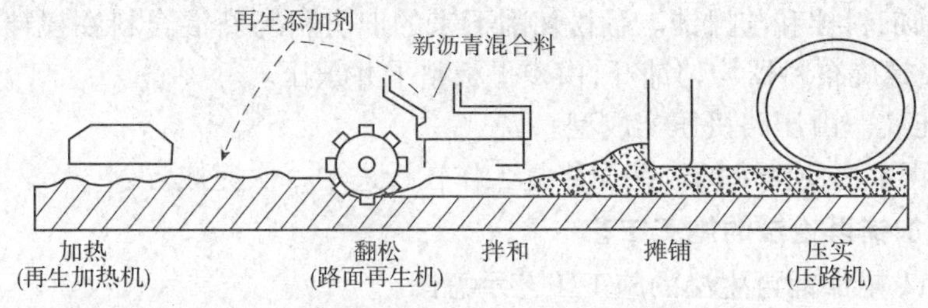


图8-10 复拌再生法施工工艺流程

1. 施工准备

(1)对就地热再生无法修复的各种路面病害进行预处理:

①对深度超过就地热再生施工深度的破损松散类病害应予挖补。

②对于变形深度为30~50mm的变形类病害在再生前应进行铣刨处理。

③对于裂缝类病害,应分析裂缝类病害成因,并对影响热再生工程质量的裂缝进行处理。

(2)对原路面特殊部位的预处理:清除原路面上的突起路标;采用隔热板保护桥梁伸缩缝;对于有伸缩缝和井盖的路段,用铣刨机沿行车方向将伸缩缝和井盖后端铣刨2~5m,前端铣刨1~2m,深度30~50mm,再生施工时用新沥青混合料铺筑。

(3)对可能受到影响的植物隔离带、树木、加油站等提前采取隔离措施。

2. 再生施工

(1)清扫路面,画导向线。清扫路面以避免杂物混入混合料内。画导向线是为了保证再生施工边缘顺直美观,导向线应在画路面再生宽度以外,也可将路面边缘线作为导向线。

(2)加热软化路面。用再生加热机对路面进行加热,使路面温度达到100~130℃。原则是使原沥青路面充分加热,不得因加热温度不足造成铣刨时集料破损,影响再生质量,或因加热温度过高造成沥青过度老化,加热宽度比铣刨宽度每侧应至少宽出200mm;同时,应减小再生列车各设备间距,减少热量散失,确保旧沥青混合料的温度。

(3)翻松路面。由复拌机再次加热路面,使路面温度上升到140~160℃,同时翻松旧路面。

(4)添加再生剂。再生剂喷洒装置应与再生复拌机行走速度联动并可自动控制,能准确按设计要求准确计量控制,将再生剂均匀喷洒到旧沥青混合料中,并根据铣刨深度的变化适时调整再生剂的用量。为提高再生剂的流动性和与旧沥青的融合性,应把再生剂加热至不影响再生剂质量的最高温度。

(5)添加新沥青混合料。新沥青混合料由自卸汽车卸入复拌机中部的料斗中,再经刮板输送机送至复拌机中部的搅拌器中。

(6)新旧料拌和与摊铺。翻松切削下来的旧材料与新混合料在搅拌器中被拌和均匀,经螺旋布料器均匀铺开,由熨平板整平并预压。

(7)压实。由压路机压实成型。

复拌再生法使整个沥青路面修复工作在行进中一次完成。

**(三)加铺再生法的施工工艺**

图8-11是加铺再生法的施工工艺示意图。

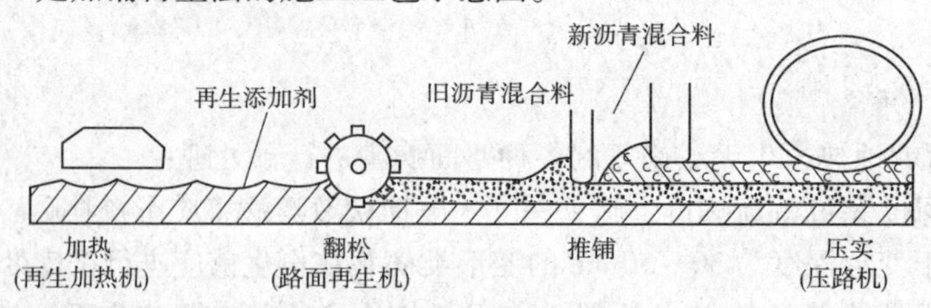


图8-11 加铺再生法施工工艺流程

1. 施工准备

与复拌再生法相同。

2. 再生施工

(1)清扫路面,画导向线。

(2)再生热加机加热软化路面。再生机利用机器内的红外线加热器加热路面,使路面软化。根据气温、风速、风向、路表的温度以及混合料的含水率,调整自己的工作状态,保证路面的加热温度。一般情况下,在面层下15mm深处的温度可达150~200℃,加热深度可达40mm。虽然加热温度很高,但时间短,旧路面内部的沥青不致因温度太高而老化。

(3)翻松路面。再生机上安装有翻松机,当面层经加热软化后,镶有硬质合金尖齿的翻松带就压入路面中,机器在行走过程中将路面翻松。由于路面被加热,因而路面内集料不会产生破碎。翻松的路面材料由装在刮刀前面的螺旋式推进器收集到路面中间。

(4)均匀拌和与整形。翻松的路面材料集中到路中后,由旋转式乳化沥青洒布机洒布一层乳化沥青,接着由拌和机进行拌和,并由刮平板刮平。再生机前面装有一只集料斗,新拌制的沥青混合料由自卸汽车卸入集料斗内,由输送机将新混合料运送到下面的摊铺整平板。根据所需要的路拱、摊铺宽度和摊铺厚度(考虑松铺系数),把新混合料摊铺在经过整平的旧料上。

(5)碾压。用压路机对摊铺整平的沥青混合料进行压实,即形成平整、密实的路面。碾压应配套使用大吨位的振动双钢轮压路机、轮胎压路机等压实机具。碾压必须紧跟摊铺进行,使用双钢轮压路机时宜减少喷水,使用轮胎压路机时不宜喷水。对压路机无法压实的局部部位,应选用小型振动压路机或者振动夯板配合碾压。

这种加热、整型、罩面维修工艺可以提高路面抗滑能力,修正车辙,改善路拱和提高沥青路面的强度。

## 第五节　厂拌冷再生利用

厂拌冷再生技术是用乳化沥青或热态的低黏度沥青与废旧沥青混合料、新集料在常温下拌和成再生混合料,运至工地后,经摊铺压实成路面的再生方法。用黏度较低的沥青材料,作适当加热后与常温的旧料、新集料拌和成混合料,即冷料热油的再生施工法。由于集料不加热,也属厂拌冷再生技术范畴。在厂拌冷再生技术中,乳化沥青是应用较多的再生剂。以下主要介绍乳化沥青厂拌冷再生路面的施工程序与要求。

**(一)旧沥青路面材料的加工**

旧沥青路面材料加工包括旧沥青路面铣刨、破碎、筛分等工艺过程,工艺方法如前所述。但由于厂拌冷再生施工旧料中所含的沥青不可能像热法再生那样能和新沥青材料充分交融,而需要在气温较高的季节经过长时间的行车反复碾压、相互渗透,才能发生某种程度的融合。因此,为保证再生路面的质量,用于厂拌冷再生的旧料破碎要求较高,旧料破碎愈充分,团粒越小,与新沥青材料接触的表面积就愈大,新、旧沥青交融就愈快、愈好,愈利于再生路面的早日成型。在旧料破碎过程中,部分粗集料可能被破碎,但没关系,因为混合料的最后级配可以通过添加粗集料来调整而使其满足要求。总之,旧路面材料的破碎充分,是保证再生路面表面致密均匀、成型快、质量好的技术关键。

**(二)基层处理**

在铺筑冷再生混合料路面前必须对旧基层的各种病害进行处理,处理方法如前所述。在铺筑之前基层表面应洒透层油,透层油可直接使用乳化沥青。由于乳化沥青渗透性好，故透层油可以在摊铺面层混合料前 1 ~ 2h 洒布，无需提前过多，以避免污染和便于组织施工。

### (三)再生沥青混合料的拌和

1. 乳化沥青的选择

乳化沥青有阳离子型、阴离子型等品种。阳离子型乳化沥青具有和潮湿石料黏附能力强等许多优点，因而一般多使用阳离子型乳化沥青。

2. 混合料拌和

普通滚筒式拌和机和间歇式拌和机，都可用于乳化沥青冷拌再生混合料的拌和。由于无需加热，因此不存在热拌再生混合料所出现的问题，可以直接使用这些机械，只需设置一加水装置。滚筒式拌和机将供料装置连接起来，以自动保持正确的配合比；同时，沥青泵和水泵的工作也与集料(即旧料和新集料)的供给相联系，协调作业，这样就能保证生产出均匀的混合料。间歇式拌和机则具有比滚筒式拌和机配料更为准确的优点。用乳化沥青拌制再生沥青混合料，应合理控制拌和时间，一般乳化沥青再生混合料的拌和时间比热拌沥青混合料所需拌和时间要短。拌和时间过长，拌和过度，会使黏附在集料上的乳液薄膜磨损掉，同时还会导致沥青乳液过早的破乳，使沥青在拌和过程中成团析出，从而破坏再生混合料的均匀性；若拌和时间过短，集料表面沥青乳液又不能充分裹覆。因此，为避免拌和过度和拌和时间不足而影响再生混合料的拌和质量，在开始拌和后，应注意调节拌和时间。对于滚筒式拌和机，拌和时间可以通过改变滚筒的倾斜角度，或者改变乳化沥青喷嘴在滚筒中的位置而得到调节。夏季高温季节施工时，为延缓破乳时间，在拌和之前可用氯化钙水溶液浇洒在集料上，使之湿润，然后再加乳化沥青拌和，同时拌制再生混合料的地点，宜设在现场或距离现场附近不远的地方，避免长距离运输使混合料摊铺前破乳。

### (四)混合料摊铺与压实

乳化沥青冷拌再生混合料用摊铺机摊铺。摊铺整平后，首次碾压应在乳液刚开始破乳或在破乳前即进行。但是碾压也不宜过早，过早碾压会阻碍混合料水分的蒸发，影响压实度和混合料强度的增长，对密级配混合料尤其应该注意。而成型碾压延迟时间过长，则又会造成压实困难，甚至会破坏沥青与集料之间已形成的黏结。因此，应根据施工现场条件合理掌握碾压时间适时进行碾压。碾压时应按先轻后重、自路边向路中的方式进行。初始碾压可用双轮光碾，也可以用轮胎压路机或振动压路机。压实冷拌再生混合料，大多用低频振动，其振幅和频率可以根据现场试验和混合料类型而定。终压均应用光轮钢碾压路机，以消除轮迹，获得平整的路面表面。

### (五)初期养护

用乳化沥青冷拌再生的沥青路面，在完工后必须经过较长时间行车反复碾压才能逐渐成型,在开放交通初期,可能会产生由于强度不足的变形破坏,因此,初期养护就格外重要。冷再生沥青路面成型的快慢与气温高低有密切关系。在高温季节,沥青能够在行车荷载的挤压揉搓作用下,调整位置而重新分布,使路面较快地成型。若施工后气温长时间较低,或者在秋季施工则路面成型较差,易出现松散、坑洞等病害。所以,乳化沥青再生路面施工应尽可能安排在高温季节到来之前,以有利于路面的成型。

在高等级公路路面养护中,冷拌再生混合料一般不能直接做面层,而要在其上加铺一层新沥青混凝土面层以改善路面状况。在冷拌再生路面完工后,应立即进行加铺封层。

## 参考文献


[1] 中华人民共和国行业标准 . JTJ 073. 1—2001　公路水泥混凝土路面养护技术规范[S]. 北京:人民交通出版社,2001.

[2] 中华人民共和国行业标准 . JTJ 073. 2—2002　公路沥青路面养护技术规范[S]. 北京:人民交通出版社,2001.

[3] 中华人民共和国行业标准 . JTG F40—2004　公路沥青路面施工技术规范[S]. 北京:人民交通出版社,2004.

[4] 中华人民共和国行业标准 . JTG H20—2007　公路技术状况评定标准[S]. 北京:人民交通出版社,2008.

[5] 山东省地方标准 . DB37/T 1160—2009　旧水泥混凝土路面碎石化技术规程[S]. 北京:人民交通出版社,2009.

[6] 交通部公路科学研究院,北京新桥技术发展有限公司 . 水泥混凝土路面再生利用结构设计与施工工艺指南[M]. 北京:人民交通出版社,2008.

[7] 李华,缪昌文,金志强 . 水泥混凝土路面修补技术[M]. 北京:人民交通出版社,2000.

[8] 高建立 . 高速公路沥青路面养护关键技术与工程实例[M]. 北京:人民交通出版社,2006.

[9] 郭贵平 . 高等级公路养护技术与养护机械[M]. 北京:人民交通出版社,2001.

[10] 中华人民共和国行业标准 . JTG F41—2008　公路沥青路面再生技术规范[S]. 北京:人民交通出版社,2009.

[11] 贾长海,展朝勇,郑忠敏 . 公路养护机械与养护机械化[M]. 北京:人民交通出版社,2004.

[12] 王夫成,袁堂涛 . 公路沥青路面养护机械化[M]. 济南:山东大学出版社,2009.

[13] 中华人民共和国行业标准 . JTG F40—2002　公路水泥混凝土路面设计规范[S]. 北京:人民交通出版社,2004.

[14] 姚祖康 . 路面管理系统[M]. 北京:人民交通出版社,1993.

[15] 姚祖康 . 路面[M]. 北京:人民交通出版社,1999.

[16] 仇微波 . 混凝土路面加铺层设计[D]. 重庆交通大学硕士论文,2007.

[17] 杨锡武 . 旧水泥混凝土路面加铺沥青面层的实践[J]. 重庆交通学院学报,2007-6-26(3).

[18] 符冠华,卢拥军 . 土工合成材料在改造旧混凝土路面中的应用研究[J]. 土木工程学报,2002-1-35(1).

[19] 杨锡武,李万伟,黄启帆．旧水泥混凝土路面多锤头破碎技术及其应用[J]．公路工程,2009-2-34(1).

[20] 王松根,等．旧水泥混凝土路面碎石化技术应用指南[M]．北京:人民交通出版社,2007.

[21] 贾志宏,杨锡武．高速公路沥青路面专项及大修养护工程管理指南[M]．四川成乐高速公路有限责任公司,2008.

[22] 王玉顺,朱敏清．高速公路沥青路面预防性养护技术与应用[M]．北京:中国建材工业出版社,2009.

[23] 陈正发,陈晓麟．现代沥青路面养护机械应用技术[M]．北京:人民交通出版社,2010.

[24] 吴敏刚,蔡乾东,商博明,徐培华．高等级公路沥青路面养护维修技术读本[M]．北京:人民交通出版社,2011.

[25] 郝培文．沥青路面施工与维修技术[M]．北京:人民交通出版社,2001.

[26] 中华人民共和国行业标准．JTG F40—2011　公路水泥混凝土路面设计规范[S]．北京:人民交通出版社,2011.